Formularbuch

zum Reichsgesetz, betreffend die

Erwerbs- und Wirthschaftsgenossenschaften.

Praktische Anleitung
für die Führung des Genossenschaftsregisters und den Verkehr
mit dem Registergericht.

Von

Ludolf Parisius und **Dr. Hans Crüger.**

Dritte Auflage

bearbeitet von

Dr. Hans Crüger.

Berlin 1900.
J. Guttentag, Verlagsbuchhandlung,
G. m. b. H.

Vorwort zur ersten Auflage.

Das deutsche Genossenschaftsgesetz vom 1. Mai 1889 bietet für die praktische Anwendung ungewöhnliche Schwierigkeiten, schon weil die maßgebenden Bestimmungen über die drei Arten eingetragener Genossenschaften sowie über die vor dem Inkrafttreten des Gesetzes und über die nach demselben gegründeten Genossenschaften in verschiedenen Abschnitten des Gesetzes und der Ausführungsverordnung zu suchen sind. Dazu kommt, daß Anmeldungen zum Genossenschaftsregister oft ohne vorherige Ankündigung, also auch an Tagen und in Stunden der Arbeitsüberhäufung stattfinden und eine schnelle Erledigung erheischen.

Solchen Schwierigkeiten hoffen wir durch dieses kleine Hilfsbuch in praktischer Weise mit Erfolg zu begegnen. Es behandelt in 20 Abschnitten die verschiedenen Vorkommnisse, welche die Thätigkeit des Registergerichts in Anspruch nehmen. Jeder Abschnitt bringt eine kurze Darlegung der gesetzlichen Bestimmungen, sodann die genaue Erörterung dessen, was das Gericht zu thun hat, und endlich **Formulare**, deren Einzelheiten durch die voraufgehenden Paragraphen begründet sind, sowohl für die **Anmeldungsprotokolle**, als für die **Verfügungen und Bekanntmachungen.**

Das Formularbuch will dem Registerrichter und dem Registerführer, wie jedem Juristen oder Laien, der sich über eine das Genossenschaftsregister betreffende praktische Frage schnell unterrichten will, zuverlässige Auskunft geben. Die Formulare der Bekanntmachungen enthalten nichts Ueberflüssiges, **nur das Nothwendige** in knapper Fassung; wo man sich nach ihnen richtet, werden berechtigte Klagen und Beschwerden der Genossenschaften, insbesondere über die **Höhe der Insertionskosten** nicht mehr vorkommen.

Oktober 1891.

Ludolf Parisius. Dr. Hans Crüger.

Vorwort zur dritten Auflage.

Die Herausgabe der neuen Auflage des Formularbuchs war bereits bestimmt, als am 11. März 1900 Herr Ludolf Parisius von langen Leiden erlöst wurde — ein schwerer Verlust für mich, der ich bei einer Reihe gemeinsam mit Herrn Parisius herausgegebener Werke oft Gelegenheit hatte, seine reiche Erfahrung, sein tiefes Wissen, seine große Arbeitskraft kennen zu lernen.

Der dritten Auflage ist zu Grunde gelegt das Reichsgesetz betreffend die Erwerbs- und Wirthschaftsgenossenschaften in der vom 1. Januar 1900 ab geltenden Fassung (Art. 13 des Einführungsgesetzes zum Handelsgesetzbuch vom 10. Mai 1897), und das Reichsgesetz über die Angelegenheiten der freiwilligen Gerichtsbarkeit vom 17. Mai 1898, das in § 147 die entsprechende Anwendung der Vorschriften der §§ 127 bis 131, 142, 143 auf die Eintragungen in das Genossenschaftsregister verordnet, und in § 148 die Vorschrift des § 146 Abs. 1 und 2 auf die nach § 45 Abs. 3, § 61, § 83 Abs. 3 und 4, § 93 des Gesetzes betreffend die Erwerbs- und Wirthschaftsgenossenschaften zu erledigenden Angelegenheiten für anwendbar erklärt. Bei der Anordnung des Registers ist ausgegangen von der Preußischen Allgemeinen Verfügung vom 8. November 1899 über die Führung des Genossenschaftsregisters (J.M.Bl. 1899 Nr. 41 S. 334 ff).

Für die Bearbeitung der dritten Auflage galten die gleichen Grundsätze, wie für die ersten Auflagen, es wurden dabei die inzwischen gemachten Erfahrungen und die neue Reichsgesetzgebung berücksichtigt.

Die Anerkennung, die die ersten beiden Auflagen in den Kreisen der Gerichte und der Genossenschaften gefunden haben, ließ es erwünscht erscheinen, an dem System keine Aenderungen vorzunehmen.

Das Buch enthält 74 Formulare nebst einer Reihe Neben-Formularen.

Neu aufgenommen sind in den Anhang die für die Führung des Genossenschaftsregisters in den deutschen Bundesstaaten und den Reichslanden geltenden Bestimmungen.

Charlottenburg, Mai 1900.

Dr. Hans Crüger.

Inhaltsverzeichniß.

Abkürzungen.

A.V. = Die Bekanntmachung betreffend die Führung des Genossenschaftsregisters und die Anmeldungen zu demselben vom 1. Juli 1899.

Begründung I = Amtliche Begründung des I. Entwurfs zum Genossenschaftsgesetz vom 1. Mai 1889.

Begründung II = Amtliche Begründung des II. Entwurfs zum Genossenschaftsgesetz vom 1. Mai 1889.

Bl. f. G. = Blätter für Genossenschaftswesen.

C.P.O. = Civilprozeß-Ordnung.

e. G. = eingetragene Genossenschaft.

e. G. m. b. H. = eingetragene Genossenschaft mit beschränkter Haftpflicht.

e. G. m. u. H. = eingetragene Genossenschaft mit unbeschränkter Haftpflicht.

Entw. = Entwurf eines Gesetzes betreffend die Erwerbs- und Wirthschaftsgenossenschaften nebst Begründung und Anlage. Amtliche Ausgabe. Berlin 1888.

Frw.Ger. = Reichsgesetz über die Angelegenheiten der freiwilligen Gerichtsbarkeit vom 17. Mai 1898.

G. = Genossenschaft.

G. d. U. = Gegenstand des Unternehmens.

Gen.-Form. = Genossenschafts-Formular.

G.G. = Das Reichsgesetz betreffend die Erwerbs- und Wirthschaftsgenossenschaften (in der vom 1. Januar 1900 ab geltenden Fassung).

H.G.B. = Handelsgesetzbuch.

Parisius und Crüger = Das Reichsgesetz betreffend die Erwerbs- und Wirthschaftsgenossenschaften. Kommentar zum praktischen Gebrauch für Juristen und Genossenschaften. Herausgegeben von Ludolf Parisius und Dr. jur. Hans Crüger. Dritte Auflage. Berlin 1899.

Einleitung.

Erstes Kapitel.

Das Genossenschaftsregister und die Thätigkeit des Registergerichts.

Das Genossenschaftsregister war nach dem Genossenschaftsgesetz vom 4. Juli 1868 ein Theil des Handelsregisters. Dies ist seit dem Gesetz vom 1. Mai 1889 nicht mehr der Fall. Allein das Genossenschaftsregister ist nur formell von dem Handelsregister getrennt, materiell gelten für beide im Wesentlichen die gleichen Grundsätze, was ausdrücklich anerkannt ist in § 147 des Reichsgesetzes über die Angelegenheiten der freiwilligen Gerichtsbarkeit. Nach § 156 des Gesetzes finden „die Vorschriften in § 9 bis 11 des Handelsgesetzbuches auf das Genossenschaftsregister Anwendung“, und nach § 26 der „Bekanntmachung betreffend die Führung des Genossenschaftsregisters und die Anmeldungen zu demselben“ (Ausführungs-Verordnung des Bundesraths) vom 1. Juli 1899 finden die „Vorschriften des § 9 Abs. 2, 3 des Handelsgesetzbuches über die Ertheilung von Abschriften und Bescheinigungen aus dem Handelsregister und aus den zu dem Handelsregister eingereichten Schriftstücken auch auf die Liste der Genossen und auf die zu der Liste eingereichten Schriftstücke Anwendung.“

Das Genossenschaftsregister hat denselben Zweck wie das Handelsregister. Die Eintragungen in dasselbe sollen in einzelnen im Gesetz bestimmten Fällen den eingetragenen Rechtsverhältnissen Rechtswirksamkeit verleihen, in andern Fällen dieselben nur beurkunden und zur öffentlichen Kenntniß bringen.

Die **Führung des Genossenschaftsregisters** liegt dem zur Führung des Handelsregisters zuständigen Gerichte*) ob (§ 10 G.G. § 125 Freiw. Ger.). Dies ist das **Registergericht**. „Nach den in den einzelnen Bundesstaaten für das Handelsregister geltenden Vorschriften“ bestimmen sich „die Obliegenheiten des Richters und des Gerichtsschreibers bei der Führung des Genossenschaftsregisters und

*) „Durch Anordnung der Landesjustizverwaltung kann die Führung des Registers für mehrere Amtsgerichtsbezirke einem Amtsgerichte übertragen werden“ (Frw.Ger. § 125 Abs. 2).

der Liste der Genossen, sowie bei den auf die Eintragungen bezüglichen Verhandlungen, soweit nicht durch Reichsgesetz oder durch diese Vorschriften besondere Anordnungen getroffen sind" (A.V. § 1). Neben dem G.G. und der A.V. kommt hauptsächlich in Betracht das Reichsgesetz über die Angelegenheiten der freiwilligen Gerichtsbarkeit.*)

Die Thätigkeit des Registerrichters, gegenüber der eingetragenen und der zur Eintragung bestimmten Genossenschaft ist eine dreifache:

1) Der Registerrichter nimmt Eintragungen in das Genossenschaftsregister vor, an die das Genossenschaftsgesetz die Entstehung von Rechtsverhältnissen knüpft,

2) der Registerrichter nimmt Eintragungen in das Genossenschaftsregister vor, die nur die Wirkung einer öffentlichen Beurkundung haben, mit gewissen Rechtsfolgen Dritten gegenüber,

3) der Registerrichter hat ein Aufsichtsrecht über die eingetragene Genossenschaft (§ 160 G.G., § 147 Abs. 2, §§ 142, 143 Freiw. Ger.).

Außerdem liegt dem Registerrichter ob, unter der Voraussetzung des § 45 G.G. die Genossen zur Berufung der Generalversammlung oder zur Ankündigung eines Gegenstandes für die Tagesordnung zu ermächtigen, unter der Voraussetzung des § 61 G.G. bei der Bestellung des Revisors mitzuwirken, endlich bei der aufgelösten Genossenschaft im Falle des § 83 des Genossenschaftsgesetzes die Liquidatoren zu ernennen und abzuberufen.

Was im Einzelnen der Registerrichter zur Erfüllung seiner Obliegenheiten zu thun hat, ist nachfolgend ausführlich dargestellt. Nur über die Thätigkeit zu 1) wollen wir Einiges vorausschicken.

Rechtsverhältnisse entstehen nach dem Genossenschaftsgesetz namentlich bei Eintragung des Statuts, bei Eintragung von Aenderungen desselben und bei Eintragungen über Erwerb und Verlust der Mitgliedschaft. Die Eintragung einer Genossenschaft und ihres Statuts erfolgt auf Anmeldung durch den Vorstand. Das Gericht hat die Legitimation der Anmeldenden und die bei der Anmeldung beizufügenden Schriftstücke (G.G. § 11) zu prüfen, sowie „ob das Statut den Vorschriften des Gesetzes genügt, insbesondere ob die in dem Statut bezeichneten Zwecke der Genossenschaft den Voraussetzungen des § 1 des Gesetzes entsprechen" (A.V. § 15). Unter den „Vorschriften" können in diesen Worten des § 15 A.V. nach dem ganzen Zusammenhange nur die Vorschriften des Genossenschaftsgesetzes verstanden werden. Danach liegt dem Registerrichter nicht ob, zu prüfen, ob in dem Statut Bestimmungen zu finden sind, die gegen eine Vorschrift irgend eines Reichs- oder Landesgesetzes verstoßen, — die Prüfung des Statuts hat sich vielmehr lediglich auf die Uebereinstimmung desselben mit dem Genossenschaftsgesetze zu erstrecken.

Das Genossenschaftsgesetz führt in den §§ 6, 7, 36 Abs. 1, 131 Abs. 2 dasjenige auf, was jedes Statut enthalten muß. Dem Re-

*) Ein vollständiger Abdruck der früher geltenden Gesetze und Verordnungen bei Parisius, Die Genossenschaftsgesetze im Deutschen Reiche (Berlin 1876) S. 401 bis 541.

gisterrichter liegt also ob, zunächst zu untersuchen, ob das Statut enthält, was das Genossenschaftsgesetz von dem Statut einer jeden eingetragenen Genossenschaft verlangt und ob es nichts enthält, was diesem Verlangen des Genossenschaftsgesetzes widerspricht. Trifft ersteres nicht zu oder ist letzteres der Fall, so muß die beantragte Eintragung zurückgewiesen werden (A.V. § 15 Abs. 1).

Die Prüfung des Statuts hat sich aber nicht blos auf diejenigen Bestimmungen zu erstrecken, welche darin enthalten sein müssen, sondern auch auf den übrigen Inhalt desselben. Wenn der Registerrichter in diesem etwas findet, was mit Vorschriften des Genossenschaftsgesetzes in Widerspruch steht, so ist er ebenfalls verpflichtet, die Eintragung abzulehnen. Ein weiteres Prüfungsrecht steht dem Registerrichter nicht zu, insbesondere hat er nicht zu prüfen, ob die Bestimmungen des Statuts zweckmäßig sind, ob deren Fassung korrekt ist, oder zu Mißverständnissen Anlaß geben kann u. dgl. Der Prüfung des Richters entzieht sich auch, ob die angemeldeten Thatsachen der Wirklichkeit entsprechen, denn der Vorstand ist nicht verpflichtet Aufklärung zu geben — die Prüfung ist nur eine rechtliche (Parisius und Crüger S. 89).

Zweifel sind darüber erhoben, wie sich der Registerrichter zu verhalten hat, wenn der Gegenstand des Unternehmens ein Gewerbebetrieb ist, zu welchem staatliche Genehmigung eingeholt werden muß, wie beim Eisenbahnbau und bei Versicherungsgeschäften. Solche Gewerbebetriebe sind durch das Genossenschaftsgesetz nicht ausgeschlossen.*) Der Registerrichter hat, wenn eine Genossenschaft angemeldet wird, bei der der Gegenstand des Unternehmens ein die staatliche Genehmigung erfordernder Gewerbebetrieb ist, zunächst wie bei jeder angemeldeten Genossenschaft zu prüfen, ob der Gegenstand ein solcher ist, der an sich von einer eingetragenen Genossenschaft betrieben werden darf. Wird diese Frage bejaht, so kann die Eintragung — da keinerlei Verbotsvorschrift existirt — nicht davon abhängig gemacht werden, ob die staatliche Genehmigung erfolgt sei oder nicht.*) Die Staatsbehörden werden vorkommenden Falls die Genehmigung vielleicht gerade davon abhängig machen, daß der Gesellschaftsvertrag, das Statut von dem Genossenschaftsgericht für geeignet zur Eintragung befunden ist. Wird von den Staatsbehörden der eingetragenen Genossenschaft die Genehmigung nicht ertheilt, so bleibt dieser, da die Voraussetzung ihrer

---

*) Ueber Versicherungsgesellschaften als eingetragene Genossenschaften vgl. Parisius und Crüger S. 10 ff.

**) Anders bei Aktien- und Aktienkommanditgesellschaften, das Aktiengesetz vom 18. Juli 1884, verlangte, daß der Anmeldung behufs der Eintragung „in dem Falle, daß der Gegenstand des Unternehmens der staatlichen Genehmigung bedarf, die Genehmigungsurkunde beigefügt werden muß“ Art. 176 u. 210 und ebenso das neue H.G.B. § 195. Das Genossenschaftsgesetz hat viele Bestimmungen des älteren Gesetzes, die mit den früheren Bestimmungen des Handelsgesetzbuchs übereinstimmten, abgeändert und mit den Bestimmungen des Aktiengesetzes in Einklang gebracht. Jene Bestimmung der Artikel 176 und 210 Abs. 2 Ziff. 4; (H.G.B. § 195) hat es nicht aufgenommen. Man darf sie also auch nicht analog anwenden. (Anderer Ansicht Birkenbihl-Maurer S. 30.)

Begründung nicht eingetreten, ein „gemeinschaftlicher Geschäftsbetrieb“ nicht möglich ist, nichts übrig, als sich wieder aufzulösen.

„Vor der Eintragung in das Genossenschaftsregister hat die Genossenschaft die Rechte einer eingetragenen Genossenschaft nicht“, sagt § 13 G.G. Die Genossenschaft war vor „der Anmeldung behufs Eintragung“ schon vorhanden und besteht, wenn der Registerrichter über die Anmeldung verfügt. Die Zurückweisung der beantragten Eintragung zerstört das zwischen den Mitgliedern, die den Vertrag schlossen, das Statut unterzeichneten, bestehende rechtliche Band nicht ohne Weiteres. Dabei sind zwei Fälle möglich:

1) Die Genossen sind nur in der Erwartung zusammengetreten, daß durch das von ihnen beschlossene Statut die Eintragung in das Genossenschaftsregister erfolgen, die Genossenschaft die Rechte einer eingetragenen Genossenschaft erhalten werde. So wird es z. B. heute in der Regel bei Kreditvereinen sein, die ihre Thätigkeit erst nach der Eintragung beginnen werden. In diesem Falle wird entweder der Vorstand, durch den die Anmeldung erfolgt ist, die in der zurückweisenden Verfügung bezeichneten Anstände heben und, wenn nöthig, die Mitgenossen veranlassen, das eingereichte Statut zu ändern oder zu ergänzen — oder aber das Statut wird hinfällig, sei es, daß eine Beseitigung der Anstände nicht möglich ist, z. B. wenn die im Statut bezeichneten Zwecke der Genossenschaft mit den Bestimmungen im § 1 G.G. nicht im Einklang stehen, sei es, daß die Zahl der Genossen, welche geneigt sind, die Anstände zu heben, nicht genügend ist (§ 4 G.G.).

2) Bei den Mitgliedern der vor der Eintragung bestehenden Genossenschaft ist die Absicht auf ein bestimmtes Unternehmen gerichtet, für welches der gemeinschaftliche Geschäftsbetrieb auch möglich ist ohne die Rechte der eingetragenen Genossenschaft. Die Eintragung in das Genossenschaftsregister ist mithin keineswegs als eine Bedingung für den Vertragsabschluß über das Unternehmen hingestellt. Dieser Fall liegt z. B. bei Molkereigenossenschaften vor. Eine Anzahl Landwirthe treten zusammen und beschließen, eine Molkerei zu begründen, um die Milch ihrer Kühe besser zu verwerthen. Sie einigen sich über alles geschäftlich Wichtige und berathen sodann über die Rechtsform des Unternehmens. In Vorschlag sind a) Aktiengesellschaft, b) Aktienkommanditgesellschaft, c) offene Handelsgesellschaft, d) einfache Sozietät, e) eingetragene Genossenschaft mit unbeschränkter Haftpflicht, f) mit unbeschränkter Nachschußpflicht, g) mit beschränkter Haftpflicht, h) Gesellschaft mit beschränkter Haftung. Man einigt sich auf eine der Genossenschaftsarten, beschließt und unterzeichnet ein entsprechendes Statut. Die Molkerei ist schon im Betriebe — da weist der Registerrichter den Antrag auf Eintragung zurück. Die Molkereigenossenschaft bleibt zwischen den Mitgliedern, welche sie begründet haben oder ihr beigetreten sind, bestehen. Die Genossenschaft ändert, falls sie die Bemängelungen des Richters nicht heben will, nur das Statut, indem sie Beschluß faßt, unter welcher Rechtsform sie weiter existiren will.

Aehnliches ist bei anderen Arten Genossenschaften, insbesondere bei Konsumvereinen, möglich. Es giebt nicht eingetragene Konsumvereine (Breslau) und Konsumvereine in der Form von Aktiengesellschaften (Bremen, Antonienhütte), deren innere Einrichtungen, auch in Betreff Geschäftsantheil und Gewinnvertheilung, mit denen der als Genossenschaften mit unbeschränkter oder beschränkter Haftpflicht eingetragenen Konsumvereine wesentlich übereinstimmen.

Die Eintragung der Genossenschaft in das Genossenschaftsregister konnte nach dem Gesetz von 1889, wenn das Statut die gesetzlichen Erfordernisse nicht enthielt oder andere Hindernisse der Eintragung vorlagen, vom Richter nicht rückgängig gemacht werden. Selbst nicht auf Antrag oder mit Zustimmung des Vorstandes und Aufsichtsraths konnte der Registerrichter von der Genossenschaft Aenderungen oder Ergänzungen des Statuts erzwingen. Keine Bestimmung des Genossenschaftsgesetzes gab dem Registerrichter eine solche Befugniß. Außer in den Fällen des § 160 (in der Fassung des Gesetzes von 1889 § 152), in denen der Registerrichter den Vorstand oder die Liquidatoren einer eingetragenen Genossenschaft zur Befolgung von Vorschriften des Genossenschaftsgesetzes durch Ordnungsstrafen anhalten kann, verhandelte der Richter nur auf Antrag. Dies ist nun anders geworden durch § 147, § 142, § 143 Frw.Ger., in den daselbst bezeichneten Fällen kann das Gericht die Löschung der Genossenschaft verfügen (vgl. weiter unten). Daraus, daß die „Genossenschaft vor erfolgter Eintragung in das Genossenschaftsregister die Rechte einer eingetragenen Genossenschaft nicht hat", folgt noch nicht, daß sie diese Rechte nach der Eintragung besitzt. Der Richter schafft durch den bloßen Akt der Eintragung in das Genossenschaftsregister kein neues Recht; eine Genossenschaft, welche Eigenschaften entbehrt, die zur Eintragung in das Genossenschaftsregister gesetzlich erforderlich sind, erhält durch die Eintragung keinesfalls Ersatz des Mangels. Zum Begriff einer eintragungsfähigen Genossenschaft gehört nach § 1 G.G., daß ihre Mitgliederzahl nicht geschlossen ist, daß sie nicht beliebige ideale Zwecke verfolgt, sondern daß sie Förderung des Erwerbs oder der Wirthschaft der Mitglieder bezweckt. Eine Gesellschaft, welche diese Voraussetzungen des Begriffs einer Genossenschaft nicht erfüllt, kann durch Eintragung in das Genossenschaftsregister niemals die Rechte einer eingetragenen Genossenschaft erwerben. Ebenso ist es, wenn die Genossenschaft in ihr Statut die Haftpflicht nicht nach einer der drei in § 2 G.G. aufgeführten Arten ordnet, oder wenn sie die Haftpflicht zwar nach einer der drei Arten ordnet, aber die Firma einer der beiden anderen Arten entnimmt, z. B. die Firma einer Genossenschaft mit unbeschränkter Haftpflicht feststellt, aber im Statut ausdrücklich bestimmt, daß die Genossen nur mit einem bestimmten Betrage haften.

Die Genossenschaft kann trotz der Eintragung die Rechte einer eingetragenen Genossenschaft nicht erhalten, wenn das Statut der schriftlichen Form entbehrt (§ 5 G.G.) oder wenn es die wesentlichen Erfordernisse nicht enthält, welche es nach §§ 6 und 7 G.G. enthalten muß, oder wenn es bei einer Genossenschaft mit beschränkter Haftpflicht keine Bestimmung über die Haftsumme enthält.

Die schwierige Frage, welche vermögensrechtliche Folgen die unter Verletzung gesetzlicher Bestimmungen erfolgte Eintragung einer Genossenschaft für Genossen und Dritte hat, war von der Rechtsprechung fast gar nicht behandelt. Erst das 1900 in Kraft getretene Einführungsgesetz zum Handelsgesetzbuch regelte das Nichtigkeitsverfahren, der sechste Abschnitt des G.G. hat die Ueberschrift „Auflösung und Nichtigkeit der Genossenschaften" erhalten, doch Voraussetzung ist hierbei Vorgehen einzelner Mitglieder. Die Ergänzung liegt in § 147, § 142, § 143 Frw.Ger., die das Einschreiten des Gerichts von Amtswegen in diesen Fällen ordnen, § 147 Abs. 3 Frw.Ger. sieht sogar die Löschung von Beschlüssen der Generalversammlung vor (§ 112).

Völlig unabhängig steht im Allgemeinen der Registerrichter dem Prozeßrichter gegenüber. Im Prozeßwege kann nur zwischen den Parteien festgestellt werden, daß diese einander gegenüber verpflichtet seien, gewisse Anmeldungen zu bewirken und daß sie im Falle der Unterlassung schadensersatzpflichtig sind (Johow u. Küntzel Bd. 4 S. 36 ff.). Damit stimmt § 127 Frw.Ger. überein, der auch für das Genossenschaftsregister gilt (§ 147 a. a. O.) und bestimmt:

„Das Registergericht kann, wenn eine von ihm zu erlassende Verfügung von der Beurtheilung eines streitigen Rechtsverhältnisses abhängig ist, die Verfügung aussetzen, bis über das Verhältniß im Wege des Rechtsstreits entschieden ist. Es kann, wenn der Rechtsstreit nicht anhängig ist, einem der Betheiligten eine Frist zur Erhebung der Klage bestimmen."

Das Urtheil stellt dann das Rechtsverhältniß unter den Parteien mit bindender Wirkung auch für den Registerrichter fest. Insoweit dieser aber das Interesse anderer Betheiligten oder das öffentliche Interesse wahrzunehmen hat, ist er an das Urtheil nicht gebunden, sondern schreitet von Amtswegen zu der erforderlichen Ermittelung (Parisius u. Crüger S. 86).

In Betreff der Oeffentlichkeit des Registers bestimmt G.G. § 156, daß die Vorschriften in §§ 9 bis 11 H.G.B. auf das Genossenschaftsregister Anwendung finden. Das Register ist also öffentlich. Ferner schreibt § 3 A.V. vor, daß die Einsicht der Listen der Genossen Jedem gestattet ist.

Für die Ertheilung von Abschriften ist § 9 Abs. 2, 3 H.G.B. maßgebend, der durch A.V. § 26 ausdrücklich auf die Liste der Genossen für anwendbar erklärt ist. Auch von den Eintragungen in die Liste der Genossen können also Abschriften gefordert werden und von den zu der Liste eingereichten Schriftstücken, „sofern ein berechtigtes Interesse glaubhaft gemacht wird".

Zweites Kapitel.

Von der Bedeutung der Thätigkeit des Registerrichters für die wirthschaftliche Entwickelung des Volkes und von der Verantwortlichkeit des mit der Führung des Genossenschaftsregisters betrauten Richters.

Der Richter, dem die Führung des Genossenschaftsregisters obliegt, kann auf einen wichtigen Zweig unserer Kulturentwickelung einen bedeutsamen Einfluß üben. Zwei Jahre, bevor in Deutschland das erste Genossenschaftsgesetz, das preußische, erlassen wurde, im August 1865, wurde die Frage, inwieweit es der Staatsverwaltung möglich sei, die Ausbreitung und Entwickelung „der auf das Prinzip der wirthschaftlichen Selbsthülfe gegründeten Genossenschaften (Vorschuß- und Kreditvereine, Vereine zur Beschaffung von Rohstoffen, Konsumvereine, Produktivassociationen) zu fördern", in einer von dem preußischen Ministerium zur Berathung der Koalitionsfrage berufenen Kommission von Arbeitgebern und Arbeitern erörtert. In der Eröffnungsrede bezeichnete der damalige Minister für Handel, Gewerbe und öffentliche Arbeiten Graf Itzenplitz die wohlthätige Wirkung dieser Genossenschaften als unleugbar und forderte zur Prüfung auf, welche Mittel sich darbieten, denselben auch unter den Fabrikarbeitern mehr Eingang zu verschaffen. Er betonte dabei, daß der wichtigste Theil der sozialen Hülfe, „nämlich die moralische Hebung und die geistige Bildung des Arbeiterstandes", sich — abgesehen von dem Unterricht der Jugend — der unmittelbaren Einwirkung der Staatsgewalt entziehe; „es lassen sich nicht Gesetze geben, welche die Menschen zwingen, sparsam, mäßig, gottesfürchtig zu sein, der Haupttheil der Arbeit in dieser Beziehung wird der werkthätigen Kraft der Einzelnen zu überlassen sein, und man wird sich darauf beschränken müssen, äußere Hindernisse, welche der Wirksamkeit dieser Arbeit entgegenstehen, zu beseitigen.

Diese Anschauungen gelten jetzt vielfach als veraltet; wir halten sie noch heute für die richtigen. Der Staat thut in positiver Richtung seine volle Schuldigkeit, wenn er die Hindernisse, welche sich der wirthschaftlichen Selbsthilfe entgegenstellen, durch gute Gesetze beseitigt und eine sorgfältige Anwendung dieser Gesetze bewirkt. Das deutsche Genossenschaftsgesetz genügt den wirklichen Bedürfnissen der genossenschaftlichen Selbsthilfe und gestattet die Anwendung der genossenschaftlichen Organisation zur Hebung der wirthschaftlichen Lage der Erwerbsthätigen aller Art, zur Kräftigung der Konkurrenzfähigkeit der Handwerker, Landwirthe und Kleinhändler.

Der Registerrichter, namentlich bei Amtsgerichten mit kleinem Bezirke, wird naturgemäß einen so bedeutenden Einfluß auf die Gerichtseingesessenen besitzen, daß er der Bildung von Genossenschaften der Handwerker, der Industriearbeiter, der kleinen Landwirthe förderlich oder hinderlich sein kann. Da das Verständniß des Genossenschaftsgesetzes nicht leicht ist, wird in der Regel vor der Anmeldung einer neubegründeten Genossenschaft von ihm Rath oder Begutachtung erbeten und gewährt werden. Uns sind viele Fälle bekannt geworden, in denen der Registerrichter eine private Vorprüfung des Statuts bereitwillig vorgenommen hat.

Das Genossenschaftsgesetz selbst setzt voraus, daß zwischen dem Vorstand der Genossenschaft und dem Registerrichter zum Zweck der gegenseitigen Erleichterung ihrer Geschäftsführung über Verschiedenes, wie über den Zeitpunkt der Einreichung der Beitrittserklärungen der Genossen*) Vereinbarungen stattfinden. Auch hierdurch gewinnt der Registerrichter bei den eingetragenen Genossenschaften seines Bezirks eine Art Vertrauensstellung. Damit steigert sich seine Verantwortlichkeit. Nicht blos seine Rathschläge, sondern auch seine Verfügungen und Bescheide werden in den Augen der Betheiligten maßgebender, man wird gegen sie nur sehr ungern Beschwerde erheben. Und doch kann ein Rechtsirrthum bei der Eintragung in der Folge für die Genossenschaftsmitglieder verhängnißvoll werden, da die Eintragung in das Genossenschaftsregister an sich kein Recht schafft (vgl. oben I. Kapitel).

Die meisten eingetragenen Genossenschaften sind, wenn sie gedeihen wollen, mehr wie andere Erwerbs-Gesellschaften zu Ersparnissen in der Verwaltung genöthigt, vollends, nachdem das Gesetz die kostspielige zweijährige Zwangsrevision eingeführt hat. Es ist deshalb für manche Genossenschaften fast eine Lebensfrage, möglichst gering durch Gerichtskosten belastet zu werden. Das Belieben des Registerrichters ist dabei vielfach maßgebend. Das Kostspieligste in dem geschäftlichen Verkehr der eingetragenen Genossenschaft mit dem Registergericht sind die Insertionskosten für Veröffentlichung der Eintragungen. Leider werden oft Eintragungen veröffentlicht, die nicht zu veröffentlichen sind. Es unterliegt keinem Zweifel, daß für ungerechtfertigte Veröffentlichungen oder für Veröffentlichungen in unrichtigen Blättern Insertionskosten zu zahlen die Genossenschaft nicht verpflichtet ist,**) oder daß zum mindesten der Richter für die durch derartige Veröffentlichungen verursachten Kosten regreßpflichtig ist. Freilich werden gegen gesetzwidrige Veröffentlichungen des Registerrichters die Vorstandsmitglieder der Genossenschaft — trotzdem sie wegen Verletzung ihrer Obliegenheiten persönlich und solidarisch der Genossenschaft haften — selten geneigt sein, Beschwerde zu erheben, indem sie besorgen, daß der Richter die Kosten der ungerechtfertigten Insertion aus eigener Tasche bezahlen müßte. Aber ganz abgesehen von den Ausnahmefällen ungesetzlicher Veröffentlichungen hat der Registerrichter, der unter sorgsamer Beobachtung der gesetzlichen Vorschriften handelt, es doch oft in seiner Gewalt, der Genossenschaft nicht unerhebliche Kosten zu verursachen, deren Nothwendigkeit nicht behauptet

*) § 15 G.G. Vgl. Parisius und Crüger S. 112.
**) Vgl. die bei Parisius und Crüger S. 98 mitgetheilte Rechtsprechung.

werden kann. Nur zwei Punkte seien erwähnt: Der Registerrichter hat alljährlich zu bestimmen, in wie vielen und in welchen öffentlichen Blättern außer dem Reichsanzeiger die Eintragungen zu veröffentlichen sind. Mancher Registerrichter, der 4 oder 5 Blätter zu Registerblättern bestimmt, wird bei wiederholter Erwägung des Zweckes dieser Veröffentlichungen (s. unten) zu einer Verringerung der Zahl derselben gelangen. Auch für die Entscheidung der Frage, ob eine eingetragene Genossenschaft zu den kleineren Genossenschaften des § 156 gehört, ist lediglich die Entschließung des Richters maßgebend (A.V. § 5). Bei eingehender Beschäftigung mit dem Genossenschaftswesen wird der Richter, glauben wir, den Begriff der kleineren Genossenschaften weiter zu fassen und dadurch die Zahl der Genossenschaften, für welche die Bekanntmachungen nur in einem Blatt neben dem Reichsanzeiger veröffentlicht werden, zu vermehren geneigt sein. Sodann aber kann auch die Formulirung in der Veröffentlichung knapp und kurz oder weitläufig sein und je nachdem kostspieliger oder billiger. Für alle Veröffentlichungen bietet die vorliegende Schrift Beispiele, sowie Formulare in knapper Fassung.

Es bestimmt § 12 der Allgemeinen Verfügung über die Führung des Handelsregisters in Preußen (J.M.Bl. 1899 S. 314), auf den Artikel 5 der Allgemeinen Verfügung vom 8. November 1899 über die Führung des Genossenschaftsregisters verweist:

„Auf eine leicht verständliche und knappe Fassung der öffentlichen Bekanntmachungen ist Bedacht zu nehmen.

Erfolgen mehrere Bekanntmachungen desselben Gerichts gleichzeitig, so sind sie thunlichst zusammenzufassen.

Der Bezeichnung des Gerichts ist eine Namensunterschrift nicht beizufügen. Ueberflüssige Absätze sind zu vermeiden. Die Spaltenüberschriften des Registers, die Unterschrift des Gerichtsschreibers, die Verfügung, durch welche die Eintragung angeordnet ist, die Geschäftsnummer sowie etwaige bei der Eintragung erfolgte Verweisungen auf andere Stellen des Registers oder auf Aktenstellen sind nicht zu veröffentlichen.

Die Bekanntmachung ist in jedem Blatte nur einmal zu bewirken; ihr Wortlaut ist vor der Absendung an die Blätter dem Richter zur Genehmigung vorzulegen."

Uebrigens dürfte in Folge der Zugehörigkeit der meisten Genossenschaften zu Revisionsverbänden keine andere amtliche Thätigkeit des Richters so sehr unter einer gewissen Kontrolle stehn, wie die Führung des Genossenschaftsregisters. Ist der Richter in der Lage, Bestrebungen und Unternehmungen, die bei richtiger Handhabung allseitig, auch von der Staatsregierung, als dem Volkswohle dienend anerkannt werden, dadurch zu fördern, daß er die bei sorgfältiger Bearbeitung ihrer gerichtlichen Geschäfte mögliche Kostenersparniß erzielt, warum sollte er dies unterlassen? Und das öffentlich ausgesprochene Anerkenntniß sachverständiger Privatpersonen, daß er in der gedachten Richtung den berechtigten Wünschen der Betheiligten in jeder Beziehung nachkomme, darf ihn immerhin mit einer gewissen Genugthuung erfüllen, während eine absprechende Beurtheilung dieses, wenn auch untergeordneten Theils seiner amtlichen Thätigkeit ihm nicht angenehm sein kann. Auch Seitens der obersten Justizbehörden geschieht in den meisten deutschen Staaten Manches, um die Registergerichte zur sorgfältigen Beobachtung der Bestimmungen der Genossenschaftsgesetzgebung im Interesse der Genossenschaften anzuhalten.

Die Thätigkeit des Registergerichts.

I. Die jährliche Bekanntmachung der Registerblätter.

§ 1. Die gesetzlichen Bestimmungen.

Nach § 11 H.G.B., § 156 G.G. und § 5 A.V. hat

a) jedes Genossenschaftsregister-Gericht für seinen Bezirk alljährlich im Monat Dezember die öffentlichen Blätter zu bestimmen, in welchen im Laufe des nächstfolgenden Jahres die Eintragungen in das Genossenschaftsregister zu veröffentlichen sind.

b) Für die Bekanntmachungen aus dem Genossenschaftsregister können andere Blätter als für die Bekanntmachungen aus dem Handelsregister bestimmt werden.

c) Alle Eintragungen sind durch den deutschen Reichsanzeiger bekannt zu machen, wo sie in einem besonderen Theile zusammenzustellen sind.

d) Außer dem Reichsanzeiger sind ein oder mehrere andere Blätter vom Registergericht zu bestimmen.

e) Für kleinere Genossenschaften darf nur ein anderes Blatt bestimmt werden.

f) Dieses Blatt ist bei der Bekanntmachung im Dezember als solches besonders zu bezeichnen, in welchem außer dem deutschen Reichsanzeiger die Bekanntmachungen für kleinere Genossenschaften erfolgen sollen.

g) Bei der Auswahl dieses Blattes ist hauptsächlich auf seine Verbreitung im Gerichtsbezirke Gewicht zu legen.

h) Bei der Entscheidung, ob eine Genossenschaft zu den kleineren zu rechnen ist, hat das Registergericht sowohl die Zahl der Mitglieder und die Größe des Genossenschaftsvermögens, als die Art und den Umfang des Geschäftsbetriebes zu berücksichtigen.

§ 2. Verschiedene Blätter für Handelsregister und Genossenschaftsregister. Auswahl der Blätter, Zahl derselben.

So lange das Genossenschaftsregister ein Theil des Handelsregisters war, mußten dieselben Blätter für die Veröffentlichung der Eintragungen in das Genossenschaftsregister und in das Handelsregister bestimmt werden. Dies ist jetzt anders. Bei der Auswahl der Blätter für das Handelsregister und für das Genossenschaftsregister sind nicht dieselben Gesichtspunkte zu beachten. Die Erwerbs- und Wirthschaftsgenossenschaften beschränken in der Regel grundsätzlich ihre geschäftliche Thätigkeit auf einen engeren Bezirk. Knüpfen doch viele Genossenschaften sogar Erwerb und Fortdauer der Mitgliedschaft an den Wohnsitz innerhalb eines bestimmten Bezirks (G.G. § 8 Ziffer 2). Anders bei Kaufleuten und Handelsgesellschaften.

Der Zweck der Veröffentlichungen ist, die Eintragungen zur Kenntniß der Gläubiger der Genossenschaft zu bringen. Diesem Zwecke muß das Gericht bei der Bestimmung der Blätter gerecht werden, es muß sich daher nach der Art und der Ausdehnung des Geschäftsbetriebes richten. Zwecklose Kosten sollen den Genossenschaften nicht verursacht werden. „Um die den Genossenschaften entstehenden Kosten thunlichst zu ermäßigen, ist die Auswahl der sonst noch für die Bekanntmachungen zu bestimmenden Blätter auf das Nöthigste zu beschränken". (Begründung II 142.)

Die Vorschrift des Genossenschaftsgesetzes, daß für die „kleineren Genossenschaften" neben dem Reichsanzeiger nur ein anderes Blatt bestimmt werden darf, hindert das Registergericht nicht, auch für die größeren — somit für alle Genossenschaften des Bezirks nur ein Blatt auszuwählen. Der Wink, den die A.V. über die Auswahl des einzigen, für die kleineren Genossenschaften neben dem Reichsanzeiger bestimmten Blattes*) ertheilt, daß hauptsächlich auf die Verbreitung des Blattes im Gerichtsbezirke Gewicht zu legen", trifft ebenfalls für die meisten größeren Genossenschaften zu, nämlich für alle diejenigen, deren Geschäftsbetrieb nicht über gewisse lokale Grenzen hinausgeht, deren Mitglieder, Gläubiger und Geschäftskunden deshalb meist im Gerichtsbezirke wohnen. Für größere Genossenschaften dieser Art würde neben dem Reichsanzeiger nur ein Blatt genügen, wenn im Geschäftsbezirk der Genossenschaft ein bestimmtes Blatt vorzugsweise gelesen wird. Sind daselbst zwei Blätter ziemlich gleichmäßig verbreitet, so werden beide Blätter zu bestimmen sein, da in Deutschland nur eine Minderzahl von Personen — abgesehen von schönwissenschaftlichen und gewerblichen — gleichzeitig zwei Blätter hält.

Blätter, die in größeren Zwischenräumen (monatlich, vierteljährlich) erscheinen, eignen sich nicht zu Registerblättern, der längste Zwischenraum dürfte eine Woche sein. Bei Genossenschaften in einem einzelnen Gewerbszweig ein Fachblatt dieses Gewerbszweigs zu wählen, ist nicht zu empfehlen, da es sich vornehmlich darum handelt, die Bekanntmachung — nicht den Genossen, sondern Dritten im Geschäftskreise der Genossenschaft zugänglich zu machen.

§ 3. Verschiedene Blätter für Genossenschaften desselben Bezirks zulässig.

Dem Registerrichter ist nicht verboten, für die einzelnen Genossenschaften seines Bezirks nicht dieselben, sondern verschiedene Blätter zu

*) Vgl. die Ausführungs-Verordnungen für Sachsen vom 14. August 1889 und für Sachsen-Weimar vom 30. August 1889 bei Parisius u. Crüger S. 494, 504.

Registerblättern zu bestimmen. Zuweilen kann dies sogar angemessen sein. Namentlich wenn der Bezirk des Registerrichters ein ausgedehnter ist, wie in Bayern, wo die Amtsgerichte am Sitz des Landgerichts die Register führen, sind oft in den einzelnen Theilen des Bezirks ganz verschiedene Blätter vorzugsweise verbreitet. In Preußen kommt es selbst in dünnbevölkerten Gegenden vor, daß zum Bezirk des Gerichts Theile zweier landräthlicher Kreise gehören, in deren Gemeinden die nicht gemeinsamen Kreisblätter von allen Preßorganen die größte Verbreitung haben. Hier wird dem Registerrichter nichts übrig bleiben, als zu beschließen, daß die Bekanntmachungen für die kleineren Genossenschaften in dem einen Kreise in dem Kreisblatt desselben und für die kleineren Genossenschaften des anderen Kreises in dessen Kreisblatt veröffentlicht werden.

Der Beschluß des Registergerichts sollte nach Art. 14 H.G.B. „in einem oder mehreren öffentlichen Blättern bekannt gemacht werden", das G.G. enthielt keine solche Vorschrift und sie hat auch in § 11 des neuen H.G.B. nicht Aufnahme gefunden.

II. Anmeldung, Eintragung und Veröffentlichung des Statuts.

§ 4. Anmeldung und Legitimation der Anmeldenden.

Die Anmeldung des Statuts der Genossenschaft behufs der Eintragung liegt dem Vorstande ob. Der Anmeldung sind die im § 11 Abs. 2 G.G. aufgeführten Schriftstücke beizufügen. Zweifellos hat der Registerrichter die Eintragung des Statuts abzulehnen, wenn die Anmeldung oder die beigefügten Schriftstücke formell mangelhaft sind.

Die Anmeldung erfolgt durch sämmtliche Mitglieder des Vorstandes. Der Richter muß die Legitimation der Anmeldenden prüfen; er muß aus den von ihnen übergebenen Schriftstücken sich überzeugen:

1) daß sie durch Unterschrift des Statuts Mitglieder der Genossenschaft geworden,

2) daß sie und nur sie zu Vorstandsmitgliedern bestellt sind.

Die Anmeldung ist persönlich zu bewirken oder in beglaubigter Form einzureichen (§ 6 A.V.). Ist die zur Eintragung erforderliche Erklärung von einem Notar beurkundet oder beglaubigt, so gilt dieser als ermächtigt, im Namen der zur Anmeldung Verpflichteten die Eintragung zu beantragen (Frw.Ger. §§ 147, 129). Geschieht die Anmeldung persönlich, so ist der Antrag zu Protokoll zu nehmen.

Bei der Einreichung in beglaubigter Form „genügt die Beglaubigung der Unterschriften". Dieselbe „kann außer durch das Gericht oder einen Notar auch durch einen Gemeindevorsteher oder die Polizeibehörde erfolgen; einer Zuziehung von Zeugen bedarf es nicht". (§ 8 A.V.) Ein Muster der Einreichung der Anmeldung in beglaubigter Form s. Anhang Genossenschafts-Formular a.

§ 5. Die Schriftstücke und ihre formale Prüfung.

Der Anmeldung sind nach § 11 des Gesetzes beizufügen:

1) Das von den Genossen unterzeichnete Statut und eine Abschrift desselben,

2) eine Liste der Genossen,

3) eine Abschrift der Urkunden über die Bestellung des Vorstandes und des Aufsichtsrathes.

Das Registergericht hat bei persönlicher Anmeldung die überreichten Schriftstücke sofort einer formalen Prüfung zu unterziehen, insbesondere zu prüfen, ob das Statut von den in der Liste aufgeführten Genossen unterzeichnet ist; die Zahl derselben muß mindestens 7 betragen (G.G. § 4). Es ist nicht nothwendig, daß Statut und Abschrift geschrieben sind, sie können auch auf andere Weise hergestellt oder vervielfältigt sein, namentlich durch den Druck. Wenn in G.G. § 5 schriftliche Form für das Statut verlangt wird, so ist dadurch nur bestimmt, einmal, daß gerichtliche oder notarielle Form nicht erforderlich ist und sodann, daß das Statut selbst von den Genossen unterschrieben sein muß. Es würde nicht genügen, wenn sich die Mitglieder in besonderem Protokoll zu dem Statut bekennen.*) Ergiebt sich bei dieser formalen Prüfung kein Grund zur Ablehnung der Anmeldung**), so ist über dieselben ein Protokoll aufzunehmen, in welchem die Vorstandsmitglieder ihre Unterschrift zu zeichnen haben, falls die Zeichnung nicht in beglaubigter Form eingereicht ist.

[Form. 1.] Muster eines Anmeldungsprotokolls.***)

Königliches Amtsgericht.

Xstadt, den 13. April 1900.

Gegenwärtig Hoffmann, Amtsrichter,
Sorgsam, Registerführer.

An Gerichtsstelle erscheinen persönlich bekannt und verfügungsfähig:

1) Heinrich Hübner, Schlosser,

2) Karl Mettner, Maurer,

3) Franz Sauer, Lehrer,

sämmtlich von hier und erklären:

Als die Mitglieder des Vorstandes des gestern unter der Firma
Konsumverein Sparsamkeit, eingetragene Genossenschaft
mit beschränkter Haftpflicht,
hierselbst begründeten Konsumvereins, melden wir hierdurch diese Genossenschaft zur Eintragung an, unter Beifügung

a) des Statuts vom 12. April 1900 nebst einer Abschrift desselben,

b) der Liste der Genossen,

---

*) Parisius und Crüger S. 30.

**) Birkenbihl-Maurer (S. 90) gehen zu weit, wenn sie den Registerrichter für berechtigt erachten, die Wahrheit der ihm gemeldeten Thatsachen zu bezweifeln und Aufklärung zu fordern, vgl. Parisius und Crüger S. 88.

***) Es ist ein Protokoll nothwendig, nur für Einreichungen und Anzeigen genügt ein Vermerk unter Bezeichnung der erschienenen Vorstandsmitglieder oder Liquidatoren (A.V. 7 Abs. 3).

c) einer Abschrift des Beschlusses der Versammlung vom 12. April 1900, betreffend die Bestellung von Vorstand und Aufsichtsrath.

Unter Genehmigung des uns vorgelesenen Protokolls zeichnen wir unsere Unterschrift wie folgt:

Heinrich Hübner. Karl Mettner. Franz Sauer.

Geschehen wie oben.

Hoffmann. Sorgsam.

§ 6. Materielle Prüfung der Schriftstücke:*) Statut. 1. Unterschriften und Datum.

Zu überreichen ist Statut und Abschrift desselben.

„Vor der Eintragung des Statuts hat das Gericht zu prüfen, ob das Statut den Vorschriften des Gesetzes genügt, insbesondere, ob die in dem Statut bezeichneten Zwecke der Genossenschaft den Voraussetzungen des § 1 des Gesetzes entsprechen und ob das Statut die erforderlichen Bestimmungen (G.G. §§ 6, 7, 36 Abs. 1 Satz 2, § 131 Abs. 2 Satz 1) enthält". (§ 15 Abs. 1 A.V.)

Die allgemeinen Grundsätze sind bereits in der Einleitung erörtert worden. Dem Statut muß eine einfache unbeglaubigte Abschrift (§ 8 A.V.) beigefügt sein.

Die Vorberathungen, Verhandlungen u. s. w. über das Statut entziehen sich der Prüfung des Gerichts, da diesem nur das Statut, nicht das Protokoll vorzulegen ist. Die Unterschriften des Statuts zu prüfen, liegt dem Gericht nicht ob. Indeß wenn sich die Ungültigkeit von Unterschriften „aus den dem Gericht bekannten Thatsachen als zweifellos" ergiebt (z. B. wenn der angebliche Unterzeichner bereits verstorben oder entmündigt war), so kann es die Eintragung des Statuts aus diesem Grunde dann ablehnen, wenn nach Abzug der ungültigen Unterschriften die Zahl der Genossen weniger als sieben beträgt. Selbstverständlich würde keinesfalls die Eintragung dieses Namens in die Liste der Genossen erfolgen.

Das Statut muß mit dem Datum versehen sein, denn das Datum des Statuts ist zu veröffentlichen.

§ 7. Statut. 2. Die Essentialien des § 6 G.G. Firma, Sitz.

Nach § 6 Pos. 1 des G.G. muß das Statut enthalten:

1. Die Firma. Die Firma muß den Zusatz „eingetragene Genossenschaft" unter Bezeichnung der Haftpflicht
   „mit unbeschränkter Haftpflicht" oder
   „mit unbeschränkter Nachschußpflicht" oder
   „mit beschränkter Haftpflicht"

*) Parisius und Crüger S. 88 ff.

enthalten. Diese Worte müssen den Schluß der Firma bilden und dürfen nicht durch Einschiebungen durchbrochen werden.*)

Ueber die Beschaffenheit der Firma enthält nähere Bestimmungen § 3. Die Firma muß

a) von dem Gegenstande des Unternehmens entlehnt sein, es muß also aus der Firma hervorgehen, um welche Genossenschaftsart es sich handelt.**) Ist der Gegenstand des Unternehmens ein mehrfacher, so muß dies in der Form zum Ausdruck kommen. Mit vollem Rechte haben deshalb namentlich in Baden viele landwirthschaftliche Konsumvereine, bei denen neben dem gemeinschaftlichen Einkauf von Verbrauchsstoffen und Gegenständen des landwirthschaftlichen Betriebs auch der gemeinschaftliche Verkauf landwirthschaftlicher Erzeugnisse Gegenstand des Unternehmens ist, ihre Firmen geändert in „landwirthschaftlicher Konsumverein und Absatzverein". Konsumvereine, die zugleich in größerem Umfange produziren, verarbeiten, zubereiten, z. B. Bäckerei oder Schlächterei betreiben, Obst dörren, Most oder Wein keltern, ist anzurathen, sich nicht mit der Firma „Konsumverein" zu begnügen, sondern sich z. B. „Konsum- und Produktivverein" zu nennen. Denn die Waaren, die sie durch jene Thätigkeit gewinnen, dürfen an Jedermann verkauft werden, während eingetragene Konsumvereine, d. i. „Vereine zum gemeinschaftlichen Einkaufe von Lebens- oder Wirthschaftsbedürfnissen im Großen und Ablaß im Kleinen" (G.G. § 1, Pos. 5), Waaren im regelmäßigen Geschäftsverkehr nur an Mitglieder verkaufen dürfen und Zuwiderhandlungen bestraft werden. Genossenschaften, aus deren Firma der Gegenstand des Unternehmens nicht zu erkennen ist, sind in nicht geringer Zahl eingetragen worden. Zu den Genossenschaften, die aus diesem Grunde nicht hätten eingetragen werden dürfen, rechnen wir die „Deutsche Centralgenossenschaft", die „Deutsche Heimstättengenossenschaft", den „Deutschen Kellnerbund", den „Münchner Fuhrverein", die „Deutsche Pferdebesitzer-Genossenschaft", die „Erwerbsgenossenschaft zu Seebach", den „Wirthschaftsverein zu Breslau", die „Hauptgenossenschaft Schlesischer Landwirthe" u. s. w.

Deutsche Sprache ist für die Firma nicht nothwendig nach einem Beschluß des Kammergerichts vom 3. November 1899 (mitgetheilt Blätter für Genossenschaftswesen 1900 S. 24).

Die Firma muß

b) sich von allen an demselben Orte oder in derselben Gemeinde bereits bestehenden Firmen eingetragener Genossenschaften deutlich unterscheiden (H.G.B. § 30)***). Verschiedenheit in der Haftungsart reicht hierzu nicht aus. Es ist also nicht gestattet, neben dem

---

*) Z. B. würde die Firma „Töpferei, eingetragene Produktivgenossenschaft mit beschränkter Haftpflicht" oder „Kreditverein, eingetragene Genossenschaft mit unbeschränkter Haftpflicht zu Lautenburg" unzulässig sein.

**) Parisius und Crüger S. 22 ff.

***) Durch die Landesregierungen kann bestimmt werden, daß benachbarte Orte oder Gemeinden als ein Ort oder eine Gemeinde im Sinne dieser Vorschriften anzusehen sind (H.G.B. § 30 Abs. 4).

„Konsumverein e. G. mit beschränkter Haftpflicht" in Xstadt daselbst einen solchen mit der Firma „Konsumverein e. G. mit unbeschränkter Haftpflicht" zu errichten.

Die Firma darf nicht

c) Namen von Genossen oder anderen Personen enthalten. Unter „anderen Personen" sind alle die zu verstehen, deren Mitgliedschaft möglich ist,*) also auch juristische Personen. Auch gegen diese Bestimmung wird nicht selten gefehlt. Es durften nicht eingetragen werden z. B. „Konsumverein des Eisen- und Stahlwerks Krieger & Co." oder „Konsumverein der Arbeiter der Schröderschen Papierfabrik". Dahingegen sind Firmen wie „St. Peter Darlehnskassenverein" oder „Konsumverein von St. Gertrud", „Konsumverein von St. Joseph" nicht ungesetzlich.

2. Den Sitz d. h. den Mittelpunkt der Geschäftsthätigkeit; er entspricht dem Wohnsitz bei physischen Personen. Ob auch thatsächlich an dem gegebenen Sitz die Geschäfte geleitet werden sollen, hat der Richter nicht zu prüfen. Der Sitz aber muß im Statut bestimmt sein, und eine Veränderung ist nur möglich im Wege der Statutenänderung.

Die Genossenschaft ist in der Bestimmung des Sitzes unbeschränkt.**) Denkbar ist es z. B., daß sich eine Genossenschaft mit dem Sitz in Berlin eintragen läßt und ihre Geschäfte in Frankfurt führt, freilich würde dies in dem Verkehr mit dem Gerichte große Schwierigkeiten haben, denn als materielles und formales Recht würde für sie der statutarische Sitz maßgebend bleiben.

§ 8. Statut. 2. Die Essentialien des § 6 G.G. Gegenstand des Unternehmens.

1) Den Gegenstand des Unternehmens muß das Statut enthalten, ihn ausdrücklich aufführen, nicht blos aus Umschreibungen erkennen lassen. Viele Statuten verstoßen dagegen, indem sie nur aufführen, was die Genossenschaft bezweckt. Dieser Verstoß gegen das Gesetz müßte genügen, die Eintragung zu hindern. In vielen Fällen freilich, namentlich wo nur der in der That in Aussicht genommene Gegenstand des Unternehmens mit den Eingangsworten „der Verein bezweckt" aufgeführt würde, haben die Registerrichter mit Recht die Eintragung verfügt.

2) Der Gegenstand des Unternehmens braucht nicht der gleiche zu sein, wie bei den sieben im § 1 des G.G. genannten Genossenschaftsarten. Diese sind lediglich als Beispiele genannt. Der Gegenstand des Unternehmens darf nicht ungeeignet sein für den erforderten Zweck der Förderung des Erwerbs oder der Wirthschaft der Genossenschaftsmitglieder mittels gemeinschaftlichen Geschäftsbetriebs Ungeeignet sind deshalb z. B. Bildungsvereine, Unterhaltungsgesellschaften, Wohlthätigkeitsanstalten; sie verfolgen nicht wirthschaftliche,

*) Parisius und Crüger S. 24.
**) Parisius und Crüger S. 33.

sondern ideelle Zwecke und haben keinen gemeinschaftlichen Geschäftsbetrieb. (Parisius und Crüger S. 9 ff.)

3) Der Gegenstand des Unternehmens muß ein individuelles Gepräge tragen. Die Festsetzung eines allgemeinen unbestimmten und unbestimmbaren Genossenschaftszwecks als Gegenstand des Unternehmens oder statt desselben ist unzulässig und die Eintragung deshalb zu beanstanden. Es hätte daher z. B. das Statut der „Gewerblichen Anlagen Wetzlar, eingetragene Genossenschaft mit beschränkter Haftpflicht" beanstandet werden müssen, da es sich darauf beschränkt, als Zweck der Genossenschaft „Beschaffung von Gegenständen zum gewerblichen Betrieb und zur Benutzung derselben auf gemeinschaftliche Rechnung" aufzuführen. Daraus ist der Gegenstand des Unternehmens nicht mit Sicherheit zu erkennen. Ebensowenig aus der Statutbestimmung der „Adelnauer Spar- und Leihbank eing. G. m. beschr. Haftpflicht" oder der „Märkischen Spar- und Leihgenossenschaft zu Berlin E.G. m. b. H.", wonach der Zweck derselben ist, „die gewerblichen und wirthschaftlichen Interessen ihrer Mitglieder durch den Betrieb der hierzu geeigneten Geldgeschäfte und sonstige Hilfsleistungen zu fördern." Nicht anders verhielt es sich mit der Bestimmung im Statut der „Deutschen Central-Genossenschaft e. G. m. b. H.", wonach Gegenstand des Unternehmens ist „die Förderung der Erwerbs- und Wirthschaftsverhältnisse der ihr als Mitglieder angehörenden Genossenschaften, sowie ihrer sonstigen Mitglieder durch genossenschaftlichen Geschäftsbetrieb wie nicht minder die Begründung eines sozialreformatorischen Genossenschaftswesens in Deutschland im Allgemeinen." In letzterem Falle sind freilich zu verfolgende Zwecke hinzugefügt, darunter neben der „Verbreitung und Einbürgerung genossenschaftlicher Tugenden, Gedanken und Bestrebungen durch Wort und Schrift" auch einzelne, die Gegenstand eines genossenschaftlichen Unternehmens sein können, wie Darlehnsgewährung.*)

4) Der Registerrichter hat sonst nicht zu prüfen, ob die Fassung der statutarischen Bestimmungen über den Gegenstand des Unternehmens korrekt ist und den Absichten der Genossen entspricht. Den letzteren freilich ist zu empfehlen, auf die Fassung besondere Sorgfalt zu verwenden. Ist die Bezeichnung des Gegenstandes zu weit, so kann sie zufälligen Mehrheiten der Mitglieder die Möglichkeit eröffnen, eine Erweiterung des Geschäftsbetriebs auf fernliegende Zwecke durchzusetzen — stellt sich die Bezeichnung als zu eng heraus, so macht sie Abänderungen des Statuts nöthig, die Dreiviertel-Stimmenmehrheit erfordern und durch die etwa erforderliche Veröffentlichung in den Registerblättern kostspielig werden (§ 16 G.G.).

5) Der Kosten der Veröffentlichung halber (s. oben) sollten die Genossenschaften in allen Fällen eine kurze, knappe Wortfassung wählen. Die Muster- oder Probe-Statutenentwürfe des allgemeinen Verbandes der auf Selbsthilfe beruhenden Erwerbs- und Wirthschaftsgenossenschaften (Anwalt Dr. Crüger) und des allgemeinen Verbandes

*) Vgl. Bl. f. G. 1890 S. 7, 21, 161, 395.

der landwirthschaftlichen Genossenschaften des Deutschen Reiches (Anwalt Haas) befleißigen sich der Kürze und Knappheit.

Beispiele:

a) Kreditgenossenschaft:

G. d. U. ist der Betrieb von Bankgeschäften zum Zweck der Beschaffung der in Gewerbe und Wirthschaft der Mitglieder nöthigen Geldmittel.

b) Konsumverein:

G. d. U. ist der gemeinschaftliche Einkauf von Lebens- und Wirthschaftsbedürfnissen im Großen und Ablaß im Kleinen an die Mitglieder, —

oder:

G. d. U. ist der gemeinschaftliche Ankauf von Lebens- und Genußmitteln, Bekleidungsgegenständen und Wirthschaftsbedürfnissen und Abgabe an die Mitglieder gegen Baarzahlung.

c) Rohstoffgenossenschaft:

G. d. U. ist der gemeinschaftliche Einkauf der zum Betriebe des Schneidergewerbes erforderlichen Rohstoffe —

oder:

G. d. U. ist die Beschaffung der zur Schuhmacherei nothwendigen Rohstoffe, Werkzeuge und Geräthe und der Verkauf derselben an die Mitglieder [sowie an Nichtmitglieder].

d) Magazingenossenschaft:

G. d. U. ist der Verkauf der von den Mitgliedern für eigene Rechnung eingelieferten .... Waaren in einem zu diesem Zwecke errichteten gemeinsamen Magazin

oder:

G. d. U. ist die Errichtung einer Betriebsstätte für ....

e) Werkgenossenschaft:

G. d. U. ist Anlage, Unterhaltung und Betrieb von Dampfdreschmaschinen.

f) Landwirthschaftlicher Konsumverein oder Konsum- und Absatzverein:

G. d. U. ist 1) gemeinschaftlicher Einkauf von Verbrauchsstoffen und Gegenständen des landwirthschaftlichen Betriebs, 2) gemeinschaftlicher Verkauf landwirthschaftlicher Erzeugnisse.*)

g) Verein zur Haltung von Zuchtthieren:

G. d. U. ist die Förderung der Pferdezucht durch Anschaffung und Aufstellung von Hengsten zum Decken von Stuten der Genossen [und anderer Landwirthe].

h) Industrielle Produktivgenossenschaft

α) Töpfer:

G. d. U. ist Anfertigung von Thonwaaren und Oefen jeder Art, sowie der Handel mit solchen und Aufstellung derselben durch gemeinschaftlichen Geschäftsbetrieb.

---

*) Handelt es sich nur um die Beschaffung der zum Wirthschafts**betriebe** erforderlichen Stoffe, so ist richtiger die Bezeichnung „Rohstoffverein".

β) Druckschriftenverlag oder Genossenschaftsdruckerei:

G. d. U. ist Herstellung, Verlag und Vertrieb von Zeitschriften, Büchern und sonstigen Druckarbeiten.

i) Landwirthschaftliche Produktivgenossenschaft

α) Molkereigenossenschaft:

G. d. U. ist die Milchverwerthung auf genossenschaftliche Rechnung und Gefahr,

oder:

G. d. U. ist Erbauung, Einrichtung und Betrieb einer Molkerei behufs gemeinschaftlicher Verwerthung der Milch der Milchkühe der Genossen,

oder:

G. d. U. ist die Herstellung von Butter und Käse.

β) Obst- und Gemüsedörranstalt:

G. d. U. ist der gewerbsmäßige Betrieb einer Obst- und Gemüsedörranstalt und der Verschleiß der Fabrikate derselben.

γ) Konservenfabrik:

G. d. U. ist die Verwerthung des von den Genossen gebauten und eingelieferten [oder auf gemeinsame Rechnung angekauften] Gemüses und Obstes.

k) Baugenossenschaften:

G. d. U. ist die Erbauung von Häusern und deren Vermiethung und Verkauf an die Genossen,

oder:

G. d. U. ist An- und Verkauf von Grundstücken, Bau von Wohnhäusern und Vermiethung und Verkauf derselben.

Aus den zu 4) aufgeführten Gründen empfiehlt es sich, besondere Bestimmungen des Statuts über die Art und Weise der Ausführung des Unternehmens nicht bei der Feststellung des Gegenstandes desselben, sondern in besonderen räumlich davon getrennten §§ unterzubringen. So z. B. wenn bei der Molkerei die Mager- und Buttermilch, und bei der Brennerei die Schlempe zurückgeliefert und von den Genossen für ihre eigenen Wirthschaften verwerthet werden soll.

§ 9. Statut. 2. Die Essentialien des § 6 G.G. Generalversammlung.

In Ansehung der Generalversammlung muß das Statut enthalten (§ 6 Pos. 3):

1) „Bestimmungen über die Form für die Berufung der Generalversammlung der Genossen."

Nicht nothwendig ist, daß die Generalversammlung durch öffentliche Blätter berufen wird. Aus dem Statut muß nur hervorgehen, in welcher Weise die Genossen von der Abhaltung einer Generalversammlung Kenntniß erhalten. Die Zweckmäßigkeit entzieht sich der Prüfung des Gerichts. Gestattet wäre es auch, in dem Statut Ort und Zeit zu bestimmen, wann und wo die Generalversammlung stattfindet.*) Nach § 46 G.G. muß die Berufung mit einer Frist von

*) Parisius und Crüger S. 36.

mindestens einer Woche erfolgen. Bei mehrmaliger statutarisch vorgeschriebener Einladung ist die Frist von der letzten Bekanntmachung ab zu rechnen.*) Nicht nothwendig ist eine Bestimmung darüber, durch wen die Berufung zu erfolgen hat, nach dem Gesetz sind hierzu befugt: der Vorstand (§ 44), der Aufsichtsrath (§ 38 Abs. 2), die Mitglieder unter den Voraussetzungen des § 45 Abs. 3; in dem Statut können „auch andere Personen" bestimmt werden (§ 44 Abs. 1). In Betreff der Reihenfolge, in der die Organe der Genossenschaft zur Berufung berechtigt sind, pflegen die Statuten in erster Reihe dem Aufsichtsrath die Berufung zu übertragen.

Zur „Form" der Berufung gehört auch eine Vorschrift darüber, wie die Berufung von Vorstand und Aufsichtsrath zu zeichnen ist. Da die Form der Berufung durch das Statut festgesetzt sein muß, kann eine Aenderung der Form auch nur im Wege der Statutenänderung erfolgen und darf nicht den Organen der Genossenschaft überlassen werden.

2) „Bestimmungen für die Beurkundung ihrer (der Generalversammlung) Beschlüsse."

Die Beschlüsse müssen in ein Protokollbuch eingetragen werden (§ 47). Das Statut muß zur Ausführung dieser Bestimmung vorschreiben, wer die Beschlüsse zu unterzeichnen hat.

3) „Bestimmungen über den Vorsitz in der Generalversammlung". Abgesehen davon, daß nach § 46 die Generalversammlung jederzeit über die Leitung beschließen kann, muß auch das Statut vorschreiben, entweder, wer den Vorsitz haben soll, oder wie der Vorsitzende zu bestimmen ist.

§ 10. Statut. 2. Die Essentialien des § 6 G.G. Form der Bekanntmachungen.

Das Statut muß ferner enthalten (§ 6, Pos. 4):

„Bestimmungen über die Form, in welcher die von der Genossenschaft ausgehenden Bekanntmachungen erfolgen, sowie über die öffentlichen Blätter, in welche dieselben aufzunehmen sind". Die Bekanntmachungen der Genossenschaft (G.G. §§ 33 Abs. 2, 139, 90 Abs. 1, 22, 133 Abs. 1, 143 Abs. 1) müssen durch öffentliche Blätter**) erfolgen, und diese müssen im Statut benannt sein. Eine Abänderung oder Ersatz derselben erfordert eine Statutenänderung.***) Die Bekanntmachungen gehen vom Vorstand aus, das Statut hat die Form (Unterzeichnung) hierfür zu bestimmen. Nach dem Beschluß des Kammergerichts vom 3. November 1899 (mitgetheilt Blätter für Genossenschaftswesen 1900 S. 24) braucht das Blatt nicht in deutscher Sprache zu erscheinen, doch die Bekanntmachungen müssen in deutscher Sprache erfolgen.

---

*) Parisius und Crüger S. 245.

**) Eine Korpszeitung, die von dem Herausgeber nur an die Mitglieder und früheren Mitglieder des Korps verschickt wird, ist keinesfalls zu den öffentlichen Blättern zu zählen.

***) Parisius und Crüger S. 38.

§ 11. Statut. 2. Die Essentialien des § 7 G.G. Bestimmungen über die Haftpflicht.

Das Statut muß bestimmen (§ 7, Pos. 1):

„Ob die Genossen der unbeschränkten Haftpflicht oder nur der unbeschränkten Nachschußpflicht oder der beschränkten Haftpflicht unterliegen sollen."

Das Statut muß wie die Beitrittserklärung zur Genossenschaft die Haftpflicht genau bezeichnen. Es muß also bei der Genossenschaft mit unbeschränkter Haftpflicht das Statut die Bestimmung enthalten, daß „die einzelnen Genossen für die Verbindlichkeiten der Genossenschaft dieser sowie unmittelbar den Gläubigern derselben nach Maßgabe des Gesetzes mit ihrem ganzen Vermögen haften" (§ 120),

— bei der Genossenschaft mit unbeschränkter Nachschußpflicht die Bestimmung, „daß die einzelnen Genossen mit ihrem ganzen Vermögen verpflichtet sind, der Genossenschaft die zur Befriedigung der Gläubiger derselben erforderlichen Nachschüsse nach Maßgabe des Gesetzes zu leisten" (§ 127),

— bei der Genossenschaft mit beschränkter Haftpflicht die Bestimmung, daß die einzelnen Genossen für die Verbindlichkeiten der Genossenschaft sowohl dieser wie unmittelbar den Gläubigern gegenüber nach Maßgabe des Gesetzes bis zu der durch das Statut im Voraus bestimmten Summe haften. (Die Beitrittserklärung braucht diese Erklärung nicht zu enthalten.)

§ 12. Statut. 2. Die Essentialien des § 7 G.G. Geschäftsantheil.

Das Statut muß Bestimmungen in Betreff des Geschäftsantheils enthalten (§ 7, Pos. 2), nämlich:

a) den Betrag des Geschäftsantheils z. B.: „der Geschäftsantheil beträgt 1000 M." Die Abänderung des Betrags ist nur im Wege der Statutänderung zulässig. Der Betrag muß für alle Genossen der gleiche sein. In Genossenschaften mit unbeschränkter Haftpflicht und unbeschränkter Nachschußpflicht ist nur der Erwerb e i n e s Geschäftsantheils zulässig (§§ 119 und 126).

Gebildet wird der Geschäftsantheil entweder durch baare Einzahlungen oder durch Zuschreibung der Dividenden.

b) Die baaren allmählichen Einzahlungen n a c h B e t r a g u n d Z e i t bis zu einem Gesammtbetrage von m i n d e s t e n s einem Zehntheile des Geschäftsantheils. Schreibt das Statut baare Einzahlungen nach Betrag und Zeit bis zu einem Gesammtbetrage vor, der dem Geschäftsantheile nicht gleichkommt, so kann dasselbe noch eine fernere allgemeine Bestimmung über die Verpflichtung zu weiteren Einzahlungen auf den Geschäftsantheil (ohne Angabe der Beträge und der Fälligkeit derselben im Einzelnen) festsetzen; es ist dann nur der Gesammtbetrag dieser Einzahlungen anzugeben, der entweder dem Betrage des Geschäftsantheils gleichkommt oder einem Betrage, der zwischen dem Betrage des Geschäftsantheils und dem Gesammtbetrage der nach Betrag und Zeit festgesetzten Einzahlungen liegt. Es steht in diesem

Falle in dem Belieben der Mitglieder, wann und in welchen Beträgen sie diese weiteren Einzahlungen leisten wollen (vgl. hierzu § 50 G.G.).

Beispiel:

Der Geschäftsantheil beträgt 1000 Mark. Jeder Genosse ist verpflichtet bis zur Erreichung eines Geschäftsguthabens von 500 Mark Einzahlungen zu leisten. Bis zur Erreichung eines Geschäftsguthabens von 100 Mark ist jeder Genosse verpflichtet monatlich mindestens 1 Mark einzuzahlen.

Zulässig ist auch eine Bestimmung im Statut, daß ein Genosse keine größeren Einzahlungen als die vorgeschriebenen leisten darf, wenn nur die Erreichung des Betrages des Geschäftsantheils dem Genossen nicht hierdurch gänzlich unmöglich gemacht wird.

§ 13. Statut. 2. Essentialien der §§ 7, 36, 131 G.G. Bilanz; Reservefonds; Beschlußfähigkeit des Aufsichtsraths; Haftsumme.

Das Statut hat ferner zu enthalten (§ 7, Pos. 3 u. 4):

1) „Die Grundsätze für die Aufstellung und die Prüfung der Bilanz."

Genossenschaften gelten als Kaufleute im Sinne des Handelsgesetzbuches (§ 17 Abs. 2); für die Aufstellung der Bilanz sind daher die §§ 39 bis 41 H.G.B. maßgebend. Das Genossenschaftsgesetz enthält, abweichend vom Aktiengesetz (H.G.B. § 261), keine weiteren Vorschriften über die Aufstellung der Bilanz. Das Statut einer Genossenschaft muß bestimmen, was unter den Aktiven (Vermögensstücken) und was unter den Passiven (Schulden) in dem das Verhältniß des Vermögens und der Schulden darstellenden Abschluß, der Bilanz, aufzuführen ist, ferner woraus sich der Reingewinn ergiebt.*)

Für die Prüfung der Bilanz sind §§ 38 und 43 entscheidend: Dem Aufsichtsrath liegt die Prüfung der Bilanz ob, derselbe hat der Generalversammlung vor Genehmigung der Bilanz Bericht zu erstatten, und diese hat über die Bilanz Beschluß zu fassen. Es genügt, wenn das Statut diese Bestimmungen enthält und vorschreibt, auf Grund welcher Unterlagen die Prüfung durch den Aufsichtsrath zu erfolgen hat; dies sind aber auch die mindestnothwendigen Bestimmungen.

2) Bestimmungen über die „Bildung eines Reservefonds, welcher zur Deckung eines aus der Bilanz sich ergebenden Verlustes zu dienen hat" (§ 7_4).

Das Statut muß angeben

a) „die Art dieser Bildung," — also ob und welche Beträge [z. B. Eintrittsgelder] außer Theilen des jährlichen Reingewinns in den Reservefonds einzustellen sind;

b) den Theil des jährlichen Reingewinns, welcher in den Reservefonds einzustellen ist und

*) Vgl. die in der „Handbibliothek für das deutsche Genossenschaftswesen", herausgegeben von Dr. Crüger (Verlag von J. Guttentag) enthaltenen Musterstatuten.

c) den Mindestbetrag des Reservefonds bis zu dessen Erreichung die Einstellung zu erfolgen hat;

3) die zur Beschlußfähigkeit des Aufsichtsraths erforderliche Zahl der Mitglieder (§ 36 Abs. 1).

4) In dem Statut einer Genossenschaft mit beschränkter Haftpflicht muß die Haftsumme bestimmt sein (§ 131 Abs. 2).

Damit sind die Gegenstände aufgeführt, über welche im Statut Bestimmungen getroffen werden müssen.*)

§ 14. Statut. 3. Bestimmungen, die nur durch das Statut getroffen werden können. § 8, § 134 G.G.

Die folgenden Angelegenheiten gehören zwar nicht zu den Essentialien; sollen jedoch über dieselbe Bestimmungen getroffen werden, so kann dies nur im Statut geschehen.

Ob die thatsächlichen Voraussetzungen für diese Bestimmungen gegeben sind, entzieht sich der Prüfung des Richters. Es ist auch bei einzelnen dieser Angelegenheiten nicht ausgeschlossen, daß dieselben ohne entsprechende statutarische Bestimmung praktisch geübt werden. Dies würde dann nur civilrechtliche Folgen für die Mitglieder des Vorstandes und Aufsichtsraths haben, ohne daß der Registerrichter berechtigt wäre, auf eine entsprechende Statutenänderung zu dringen. Ein Vorschußverein z. B. betreibt auch für Nichtmitglieder Kommissionsgeschäfte. Nach § 8 Pos. 5 müßte dies ausdrücklich im Statut vorgesehen sein. Der Mangel einer entsprechenden Bestimmung würde nur ev. dem Vorstand eine größere Verantwortung auferlegen. Einen Zwang, diese Ausdehnung des Geschäftsbetriebes aufzugeben oder das Statut demselben anzupassen, kann der Richter nicht ausüben. Die Befugnisse des Richters mit Bezug auf diese Bestimmungen beschränken sich also allein darauf, falls sie im Statut getroffen sind, zu prüfen, ob das Gesetz beobachtet ist.

Es sind dies nachstehende Bestimmungen:

1) Die Zeit muß angegeben sein, falls die Genossenschaft auf eine bestimmte Zeit beschränkt wird (§ 8 Pos. 1). Die Zeit müßte „bestimmt", nicht blos bestimmbar, z. B. bedingt angegeben sein.

2) Wenn Erwerb und Fortdauer der Mitgliedschaft an den Wohnsitz innerhalb eines bestimmten Bezirks geknüpft sein sollen, ist der „Bezirk" zu bezeichnen (§ 8 Pos. 2). Es ist hiermit der besondere Fall des Ausscheidens nach § 67 verbunden. Unter „Bezirk" sind hier nur kleinere Gebiete (Gemeinde, Pfarrei) zu verstehen, nicht etwa größere Territorien.**) Selbstverständlich steht es der Genossenschaft frei, im Statut Verlegung des Wohnsitzes als selbständigen Aus-

*) Joël rechnet hierher noch eine Bestimmung über die Legitimation der Käufer im Konsumverein beim Einkauf von Waaren. Dies ist im Gesetz nicht begründet, auch durch die Novelle zum Gesetz vom 12. August 1896 nicht gefordert, die von dem Vorstand eines Konsumvereins mit offenem Laden nach Maßgabe des § 31 des Gesetzes für die Legitimations-Prüfung zu erlassende Anweisung genügt.

**) Parisius und Crüger S. 54.

schließungsgrund aufzuführen, da die Genossenschaft in der Festsetzung der Gründe der Ausschließung völlig frei ist (§ 68).

3) Wenn das Geschäftsjahr „auf ein mit dem Kalenderjahr nicht zusammenfallendes Jahr oder auf eine kürzere Dauer als auf ein Jahr bemessen wird", muß dies im Statut bestimmt werden. Auf eine längere Zeit als auf ein Jahr darf das Geschäftsjahr nicht bemessen werden;*) unzulässig würde daher z. B. die Festsetzung des Geschäftsjahrs sein auf die Zeit vom ersten Sonntag nach Ablauf des Kalenderjahrs bis zum entsprechenden Sonntag des nächsten Kalenderjahrs.

4) Die Gegenstände müssen im Statut bezeichnet werden, über welche die Generalversammlung nicht schon durch einfache Stimmenmehrheit, sondern nur durch eine größere Stimmenmehrheit oder nach anderen Erfordernissen Beschluß fassen kann. Geringere als einfache Stimmenmehrheit ist unzulässig. Ungiltig sind auch Bestimmungen, welche in Fällen, in denen das Gesetz eine qualifizirte Mehrheit vorschreibt, dieselbe herabmindern wollten (§§ 16, 36, 78, 132, 144).

5) Die Ausdehnung des Geschäftsbetriebes auf Personen, welche nicht Mitglieder der Genossenschaft sind, muß im Statut ausdrücklich zugelassen sein (§ 8 Pos. 5); also bei distributiven Genossenschaften die Abgabe der gemeinschaftlich angeschafften Mittel an Nichtmitglieder, bei den eigentlich produktiven Genossenschaften die Heranziehung von Nichtmitgliedern zur Produktion.**) Das Gesetz erklärt aber zwei Fälle der Ausdehnung des Geschäftsbetriebes für unzulässig.

a) Genossenschaften, bei welchen die Gewährung von Darlehen der Zweck des Unternehmens ist, dürfen ihren Geschäftsbetrieb, soweit er in einer diesen Zweck verfolgenden Darlehnsgewährung besteht, nicht auf andere Personen außer den Mitgliedern ausdehnen***) (§ 8 Abs. 2, § 160).

b) Konsumvereine dürfen im regelmäßigen Geschäftsverkehr nur an Mitglieder verkaufen (§ 8 Abs. 4†) Gesetz vom 12. August 1896, jetzt §§ 31 ff., §§ 152 ff.). Selbsthergestellte Waaren dürfen an Nichtmitglieder verkauft werden (Parisius u. Crüger S. 72). Auf landwirthschaftliche Konsumvereine findet die Beschränkung keine Anwendung, wenn sie ohne Haltung eines offenen Ladens die Vermittlung des Bezugs von ihrer Natur nach ausschließlich für den landwirthschaftlichen Betrieb bestimmten Waaren besorgen, hinsichtlich dieser Waaren (§ 8 Abs. 4).

6) Wenn bei Genossenschaften mit beschränkter Haftpflicht die Betheiligung mit mehreren Geschäftsantheilen zugelassen sein soll, so muß die höchste Zahl im Statut festgesetzt werden (§ 134).

---

*) Parisius und Crüger S. 55. Birkenbihl-Maurer S. 73, Proebst S. 50.

**) Ueber den Geschäftsbetrieb mit Nichtmitgliedern in Produktivgenossenschaften vgl. Parisius und Crüger S. 60.

***) Parisius und Crüger S. 61 ff. über Begründung und Auslegung des Umfangs des Verbots.

†) Parisius und Crüger S. 67 ff.

Findet der Richter nach einer dieser Richtungen hin das Statut nicht ordnungsmäßig, so muß er die Eintragung verweigern und dem Vorstande die Bestimmungen des Statuts bezeichnen, welche er beanstandet. Sind dagegen die in den vorstehenden Paragraphen behandelten Bestimmungen vollständig und durchweg dem Gesetze gemäß getroffen, so würde der Richter seiner Pflicht auf Prüfung des Statuts nachgekommen sein und die Eintragung verfügen können; er wird aber regelmäßig das ganze Statut einer Prüfung unterziehen (§ 15 A.V.) und hierbei sein Augenmerk in erster Reihe darauf richten, daß das Statut von den Bestimmungen des Gesetzes nur insoweit abweicht als dies ausdrücklich für zulässig erachtet ist (§ 18). Es ist dies der Fall in §§ 16 Abs. 2, 19 Abs. 2, 20, 24 Abs. 2, 25 Abs. 1, 27 Abs. 1, 36 Abs. 1, 38 Abs. 3, 39 Abs. 2, 42, 43 Abs. 4, 44 Abs. 1 u. 2, 45 Abs. 1, 46 Abs. 1 u. 2, 65 Abs. 2, 67 (vgl. § 8 Pos. 2), 68, 76 Abs. 1, 78 Abs. 1, 83 Abs. 1, 85, 89 Abs. 2, 91 Abs. 3, 93, 105 Abs. 2, 132, 134.

Hat der Richter bei dieser Prüfung eine Bestimmung zu beanstanden, so hat er die Eintragung zu verweigern.

§ 15. Liste der Genossen.

Der Anmeldung ist ferner beizufügen (G.G. § 11 Pos. 2):

Die Liste der Genossen.

In der Liste der Genossen müssen diejenigen Personen aufgeführt sein, welche das Statut unterzeichnet haben. Alphabetische Ordnung ist ebensowenig wie eine andere Formalität vorgeschrieben. Das Gericht hat nach dem der A.V. beigegebenen Formular eine Liste der Genossen zu führen (§§ 27 ff. A.V.). Entspricht die eingereichte Liste diesem Formular, so kann dieselbe als Anhang der von dem Gericht zu führenden Liste der Genossen benutzt werden, andernfalls wäre eine Liste nach dem der A.V. beigegebenen Formulare aufzustellen und in diese Liste würden die betreffenden Personen als Mitglieder einzutragen sein.

§ 16. Abschriften und Zeichnung.

Der Anmeldung sind ferner beizufügen:

Abschrift der Urkunden über die Bestellung des Vorstandes und des Aufsichtsraths.

Eine einfache, unbeglaubigte Abschrift der Original-Urkunden ist einzureichen (§ 8 Abs. 2 A.V.).

Das Gesetz enthält keine Bestimmungen über die vor der Anmeldung zur Eintragung nothwendige erste „Bestellung des Vorstandes und des Aufsichtsraths“ (vgl. H.G.B. § 190 Abs. 3). Es passen die Vorschriften des § 24 Abs. 2 und § 36 Abs. 1 darauf nicht vollständig. Nach § 25 wird der aus mindestens zwei Mitgliedern bestehende Vorstand von der Generalversammlung gewählt, es sei denn, daß durch das Statut eine andere Bestellungsart festgesetzt sei. Die Generalversammlung aber wird nach § 44 durch den

Vorstand berufen, soweit nicht nach dem Statut oder dem Gesetz auch andere Personen dazu befugt sind. Die Generalversammlung des Gesetzes ist nur eine Generalversammlung der Genossen der eingetragenen Genossenschaft. Vor der Eintragung giebt es keine Generalversammlung. Der aus mindestens drei Personen bestehende Aufsichtsrath wird nur von der Generalversammlung gewählt (§ 36). Danach ist es in der That nicht möglich, daß vor der Eintragung einer Genossenschaft ein nach den gesetzlichen Vorschriften bestellter Vorstand und Aufsichtsrath besteht. Denn wenn sich auch in Betreff des Vorstandes durch das Statut nachhelfen ließe, — in Betreff des Aufsichtsrathes ist es völlig unmöglich.

Das bisher üblichste Verfahren ist, daß in derselben Versammlung, in welcher das Statut angenommen und unterschrieben wird, und die keine Generalversammlung ist (indem es noch keine eingetragene Genossenschaft, also auch keine Versammlung der Genossen [Generalversammlung] giebt), von denen, die das Statut unterschrieben haben und die in Folge dessen eine Gesellschaft bilden, Vorstand und Aufsichtsrath gewählt werden. Von der Anmeldung des Statuts an bis zur erfolgten Eintragung kann Niemand, weder durch Unterschreibung des Statuts noch durch Unterzeichnung der vorgeschriebenen Beitrittserklärung einen Titel zur Mitgliedschaft erwerben. Die Mitgliedschaft der eingetragenen Genossenschaft selbst wird erst durch die Eintragung in die Liste der Genossen erworben. Der Mitgliederkreis der durch Unterzeichnung des Statuts gebildeten (nicht eingetragenen) Gesellschaft kann von der Anmeldung des Statuts an bis zur Eintragung der Genossenschaft nicht erweitert werden. Danach kommt der Wille derer, welche bis zur Eintragung die (nicht eingetragene) Genossenschaft bilden, am unzweifelhaftesten zum Ausdruck durch die sofort nach der Statutunterzeichnung erfolgende Wahl von Vorstand und Aufsichtsrath.*)

Der Registerrichter hat, wenn die Wahlen des Vorstandes und des Aufsichtsraths in der konstituirenden Versammlung erfolgten, zu prüfen:

a) ob die Gewählten das Statut unterzeichnet haben und in der der Anmeldung beigefügten Liste der Genossen stehen,

b) ob es mindestens zwei Vorstands- und drei Aufsichtsrathsmitglieder sind,

c) ob aus der Bestellungsurkunde hervorgeht, daß sich die Mehrheit der Stimmen auf die Gewählten vereinigt hat.**)

Wenn das Statut besondere Bestimmungen über die Bestellung

---

*) Vgl. z. B. die Anleitung für Gründung einer Kreditgenossenschaft in Schulze-Delitzsch-Crüger, Vorschuß- und Kredit-Vereine als Volksbanken. 6. Auflage. Verlag von J. Guttentag. S. 17, 264.

**) Ob besondere Eigenschaften, welche das Statut von den Gewählten erfordert, vorhanden sind, hat der Richter nicht zu prüfen. Sollten aber die Urkunden die thatsächliche Nichtberücksichtigung solchen Erfordernisses ergeben, z. B. wenn im Statut männliches Geschlecht verlangt wird und eine Frau ist gewählt, so dürfte eine Zuweisung erfolgen können.

des ersten Vorstands und Aufsichtsraths in der zur Annahme und Unterzeichnung des Statuts abgehaltenen Versammlung enthalten sollte, so würde der Richter die Prüfung der Bestellungsurkunde auch hierauf zu erstrecken haben.*)

Nicht erforderlich ist eine Erklärung der Gewählten über die Annahme der Wahl. In Betreff der Vorstandsmitglieder ergiebt sich diese aus der Anmeldung des Statuts.

Schließlich ist noch zu erwähnen, daß sich auch dann Mangels einer gesetzlichen Bestimmung**) Schwierigkeiten geltend machen, wenn der Registerrichter die Eintragung wegen irgend einer dem Genossenschaftsgesetz widersprechenden Statutbestimmung zurückweist und eine Aenderung dieser Bestimmung des Statuts zu beschließen ist.

Zeichnung der Unterschrift durch die Vorstandsmitglieder.

Erfolgt die Anmeldung der Eintragung durch die Vorstandsmitglieder persönlich, so zeichnen dieselben ihre Unterschrift vor dem Gericht. Unterschrift ist allein die Zeichnung des Namens. Diese Zeichnung ist dann in das Protokoll aufzunehmen.

Geschieht die Anmeldung schriftlich, so muß die Zeichnung der Unterschrift beglaubigt sein, und zwar wieder nur in der in § 8 Abs. 1 A.V. zugelassenen Form. Die Zeichnung kann in der Anmeldung selbst erfolgen, etwa in folgender Form:

„Die Mitglieder des Vorstandes zeichnen ihre Unterschrift wie folgt:

(Folgt die Zeichnung.)“

Die Unterschrift braucht alsdann nicht besonders beglaubigt zu sein, es genügt die Beglaubigung der gesammten Anmeldung, vorausgesetzt, daß die Unterschriften in der Anmeldung selbst gezeichnet sind. Genügen würde es auch, wenn in der Anmeldung (wie in obigem Muster) geschrieben wird: „wir zeichnen unsere Unterschrift, wie hierunter geschieht“, worauf dann die Unterschriften der Anmeldung erfolgen, und als Zeichnung gelten. Die Zeichnung der Unterschrift hat „zugleich“ mit der Anmeldung des Statuts zu geschehen, folglich kann sie auch mit der Anmeldung unmittelbar verbunden werden.

Ueber die Anmeldung durch den Notar § 147, § 129 Freiw. Ger.

---

*) Es könnte z. B. im Statut heißen: „In der im Anschluß an die Unterzeichnung des Statuts stattfindenden Versammlung werden Vorstand und Aufsichtsrath gewählt; die bezüglich der Vorstandswahl und der Berufung der Generalversammlung im Statut enthaltenen Vorschriften finden darauf keine Anwendung. Die Vorstandsmitglieder sind in jener Versammlung in getrennten Wahlakten mit einer Zweidrittel-Mehrheit zu wählen.“

**) Ungesetzlich ist eine Bestimmung des Statuts die dem Vorstand es überläßt die Aenderungen vorzunehmen, die das Gericht für die Eintragung fordert, da nur die Generalversammlung Statutänderungen beschließen kann (vgl. aber H.G.B. § 274 Abs. 1).

Hat das Gericht alle überreichten Urkunden ordnungsmäßig befunden, so hat der Richter die Eintragung des Statuts, der Genossen und der Vorstandsmitglieder ferner die erforderlichen Veröffentlichungen zu verfügen.

§ 17. Die Bestimmungen über die Eintragungen.

Nach § 10 des G.G. sollen das Statut und die Mitglieder des Vorstands in das Genossenschaftsregister eingetragen werden. Aus der Wortfassung würde zu folgern sein, daß das ganze unverkürzte Statut einzutragen sei. Dies würde ein überflüssiges Schreibwerk verursachen, da das Statut in Urschrift zu den Registerakten geht und mit diesen auf Verlangen jederzeit vorgelegt werden muß. Mit Recht hat daher der Bundesrath „zur Ausführung der Vorschriften über das Genossenschaftsregister" (§ 161 G.G.) die Bestimmung (A.V. § 15 Abs. 2) für nöthig erachtet, daß in das Register selbst nur ein Auszug aus dem Statut aufgenommen wird, der die in § 12 Abs. 2 und 4 des Gesetzes bezeichneten Angaben, bei Genossenschaften mit beschränkter Haftpflicht außerdem die Höhe der Haftsumme und im Fall des § 134 des Gesetzes die höchste Zahl der Geschäftsantheile, auf welche ein Genosse sich betheiligen kann, zu enthalten hat. Der in das Register einzutragende Auszug des Statuts stimmt also mit dem zu veröffentlichenden Auszug des Statuts überein.

Außer dem Auszug des Statuts sind einzutragen die Vorstandsmitglieder nach Namen und Wohnort. Nicht einzutragen sind die Namen der Aufsichtsrathsmitglieder, die Abschrift ihrer Bestellungsurkunde wird nur zu den Akten genommen.

Bei der Eintragung ist der Tag derselben anzugeben; dieselbe ist von dem Registerführer (A.V. § 14, Freiw. Ger. § 130) zu unterzeichnen; gleichzeitig ist auf die Verfügung, durch welche die Eintragung angeordnet ist, zu verweisen (A.V. § 14).

In dem Register ist noch besonders auf die Stelle der Akten zu verweisen, an welcher sich das Originalstatut befindet (A.V. § 15 Abs. 3).

Endlich ist von der erfolgten Eintragung der Vorstand der Genossenschaft zu benachrichtigen (A.V. § 3), gleichzeitig ist die Abschrift des Statuts zurückzugeben. Diese ist zuvor mit der Bescheinigung der erfolgten Eintragung und mit der Beglaubigung ihrer Uebereinstimmung mit dem Originalstatut der Genossenschaft zu versehen. Die übrigen eingereichten Schriftstücke kommen zu den Registerakten (G.G. § 11, A.V. § 13).

Ueber die Verfügung der Eintragung A.V. § 2. Die Eintragungen erfolgen auf Grund einer Verfügung des Registergerichts. Werden die Geschäfte des Registerführers nicht von einem Richter wahrgenommen, so soll die Verfügung für das Genossenschaftsregister den Wortlaut, für die Liste der Genossen den Inhalt der Eintragungen feststellen. Die Eintragungen sind unverzüglich zu bewirken. Die erfolgte Eintragung ist bei der gerichtlichen Verfügung zu vermerken.

§ 18. Anlegung der Liste der Genossen.

Der Registerrichter hat zugleich mit der Eintragung der Genossenschaft zu verfügen, daß für sie die Liste der Genossen nach dem durch die A.V. vorgeschriebenen Formular anzulegen ist. Dieselbe bildet eine besondere Beilage zum Genossenschaftsregister. (Vgl. A.V. § 27.) Als erste Mitglieder sind die Unterzeichner des Statuts einzutragen. Sie müssen auch in der mit der Anmeldung des Statuts vom Vorstande einzureichenden besondern Liste der Genossen aufgeführt sein (§ 11 G.G.). Ergiebt sich die Ungültigkeit von Unterschriften aus einer dem Gericht bekannten Thatsache als zweifellos, so unterbleibt die Eintragung der betreffenden Personen unter Benachrichtigung der Vorstandes (A.V. § 3). Sind nicht alle Unterzeichner des Statuts in der eingereichten Liste verzeichnet, so kann dies die Eintragung der Genossenschaft nicht aufhalten, doch hat der Registerrichter den Vorstand der Genossenschaft auf diese Nichtübereinstimmung aufmerksam zu machen.

§ 19. Bestimmungen über die Veröffentlichung des Statuts.

Für den Umfang der Veröffentlichung sind maßgebend §§ 12 Abs. 2 bis 4, 131 Abs. 2, 134 Abs. 2 des G.G. Die Veröffentlichung erfolgt durch die nach § 156 für die Bekanntmachungen des Registergerichts bestimmten öffentlichen Blätter (s. oben §§ 1 bis 5).

1) Bei allen Genossenschaften ist zu veröffentlichen:

das Datum des Statuts, die Firma, der Sitz der Genossenschaft, der Gegenstand des Unternehmens, die Form, in welcher die von der G. ausgehenden Bekanntmachungen erfolgen und die öffentlichen Blätter, in welche dieselben aufzunehmen sind, die Namen und der Wohnort der Mitglieder des Vorstandes. Zugleich ist bekannt zu machen, daß die Einsicht der Liste der Genossen während der Dienststunden des Gerichts jedem gestattet ist. (§ 12 Pos. 1 bis 4, 7 und Abs. 3 G.G.).

2) Bei allen Genossenschaften mit beschränkter Haftpflicht ist außerdem die Haftsumme zu veröffentlichen. (§ 131 G.G.)

3) Ferner hat sich die Veröffentlichung noch auf folgende Punkte zu erstrecken, wenn über dieselben im Statut Bestimmungen enthalten sind:

a) die Zeitdauer der Genossenschaft ist zu veröffentlichen, falls dieselbe auf eine bestimmte Zeit beschränkt ist (§ 12 Pos. 5 G.G.);

b) das Geschäftsjahr ist zu veröffentlichen, falls es, abgesehen von dem ersten, auf ein mit dem Kalenderjahr nicht zusammenfallendes Jahr, oder auf eine kürzere Dauer als ein Jahr bemessen ist (§ 12 Pos. 6 G.G.);

c) die Form, in welcher der Vorstand seine Willenserklärungen kundgiebt und für die Genossenschaft zeichnet, ist zu veröffentlichen, falls sie im Statut bestimmt ist (§ 12 Abs. 4 G.G.);

d) bei den Genossenschaften mit beschränkter Haftpflicht ist die höchste Zahl der zulässigen Geschäftsantheile zu veröffentlichen, falls das Statut die Betheiligung der Genossen auf mehrere Geschäftsantheile gestattet (§ 134 G.G.).

Im besonderen ist noch Folgendes zu erwähnen:

Zu 1) α) Die Firma darf weder in der Eintragung noch in der Veröffentlichung abgekürzt sein, es ist also nicht gestattet E. G. m. u. H. oder E. G. m. b. H. zu setzen.

β) Der Gegenstand des Unternehmens ist wörtlich so einzutragen und zu veröffentlichen, wie er im Statut angegeben ist. Sonst sind „die Angaben" im § 12 Abs. 2 u. 4 und im § 134 G.G. nicht an den Wortlaut der einzelnen Statut-Sätze gebunden.

γ) Bekanntmachungen der Genossenschaft erfolgen stets nur durch den Vorstand. Enthält das Statut auch eine Bestimmung über die Form der vom Aufsichtsrath ausgehenden Bekanntmachungen, so kann sich dies nur auf die Berufung der Generalversammlung beziehen. Die hierfür bestimmte Form ist **nicht** zu veröffentlichen.

δ) Der Beruf der Vorstandsmitglieder ist nicht zu veröffentlichen, es sei denn, daß es zur Unterscheidung der Person von einer mit gleichen Namen nothwendig erscheint.

In die Liste der Genossen sollen nach A.V. § 29 die Mitglieder der Genossenschaft „nach Vor- und Zunamen, **Beruf** und Wohnort" eingetragen werden.

Zu 2) Die **Haftsumme**, also ein Geldbetrag, ist zu veröffentlichen; eine Angabe über das Verhältniß der Höhe der Haftsumme zum Geschäftsantheil (z. B. das Doppelte des Geschäftsantheils) genügt nicht, da die Höhe des Geschäftsantheils oder eine Aenderung derselben weder eingetragen noch veröffentlicht wird.

§ 20. Formulare der Eintragungsverfügung.

A. Bei einer G. mit **unbeschränkter** Haftpflicht, wenn das Statut nur das Nothwendige enthält.

Das Genossenschaftsregister wird nach dem in den einzelnen Bundesstaaten vorgeschriebenen Formular geführt. Jede Genossenschaft ist auf einem besonderen Blatte des Registers einzutragen, die zu späteren Eintragungen noch erforderlichen Blätter sind freizulassen (A.V. § 12).

[**Formular 2.**]

Verfügung.

1) In das Genossenschaftsregister ist unter Nr. 4 einzutragen:*)

Spalte 2: Vorschussverein eingetragene Genossenschaft mit unbeschränkter Haftpflicht. Sitz der Genossenschaft: Zburg.

---

*) Wir legen zu Grunde das Preußische Formular des Registers (Allgemeine Verfügung vom 8. November 1899 über die Führung des Genossenschaftsregisters (Just.Min.Bl. 1899 S. 334 ff.) mit 9 Spalten (das frühere Register hatte 4 Kolonnen, es bleibt in Anwendung für die am 1. Januar 1900 eingetragenen Genossenschaften). Nach Art. 3 der Allgemeinen Verfügung wird das Register wie folgt eingetheilt:

1. In Spalte 1 ist die laufende Nummer der die Genossenschaft betreffenden Eintragungen anzugeben.

2. In Spalte 2 sind die Firma (einschließlich der voll auszuschreibenden zusätzlichen Bezeichnung über die Art der Haftung), der Sitz der Genossenschaft und die darauf sich beziehenden Aenderungen einzutragen. Ebendort finden die Vermerke über Zweigniederlassungen sowie die Vermerke über das Vorhandensein einer Hauptniederlassung (§ 19 der Bekanntmachung vom 1. Juli 1899) ihren Platz.

3. In Spalte 3 sind der Gegenstand des Unternehmens und die darauf sich beziehenden Aenderungen anzugeben.

4. In Spalte 4, die nur bei Genossenschaften mit beschränkter Haftpflicht zur Ausfüllung kommen kann, sind die Höhe der Haftsumme und im Falle des § 134 des Genossenschaftsgesetzes die höchste Zahl der Geschäftsantheile aufzunehmen, auf welche ein Genosse sich betheiligen kann. Eine Erhöhung oder Herabsetzung der Haftsumme ist gleichfalls hier einzutragen.

5. In Spalte 5 sind die Mitglieder des Vorstandes und deren Stellvertreter unter Angabe des Familiennamens, Vornamens, Berufs und Wohnorts einzutragen. Ebendort und in gleicher Weise sind die Liquidatoren unter der Bezeichnung als solche einzutragen.

6. In Spalte 6 sind einzutragen:

a) das Datum des Statuts;
b) die Form, in welcher die von der Genossenschaft ausgehenden Bekanntmachungen erfolgen, sowie die öffentlichen Blätter, in welche dieselben aufzunehmen sind;
c) die Zeitdauer der Genossenschaft, falls dieselbe auf eine bestimmte Zeit beschränkt ist;
d) das Geschäftsjahr, falls es, abgesehen von dem ersten, auf ein mit dem Kalenderjahre nicht zusammenfallendes Jahr oder auf eine kürzere Dauer als auf ein Jahr, bemessen ist;
e) die etwaige Bestimmung des Statuts über die Form, in welcher der Vorstand seine Willenserklärung kund giebt und für die Genossenschaft zeichnet, sowie die bei der Bestellung von Liquidatoren getroffene Bestimmung über die Form der Willenserklärung und die Zeichnung (§ 20 Abs. 3 der Bekanntmachung vom 1. Juli 1899), desgleichen etwaige Aenderungen dieser Bestimmungen;
f) jede Aenderung in den Personen des Vorstandes oder der Liquidatoren sowie die Beendigung der Vertretungsbefugniß des Vorstandes oder der Liquidatoren.

Ferner ist in Spalte 6 einzutragen jede Aenderung des Statuts (§§ 16, 17 der Bekanntmachung vom 1. Juli 1899), soweit sie nicht die in den Spalten 2 bis 4 eingetragenen Angaben betrifft.

Jeder Eintragung in Spalte 6 ist derjenige kleine lateinische Buchstabe voranzustellen, mit welchem vorstehend sowie in der Ueberschrift der Spalte der Gegenstand bezeichnet ist, auf den die Aenderung sich bezieht.

7. In Spalte 7 sind einzutragen:

die Auflösung;
die Eröffnung, Einstellung und Aufhebung des Konkursverfahrens sowie die Aufhebung des Eröffnungsbeschlusses;
die Fortsetzung der Genossenschaft;
die Nichtigkeit der Genossenschaft.

8. Die Spalte 8 ist zur Aufnahme der Verweisung auf die Registerakten, zur Angabe des Tages der Eintragung und für die Unterschrift des Gerichtsschreibers bestimmt (§ 14 der Bekanntmachung vom 1. Juli 1899).

9. Die Spalte 9 dient auch zu etwaigen Verweisungen auf spätere Eintragungen. Den Vermerken in dieser Spalte ist, wenn in keiner anderen Spalte gleichzeitig eine Eintragung erfolgt, das Datum sowie die Unterschrift des Gerichtsschreibers beizufügen.

10. Soll ein Beschluß der Generalversammlung als nichtig gelöscht werden (§ 23 der Bekanntmachung vom 1. Juli 1899), so erfolgt die Eintragung des den Beschluß als nichtig bezeichnenden Vermerkes in derselben Spalte, in welcher der Beschluß eingetragen ist.

Spalte 3: Gegenstand des Unternehmens ist der Betrieb von Bankgeschäften zum Zwecke der Beschaffung der im Gewerbe und Wirthschaft der Mitglieder nöthigen Geldmittel.

Spalte 5: Mitglieder des Vorstandes sind: Georg Scherer, Kaufmann, Martin Herwig, Schlossermeister, Michael Koch, Rentier, sämtlich zu Zburg.

Spalte 6:

a. Statut vom 15. Oktober 1900.

b. Die Bekanntmachungen der Genossenschaft erfolgen unter deren Firma mit der Unterzeichnung zweier Vorstandsmitglieder durch die Zburger Zeitung und falls diese eingeht, bis die Generalversammlung ein anderes Blatt bestimmt, durch den Deutschen Reichsanzeiger *).

d. Das erste Geschäftsjahr läuft vom 1. November 1900 bis 31. Dezember 1900.

Spalte 8: Das Statut vom 15. Oktober 1900 befindet sich Blatt 10 der Akten. **)

Eingetragen am 20. Oktober 1900 zufolge Verfügung vom selben Tage. ***)

2) Die Expeditionen des Deutschen Reichsanzeigers zu Berlin, des Bstadter Fremdenblatts zu Bstadt und der Kberger Zeitung zu Kberg sind um einmalige Einrückung folgender Bekanntmachung zu ersuchen:

Bekanntmachung.

In unser Genossenschaftsregister ist heute†) eingetragen „Vorschussverein eingetragene Genossenschaft mit unbeschränkter Haftpflicht ... [und so fort wörtlich wie oben zu 1, jedoch unter Fortlassung der Spalten, der Bezeichnung des Berufs der Vorstandsmitglieder und ohne Absätze) bis zu den Worten ...] durch den Deutschen Reichsanzeiger. Die Einsicht der Liste der Genossen ist in den Dienststunden des Gerichts Jedem gestattet.

Zburg, den 20. Oktober 1900. Königliches Amtsgericht.

3) Es ist für den Vorschussverein zu Zburg etc. eine Liste der Genossen nach dem Formular anzulegen. In dieselbe sind einzutragen, die in der vom Vorstande überreichten Liste aufgeführten Personen 1 bis 10 und 12 bis 45 unter den Nummern 1 bis 44 unter Angabe von Vor- und Zunamen, Beruf und Wohnort.

4) Der Metzgermeister Wilhelm Fröhlich unter 11 der über-

---

*) Die übliche Bestimmung, daß, falls die zu den Bekanntmachungen bestimmte Zeitung eingeht, der Vorstand oder der Aufsichtsrath bis zur nächsten Generalversammlung ein anderes Blatt festsetzen kann, verstößt gegen das Gesetz, da der Ersatz des Blattes eine Statutenänderung erfordert.

**) A.V. § 15 Abs. 3.

***) Der Vermerk ist von dem Gerichtsschreiber zu unterzeichnen. Bei der gerichtlichen Verfügung ist die erfolgte Eintragung zu vermerken (A.V. § 2 Abs. 2).

†) Wenn die Eintragung am Tage der Verfügung erfolgt ist, sonst würde das Datum der Bekanntmachung dem Datum der Eintragung anzupassen sein.

reichten Liste ist nicht einzutragen, da er notorisch gestern verstorben ist.

5) Dem Vorstande der Genossenschaft ist von den erfolgten Eintragungen in das Register und in die Liste der Genossen unter Rückgabe der zuvor zu beglaubigenden und mit der Bescheinigung der Eintragung zu versehenden Abschrift des Statuts Nachricht zu geben — in Betreff der Liste mit dem Bemerken, dass der in der übergebenen Liste unter Nr. 11 aufgeführte Metzgermeister Wilhelm Fröhlich, da er gestern verstorben ist, nicht in unsere Liste eingetragen werden konnte und die in der übergebenen Liste unter den Nr. 1 bis 10 aufgeführten Genossen die gleichen Nummern, die unter den Nr. 12 bis 45 aufgeführten Genossen, bei uns die Nummern 11 bis 44 erhalten haben, was bei der Anlegung des Verzeichnisses der Genossen (§ 30 des Gesetzes) zu beachten ist.*)

6) Die übrigen vom Vorstande übergebenen Schriftstücke gehen zu den Akten.

7) Mit den Belagsnummern der Zeitungen, event. in 14 Tagen wieder vorzulegen.

Zburg, 20. Oktober 1900. Freund.

B. Bei einer Genossenschaft mit beschränkter Haftpflicht, wenn das Statut nur das Nothwendige erhält, ist genau ebenso zu verfahren. Nur ist sowohl in der Spalte 4 des Genossenschaftsregisters, als auch in der zu veröffentlichenden Bekanntmachung noch hinzuzufügen:

„Die Haftsumme beträgt 100 M."

C. Bei einer Genossenschaft mit beschränkter Haftpflicht wenn das Statut die im § 21 zu 3) aufgeführten Besonderheiten enthält:

[**Formular 3.**] Konsumverein.

Verfügung.

1) In das Genossenschaftsregister ist unter Nr. 1 einzutragen:

Spalte 2: Konsumverein Sparsamkeit, eingetragene Genossenschaft mit beschränker Haftpflicht. Sitz der Genossenschaft: Xstadt.

Spalte 3: Gegenstand des Unternehmens ist der gemeinschaftliche Einkauf von Lebens- und Wirthschaftsbedürfnissen im Grossen und Ablass im Kleinen an die Mitglieder.

Spalte 4: Die Haftsumme beträgt 20 Mk. Die höchste zulässige Zahl der Geschäftsantheile beträgt fünf.**)

---

*) Da das „Verzeichniß der Genossen" mit der Liste der Genossen in Uebereinstimmung zu halten ist, so empfiehlt es sich, der Genossenschaft, wenn die Liste durch Eintragung der Unterzeichner des Statuts angelegt ist, eine Abschrift dieser Liste zur Herstellung des korrekten Verzeichnisses zu senden. — Eine Benachrichtigung der in die Liste eingetragenen Unterzeichner des Statuts ist nirgends vorgeschrieben. Solche erhalten nur die nach der Anmeldung des Statuts Beigetretenen (§ 15 G.G. und A.V. § 3).

**) G.G. §§ 131, 134. In diesem Falle muß der Geschäftsantheil 20 M. oder weniger betragen. Seine Höhe ist nicht einzutragen. Bei G. mit unbeschränkter Haftpflicht oder unbeschränkter Nachschußpflicht fallen diese Sätze fort.

Spalte 5: Die Mitglieder des Vorstandes sind: Heinrich Hübner, Arbeiter, Karl Mettner, Kaufmann, Franz Sauer, Tischlermeister, Wilhelm Luft, Beamter, sämtlich in Xstadt.

Spalte 6:

a. Statut vom 12. April 1900.

b. Die Bekanntmachungen der Genossenschaft erfolgen unter deren Firma mit der Unterzeichnung zweier Vorstandsmitglieder durch die Xstädter Zeitung und falls diese eingeht, bis die Generalversammlung ein anderes Blatt bestimmt, durch den Reichsanzeiger. *)

c. Die Zeitdauer der Genossenschaft ist auf 10 Jahre beschränkt.

d. Das Geschäftsjahr beginnt am 1. Juli und endigt am 30. Juni.

e. Der Vorstand zeichnet für die Genossenschaft in der Weise, dass der Firma die Unterschriften der Zeichnenden beigefügt sind. Zwei Vorstandsmitglieder können rechtsverbindlich für die Genossenschaft zeichnen und Erklärungen abgeben.

Spalte 8: Das Statut vom 12. April 1900 findet sich Bl. 9 der Registerakten. **)

Eingetragen am 15. April 1900 zufolge Verfügung von demselben Tage. ***)

2) Der Expedition des Deutschen Reichsanzeigers und der Xstadter Tagespost ist folgende Bekanntmachung zu einmaliger Einrückung zu übersenden:

Bekanntmachung.

In unser Genossenschaftsregister ist heute †) eingetragen: Konsumverein Sparsamkeit, eingetragene Genossenschaft . . . [und so fort wörtlich wie zu 1, jedoch unter Fortlassung der Spalten-Nummern, des Berufs der Vorstandsmitglieder und ohne Absätze bis zu den Worten . . .] Erklärungen abgeben. Die Einsicht der Liste der Genossen ist in den Dienststunden des Gerichts Jedem gestattet.

Xstadt, den 15. April 1900. Königliches Amtsgericht.

3) Es ist für den Konsumverein Sparsamkeit, E. G. m. b. H. zu Xstadt eine Liste der Genossen nach dem Formular anzulegen. In dieselbe sind die in der vom Vorstande überreichten Liste aufgeführten 77 Personen unter den gleichen Nummern 1 bis 77 unter Angabe von Vor- und Zunamen, Beruf und Wohnort einzutragen.

4) Dem Vorstande der G. ist von den Eintragungen in das Register und in die Liste unter Rückgabe der zu beglaubigenden und mit der Bescheinigung der Eintragung zu versehenden Abschrift des Statuts Nachricht zu geben.

5) Die übrigen übergebenen Schriftstücke gehen zu den Akten.

---

*) Vgl. Anm. * auf S. 33 bei vorstehendem Formular.

**) Vgl. Anm. ** auf S. 33 bei vorstehendem Formular.

***) Vgl. Anm. *** auf S. 33 bei vorstehendem Formular.

†) Vgl. Anm. † auf S. 33 bei vorstehendem Formular.

6) Mit den Belagsnummern der Zeitungen event. in 14 Tagen wieder vorzulegen.

Xstadt, 15. April 1900. Freund.

D. Diese Formulare genügen für alle Arten Genossenschaften. Bei keiner derselben darf nach A.V. § 15 etwas Weiteres eingetragen oder veröffentlicht werden.

§ 21. Beispiele von dem, was nicht einzutragen und nicht zu veröffentlichen ist.

A. Die im Deutschen Reichsanzeiger veröffentlichten Bekanntmachungen von Eintragungen neu begründeter Genossenschaften enthalten in nicht seltenen Fällen Manches, was nach dem Gesetze nicht veröffentlicht werden soll. Die meisten solcher Bekanntmachungen lassen erkennen, daß auch in das Genossenschaftsregister Verschiedenes eingetragen ist, was nicht eingetragen werden soll. Wie bereits dargethan ist, muß nach A.V. § 15, soweit es sich um den Statutauszug handelt, Eintragung und Veröffentlichung den gleichen Inhalt haben. Nicht vorgeschrieben aber ist, daß der die Eintragung des Statutauszugs enthaltende Theil des Genossenschaftsregisters veröffentlicht werden soll, sondern „das eingetragene Statut ist im Auszuge zu veröffentlichen". Ersteres geschieht vielfach und verlängert die Veröffentlichungen. Namentlich werden die Ueberschriften der einzelnen Spalten des Registers mit veröffentlicht, was weitläufig ist und irre führt.*)

B. Nach den lediglich den Bekanntmachungen im Deutschen Reichsanzeiger entlehnten Beispielen ist nachfolgend aufgezählt, was nicht einzutragen und nicht zu veröffentlichen ist.

1) **Nichts** ist einzutragen, oder zu veröffentlichen über die **Mitglieder** der Genossenschaft, also weder, daß die in die Liste eingetragenen Personen die Genossenschaft bilden, noch welche persönliche Bedingungen an die Mitgliedschaft geknüpft sind, noch wie viele Personen die Liste der Genossen enthält.**)

2) Keine Aufzählung der Organe der G. ist einzutragen und zu veröffentlichen.***)

3) **Nichts** ist über die **Generalversammlung** einzutragen und zu veröffentlichen, nicht wer sie beruft, und in welcher Form und

*) Durch die für Preußen ergangene Allgemeine Verfügung vom 8. November 1899 (Just.Min.Bl. S. 314) ist dies ausdrücklich verboten.

**) Beispiele: a) „Nur Einwohner der Gesammtgemeinde W. können Mitglieder sein." b) „Mitglieder des Vereins können nur dispositionsfähige Einwohner der Gemeinde werden, vorausgesetzt, daß sie im Vollbesitz der bürgerlichen Ehrenrechte sind und nicht Mitglieder eines andern auf unbeschränkte Haftpflicht oder Nachschußpflicht beruhenden Kreditvereins sind." c) „Die Haftpflicht der Genossen ist eine unbeschränkte, jedoch die Theilnahme auf die Arbeiter der H.'schen Porzellanfabrik zu H. beschränkt." d) „In der Liste der Genossen sind 42 Mitglieder eingetragen."

***) Beispiel: Organe der G. sind 1) der Vorstand, 2) der Aufsichtsrath, 3) die Generalversammlung. Die G. wird durch den Vorstand gerichtlich und außergerichtlich vertreten."

wie oft dies geschieht,*) wer den Vorsitz führt und die Protokolle unterzeichnet.**)

4) Abgesehen von den Namen und dem Wohnorte der Mitglieder des Vorstandes ist **nichts** über den **Vorstand**, dessen Zusammensetzung, Wahl, Bedingungen der Anstellung, Legitimation, Amtsdauer, Erneuerung, Pflichten***) einzutragen oder zu veröffentlichen.

5) **Nichts** ist über den **Aufsichtsrath** und die zu ihm gehörenden Personen einzutragen und zu veröffentlichen, also nichts über seine Zusammensetzung, über die Zahl der Mitglieder und deren Wahlzeit, nichts über seine Befugnisse bei Berufung der Generalversammlung.†)

6) **Nichts** ist über Betriebsfonds, Reservefonds, Eintrittsgelder, Bilanz, Buchführung und Geschäftslokal einzutragen oder zu veröffentlichen.††)

7) **Nichts** ist über den **Geschäftsantheil**, dessen Höhe, Entstehung einzutragen oder zu veröffentlichen, außer wenn bei G. mit

---

*) Beispiele: a) „Der Vereinsvorsteher beruft durch ortsübliche Bekanntmachung und Aushang im Vereinslokale regelmäßig binnen der ersten drei Monate des Jahres die Generalversammlung, „außerdem so oft es der Aufsichtsrath oder $^1/_{10}$ der Genossen verlangt." b) „Die Generalversammlung wird berufen durch den Vorstand." c) „Die Einladungen zur Generalversammlung, welche vom Aufsichtsrathe ausgehen, erläßt der Vorsitzende des Aufsichtsraths mit der Zeichnung: „Der Aufsichtsrath Eing. Gen." u. s. w., d) „Die Einladungen zur Generalversammlung erfolgen durch den Vorstand oder in den durch das Gesetz oder Statut bestimmten Fällen durch den Aufsichtsrath schriftlich, mindestens eine Woche vor der Generalversammlung." e) „Die Generalversammlung wird nach Maßgabe der §§ 32 ff. des Vereinsstatuts berufen." f) „Sitzungen der Generalversammlung müssen mindestens einmal jährlich und zwar im Frühjahr stattfinden."

**) Beispiel: Der Vorsitzende führt den Vorsitz, die Beschlüsse werden von den anwesenden Mitgliedern des Vorstands und Aufsichtsraths beurkundet.

***) Beispiele: a) „Der Vorstand besteht aus vier Genossen, aus deren Mitte der Vorsitzende und ein Stellvertreter desselben zu wählen ist, und dem technischen Leiter der Molkerei, nachdem ein solcher angestellt ist." b) „Der auf vier Jahr gewählte Vorstand, aus dem alle zwei Jahr zwei durch das Loos zu bestimmende Mitglieder ausscheiden, besteht aus dem Vorsitzenden, dessen Stellvertreter und zwei weiteren Mitgliedern. c) „Der Vorstand wird vom Aufsichtsrath gewählt." d) „Der Vorstand ist auf die Dauer von drei Jahren gewählt." e) „Der Vorstand ist die Verwaltung in Gemäßheit der §§ 24 bis 33 zu führen verpflichtet." f) „Die Legitimation der Vorstandsmitglieder wird durch das ihre Wahl betreffende Wahlprotokoll geführt.

†) Beispiele: a) „Der Aufsichtsrath besteht aus folgenden neun Personen: u. s. w." b) „Vorsitzender des Aufsichtsraths ist C. K., dessen Stellvertreter G. B." c) „der Aufsichtsrath besteht aus 6 Mitgliedern, welche auf die Dauer von drei Jahren gewählt werden; jedes Jahr scheiden zwei Aufsichtsrathsmitglieder aus."

††) Beispiele: a) „Der Betriebsfonds besteht aus dem Vereinsvermögen, welches gebildet wird durch Eintrittsgelder, Einzahlungen auf die Geschäftsantheile und Zuschreibungen vom Jahresgewinn zu den Geschäftsguthaben und zum Reservefonds, sowie aus fremden Geldern, welche nach dem Umfange der Geschäfte aufgenommen werden." b) „Zur Bildung der Reservefonds bis zur Höhe von 10% des Gesammtbetrags der Geschätsguthaben werden die Eintrittsgelder und 25% des jährlichen Reingewinns verwendet." c) „Der Rechnungsabschluß erfolgt halbjährlich, die Bilanz ist nach den Grundsätzen kaufmännischer Buchführung aufzustellen." d) „Das Geschäftslokal befindet sich G — Kirchstraße 46."

beschränkter Haftpflicht die Betheiligung auf mehrere Geschäftsantheile gestattet ist, die Zahl (nicht die Höhe) der zulässigen Geschäftsantheile.*)

8) **Nicht** einzutragen oder zu veröffentlichen ist, daß die Zeitdauer der G. nicht beschränkt ist, und daß das Geschäftsjahr mit dem Kalenderjahr zusammenfällt.

9) **Nichts** ist einzutragen oder zu veröffentlichen über **Liquidation** und **Auflösung**.**)

10) **Nicht** einzutragen, dagegen bekannt zu machen ist, daß die Einsicht der Liste der Genossen Jedem gestattet ist; weder einzutragen noch zu veröffentlichen ist, daß die Urkunden über die Bestellung des Vorstandes zu den Akten genommen sind.

11) **Nicht** zu veröffentlichen ist der zur Eintragung in das Register vorgeschriebene Hinweis auf die Stelle der Akten, an welcher sich das Statut der Genossenschaft befindet (A.V. § 15).

III. Anmeldung, Eintragung und Veröffentlichung von Statutenänderungen.

§ 22. Allgemeines.

Unter Statutenänderung ist jede Abänderung einer Bestimmung des Statuts zu verstehen, auch wenn dieselbe nur redaktioneller Natur ist.***) Eine Aenderung des Statuts ist nicht blos die Abänderung einer Bestimmung desselben, sondern auch der Zusatz einer neuen Bestimmung und das Wegstreichen einer alten Bestimmung.

Der Abänderung des Statuts ist ausdrücklich gleichgestellt die „Fortsetzung einer auf bestimmte Zeit beschränkten Genossenschaft", obgleich sich von selbst versteht, daß dies nur auf Statutenänderung erfolgen kann; der betreffende Beschluß muß vor Ablauf der bestimmten Zeit gefaßt und eingetragen sein, damit er vor dem Zeitpunkt Rechtswirksamkeit erlangt.

In § 16 Abs. 2 A.V. vom 11. Juli 1889 war bestätigt, daß mit einem Beschluß auf Fortsetzung einer auf bestimmte Zeit beschränkten Genossenschaft auch dann wie mit einer Statutenänderung verfahren werden soll, wenn „sie (die Fortsetzung) nicht eine Statutenänderung enthält", es sollte wohl hiermit einem Urtheil des Reichsgerichts (Entscheidungen Bd. VI. S. 123 ff.) Rechnung getragen werden, in dem ausgeführt ist, daß wenn die Verlängerung im Gesellschaftsvertrage bereits vorgesehen ist, „man dazu gelangen kann, von der

*) Beispiele: a) „Der Geschäftsantheil eines Genossen ist auf 100 M. festgesetzt." b) „Der Geschäftsantheil beträgt $^1/_{10}$ der Haftsumme." c) „Der Geschäftsantheil ist entweder sofort bei Eintritt oder in Ratenzahlungen nicht unter 5 M. zu geben, jedoch so, daß jährlich außer den zuzuschreibenden Dividenden mindestens 10 M. einzuzahlen sind."

** Beispiel: „Alle die auf die beschlossene Auflösung bezw. Liquidation der G. bezüglichen Bekanntmachungen müssen dreimal erfolgen."

***) Parisius und Crüger S. 124.

Fortsetzung neben der Aenderung des Statuts zu sprechen"; dies ist aber nicht zutreffend, denn die Fortsetzung einer auf bestimmte Zeit beschränkten Genossenschaft ist stets eine Statutenänderung, da die Beschränkung auf bestimmte Zeit im Statut getroffen sein muß (§ 8 Pos. 1); hieran kann auch der Umstand nichts ändern, daß im § 16 die Beschlußfassung über „die Fortsetzung einer auf bestimmte Zeit beschränkten Genossenschaft" neben der Beschlußfassung über „Abänderung des Statuts" aufgeführt ist. A.V. § 16 Abs. 2 ist in die A.V. vom 1. Juli 1899 nicht hinübergenommen.

Der Eintragung des Beschlusses in das Genossenschaftsregister wohnt zunächst die gleiche Wirksamkeit inne wie der Eintragung des Statuts: „Der Beschluß hat keine rechtliche Wirkung, bevor er in das Genossenschaftsregister eingetragen ist". Sie hat aber anderseits noch weitergehende Wirkung. Während das Statut auch vor der Eintragung zu Recht besteht und gewisse Rechtswirkungen ausübt, ist dies bei der beschlossenen Aenderung des Statuts nicht der Fall. Zu der mit § 16 Abs. 4 G.G. übereinstimmenden Vorschrift des § 6 Abs. 3 des Ges. vom 4. Juli 1868 hat das Reichsgericht entschieden: indem die Bestimmung einem Gesellschaftsbeschlusse vor dem Eintragen in das Register rechtliche Wirkung versagt, unterscheidet sie nicht zwischen der Wirkung nach außen und derjenigen nach innen, und ist daher auch der Richter zu einer solchen Unterscheidung nicht befugt. Daß der ursprüngliche Gesellschaftsvertrag vor der Eintragung zu Recht besteht, läßt keinen Schluß auf die nach der Stellung des Vereins unter das Genossenschaftsgesetz entstehenden Rechtsverhältnisse zu, weil jener Vertrag unter der Herrschaft des gewöhnlichen Gesellschaftsrechts eingegangen wird.*)

Selbstverständlich findet dieses nicht Anwendung auf diejenigen Beschlüsse der Generalversammlung, welche Angelegenheiten betreffen, die im Statut nicht geordnet sind, oder deren Regelung im Statut (giltigerweise) einfachen Beschlüssen der Generalversammlung vorbehalten ist.

§ 23. Prüfungspflicht des Registerrichters.

Die Ansichten über den Umfang des Prüfungsrechts und der Prüfungspflicht des Richters gehen bei der Abänderung des Statuts in Betreff der Aktien- und Aktienkommandit-Gesellschaften weit auseinander. Die einschlägigen Vorschriften des Genossenschaftsgesetzes sind nicht übereinstimmend mit denen des Aktiengesetzes, insbesondere nicht über die dem Richter behufs Eintragung des Beschlusses vorzulegenden Urkunden. Während nach dem Aktiengesetz jetzt H.G.B. § 195 die Vorlegung des Protokolls erforderlich ist, bestimmt § 16 Abs. 2 G.G.:

> Auf die Anmeldung und Eintragung des Beschlusses finden die Vorschriften des § 11 mit der Maßgabe entsprechende Anwendung, daß der Anmeldung zwei Abschriften des Beschlusses beizufügen sind."

---

*) Entscheidungen des Reichsgerichts in Civilsachen Bd. VIII S. 11. Parisius und Crüger S. 132.

Durch diese Vorschrift wird der Umfang der Prüfungspflicht begrenzt, denn es geht aus derselben hervor, wie weit der Richter überhaupt die Möglichkeit einer Prüfung hat.*)

Der Beschluß ist von sämmtlichen Vorstandsmitgliedern persönlich oder schriftlich (in beglaubigter Form A.V. § 8) anzumelden; es genügt Beglaubigung der Unterschriften durch Gemeindevorsteher oder Polizeibehörde. Der Richter hat die Legitimation der Anmeldenden zu prüfen. Nach den vom Vorstande vorzulegenden Urkunden ist der Richter nicht in der Lage zu prüfen, ob die Voraussetzungen eines ordnungsmäßigen Beschlusses der Generalversammlung vorhanden sind; denn aus dem Beschlusse selbst sind sie nicht zu erkennen.

Was die Prüfung des Inhalts des Beschlusses anlangt, so hat ohne Zweifel der Richter die Eintragung abzulehnen, wenn der Beschluß einen Verstoß gegen das Genossenschaftsgesetz enthält, wogegen er zu einer Ablehnung nicht berechtigt ist, wenn der Beschluß unzweckmäßig oder schlecht gefaßt erscheint. Fraglich könnte es sein, ob der Richter zu einer Beanstandung des Beschlusses berechtigt ist, wenn derselbe gegen ein anderes Reichs- oder Landesgesetz oder gegen das Statut verstößt. Die Frage muß verneint werden. Wir haben bereits dargethan (Einl. Kap. 1), daß der Registerrichter nicht befugt ist, die Eintragung des Statuts abzulehnen, wenn es zwar keinen Verstoß gegen das Genossenschaftsgesetz, wohl aber Verstöße gegen Bestimmungen irgend eines andern Reichsgesetzes oder eines Landesgesetzes enthält. Das Prüfungsrecht des Richters in Betreff Statutenänderungen kann nicht weiter gehen als sein Prüfungsrecht bei Eintragung des Statuts selbst. Die Frage, ob der Richter die Eintragung eines gegen eine andere Bestimmung des Statuts verstoßenden statutenändernden Beschluß ablehnen kann, ist schon deshalb zu verneinen, weil die Eintragung einer Genossenschaft in das Genossenschaftsregister keine Garantie dafür bietet, daß alle einzelnen Bestimmungen des Statuts mit den Gesetzen in Einklang stehen, und der Registerrichter nicht die Befugniß hat, Aenderungen oder Ergänzungen des Statuts zu erzwingen. Wäre der Richter verpflichtet, die Uebereinstimmung des Generalversammlungsbeschlusses mit dem Statut zu prüfen und nur dann, wenn diese vorhanden ist, den eine Bestimmung des Statuts abändernden Beschluß einzutragen, so könnte es kommen, daß der Registerrichter eine gesetzlich zulässige und nebenbei zweckmäßige Statutenänderung nicht eintragen darf, weil sie sich mit einer fehlerhaften Bestimmung des Statuts nicht in Uebereinstimmung befindet.

Die binnen einem Monate gestattete Anfechtung eines Generalversammlungsbeschlusses im Wege der Klage hat auf die Eintragung des statutändernden Beschlusses und das Prüfungsrecht und die Prüfungspflicht des Registerrichters keinen Einfluß: wer einen solchen Einfluß annimmt, müßte der Anfechtung aus § 51 für die Eintragung ganz allgemeinen Suspensiveffekt beilegen, was zweifellos nicht der Absicht des Gesetzes entsprechen würde. Wird der Beschluß nachträg-

*) Parisius und Crüger S. 126 ff.

lich für ungültig erklärt, so ist nach § 51 G.G. Abs. 4 zu verfahren. Ueber Löschung wegen Nichtigkeit Freiw. Ger. § 147 Abs. 3.

§ 24. Anmeldung und Legitimation der Anmeldenden.

Wie die Eintragung des Statuts selbst, so kann auch die Eintragung einer Abänderung desselben nur auf Antrag des Vorstandes geschehen. Der Richter hat kein Mittel eine Abänderung des Statuts zwangsweise herbeizuführen, abgesehen von dem Falle des Nichtigkeitsverfahrens nach Freiw. Ger. § 147 Abs. 3. Eine einmal eingetragene Bestimmung des Statuts kann, wenn die Gründe für Nichtigkeit im Sinne des § 147 Abs. 3 Freiw. Ger. nicht gegeben sind, nur im Wege des ordentlichen Rechtsstreites beseitigt werden. Ueber das Verhältniß des Registerrichters zum Prozeßrichter s. Einleitung S. 6. In diesem Falle hat der Vorstand das Urtheil, durch welches der Beschluß rechtskräftig für ungültig erklärt ist, behufs Eintragung einzureichen d. h. in der sonst für die Abgabe der Willenserklärungen des Vorstandes vorgeschriebenen Form (A.V. § 7 Abs. 2). In allen übrigen Fällen erfolgt die Anmeldung durch sämmtliche Mitglieder des Vorstandes. Muster für Einreichung und schriftliche Anmeldung in beglaubigter Form s. Anhang Genossenschafts-Formular b 1 u. b 2. Der Anmeldung von Statutenänderungen sind zwei Abschriften des Beschlusses beizufügen. Zweifellos hat der Registerrichter die Eintragung abzulehnen, wenn die Anmeldung oder die beigegebenen Schriftstücke formell mangelhaft sind. Der Richter muß die Legitimation der Anmeldenden prüfen, dieselbe ergiebt sich aus dem Genossenschaftsregister.

§ 25. Die Schriftstücke und ihre formale und materielle Prüfung.

Die einzureichenden „Abschriften" des Beschlusses (§ 8 Abs. 2 A.V.) brauchen nicht geschrieben zu sein, sie können auch auf andere Weise hergestellt oder vervielfältigt sein, namentlich durch den Druck. Der die Statutenänderung enthaltene Beschluß wird nicht von den Mitgliedern unterschrieben, selbst dann nicht, wenn die Statutenänderungen sich auf das ganze Statut erstrecken.*)

Die Abschrift des Beschlusses hat nur eine vollständige Abschrift der Protokollirung des Beschlusses selbst zu enthalten. Dazu gehört aber Abschrift von Ort und Datum der Generalversammlung, sowie Abschrift der nach dem Statut erforderlichen Unterschriften. Es empfiehlt sich aber in der Anmeldung, ebenso in der schriftlichen, wie in der protokollarischen, auszudrücken, daß die Generalversammlung ordnungsmäßig berufen und der Beschluß unter Beobachtung der Vorschriften des Statuts gefaßt ist. Aus der Abschrift des Beschlusses braucht dies nicht hervorzugehen. Die Mitglieder des Vorstandes

---

*) Liegt er dem Protokoll als Anlage bei, muß er aber in der gleichen Weise wie das Protokoll unterzeichnet sein (Beschluß des Kammergerichts vom 3. Juli 1899 mitgetheilt in den Blättern für Genossenschaftswesen 1899 S. 399).

müssen sich dabei ihrer strafrechtlichen Verantwortlichkeit (§ 148 G.G.) und persönlichen Haftbarkeit (§ 34 G.G.) bewußt sein.

Ergiebt sich bei der formalen Prüfung kein Grund zur Ablehnung der Anmeldung, so ist über dieselbe ein Protokoll aufzunehmen.

[Form. 4.] **Muster eines Anmeldungsprotokolls.*)**

Königliches Amtsgericht. Xstadt, 15. Mai 1900.
Gegenwärtig Hoffmann, Amtsrichter,
Sorgsam, Registerführer.

An Gerichtsstelle erscheinen persönlich bekannt und als die Vorstandsmitglieder des Konsumvereins Sparsamkeit, eingetragene Genossenschaft mit beschränkter Haftpflicht, durch das Genossenschaftsregister legitimirt:

1. Heinrich Hübner, Schlosser,
2. Karl Mettner, Maurer,
3. Franz Sauer, Lehrer, sämmtlich von hier, und erklären:

Unter Ueberreichung zweier Abschriften des in der ordnungsmässig berufenen Generalversammlung vom 14. Mai 1900 unter Beobachtung der Vorschriften des Statuts**) gefassten Beschlusses, betreffend Abänderungen des Statuts, melden wir hiermit diesen Beschluss zur Eintragung in das Genossenschaftsregister an.***)

V. g. u.

Heinrich Hübner. Karl Mettner. Franz Sauer.

geschlossen

Hoffmann. Sorgsam.

Der Umfang der materiellen Prüfung des einzutragenden Beschlusses ergiebt sich aus den oben § 23 entwickelten Grundsätzen. Für die Richtigkeit des thatsächlichen Inhalts bürgt die Anmeldung durch den Vorstand (§ 147 G.G.).

§ 26. Bestimmungen über die Eintragung von Statutenänderungen.

Wenn der angemeldete Beschluß eine der im § 12 Abs. 2 und 4, § 131 Abs. 1, § 134 G.G. bezeichneten Bestimmungen zum Gegenstande hat, so werden diese ihrem Inhalte nach, in anderen Fällen nur unter allgemeiner Bezeichnung ihres Gegenstandes in das Genossenschaftsregister eingetragen (§ 16 Abs. 1 A.V.).

Wie bei jeder Eintragung in das Genossenschaftsregister ist der Tag derselben anzugeben und zugleich auf die Verfügung zu verweisen, auch muß der Registerführer, der die Eintragung zu unter-

---

*) Protokoll — ein Vermerk genügt nicht, A.V. 7 Abs. 3.

**) Wenn der Richter es für angemessen hält, kann er hier noch hinzufügen „mit einer Mehrheit von drei Viertheilen der erschienenen Genossen" (§ 16 G.G. Abs. 2).

***) Bei Einreichung eines Urtheils, durch welches ein in das Genossenschaftsregister eingetragener Beschluß der Generalversammlung für ungiltig erklärt wird (G.G. § 51 Abs. 5) ist Ausfertigung dieses Urtheils einzureichen, und ist der Antrag nur von so viel Vorstandsmitgliedern zu stellen, wie nach dem Statut zur Angabe von rechtsverbindlichen Erklärungen befugt sind.

zeichnen hat, in den Akten bei der Verfügung deren Erledigung und den Tag derselben vermerken (§ 14 § 2 A.V.). Sodann ist der Vorstand von der geschehenen Eintragung zu benachrichtigen (§ 3 A.V.). Die eine der vom Vorstande eingereichten beiden Abschriften ist zu den Akten zu nehmen (§ 16 Abs. 2 B.A.), die andere erhält die Genossenschaft zurück mit der Bescheinigung der erfolgten Eintragung und mit der Beglaubigung ihrer Uebereinstimmung mit der zu den Akten genommenen Abschrift. In dem Register ist auf die Stelle der Akten zu verweisen, an welcher dieselbe sich befindet (A.V. § 14.).

§ 27. Veröffentlichung der Eintragung von Statutenänderungen.

Der § 16 des G.G. behandelt nur Beschlüsse einer Abänderung des Statuts oder der Fortsetzung einer auf bestimmte Zeit beschränkten Genossenschaft und bestimmt im Absatz 3 wörtlich:

„Auf die Anmeldung und Eintragung des Beschlusses finden die Vorschriften des § 11 mit der Maßgabe entsprechende Anwendung, daß der Anmeldung zwei Abschriften des Beschlusses beizufügen sind. Die Veröffentlichung des Beschlusses findet nur insoweit statt, als derselbe eine der im § 12 Absatz 2 und 4 bezeichneten Bestimmungen zum Gegenstand hat."

Der Schlußsatz des § 16 Abs. 3 ist in der Reichstagskommission entstanden. Der Entwurf hatte ihn nicht, statt dessen im Eingange des Absatzes die Worte: „Auf die Anmeldung, Eintragung und Veröffentlichung des Beschlusses". Der Kommissionsbericht drückt sich bei Begründung des Zusatzes so undeutlich aus, daß er zu Zweifeln Anlaß giebt. Die entsprechende Bestimmung im § 6 Abs. 2 des Gesetzes von 1868 lautete:

„Mit dem Abänderungsbeschlusse wird in gleicher Weise wie mit dem ursprünglichen Vertrage verfahren. Eine Veröffentlichung desselben findet nur insoweit statt, als sich dadurch die in den früheren Bekanntmachungen enthaltenen Punkte ändern."

In der Begründung des Entwurfs war ausdrücklich gesagt, daß der betreffende Absatz in „veränderter Fassung den Vorschriften des bisherigen § 6 entspreche."

Im Kommissionsbericht heißt es wörtlich:

„Zu Absatz 3 wurde von einem Mitgliede beantragt, durch einen Zusatz des Inhalts:

daß die Veröffentlichung des Beschlusses nur insoweit stattfinden soll, als eine Abänderung der in den früheren Bekanntmachungen enthaltenen Bestimmungen vorliege,

die häufig vorgekommene, mit unverhältnißmäßigen Kosten verknüpfte Mitveröffentlichung auch der unverändert gebliebenen Statutenbestimmungen auszuschließen. Die Kommission hielt es für bedenklich, den Richter mit einer derartigen Auslegung von Generalversammlungsbeschlüssen zu befassen, trug aber dem Zwecke des Antrages durch Annahme der jetzigen veränderten Fassung des Absatz 3 Rechnung. Danach müssen alle Beschlüsse veröffentlicht werden, welche eine der im § 12 Absatz 2 und 4 bezeichneten Bestimmungen zum Gegenstand haben, gleichviel, ob sie Neues enthalten oder alte Bestimmungen wiederholen. Sache der Generalversammlung wird es demnach sein, durch präzise Beschlußfassung der Genossenschaft unnöthige Druckkosten zu ersparen!"

Nach dem Wortlaut der Bestimmung selbst ist es zweifellos, daß sie nur von der Veröffentlichung statutenändernder Beschlüsse handelt, also Beschlüsse, welche „alte Bestimmungen wiederholen", d. h. in Inhalt und Form den „alten Bestimmungen" des Statuts gleich sind, somit das Statut nicht abändern, nicht zu veröffentlichen sind. Insofern ist die Begründung im Kommissionsbericht unrichtig. Sie ist dem klaren Wortlaut des Gesetzes gegenüber unerheblich. Der Unterschied zwischen der alten und der neuen Bestimmung besteht darin, daß nach der alten Bestimmung die vorgeschriebene Berücksichtigung der „in den früheren Bekanntmachungen enthaltenen Punkte" bei wörtlicher Auslegung dahin führen mußte, die Veröffentlichung auch auf diejenigen Punkte auszudehnen, in Betreff deren frühere Bekanntmachungen gegen das Gesetz verstießen, während nach der neuen Bestimmung den Registerrichter die früheren Bekanntmachungen nichts angehen, er vielmehr nur zu prüfen hat, ob die im § 12 Absatz 2 und 4 bezeichneten Bestimmungen durch den Generalversammlungsbeschluß abgeändert sind. Die gleiche Prüfung liegt ihm nach § 131 und § 134 G.G. bei Beschlüssen ob, welche die Bestimmungen der Haftsumme und der höchsten Zahl der zulässigen Geschäftsantheile bei Genossenschaften mit beschränkter Haftpflicht betreffen.

Da die Annahme eines neuen (revidirten) Statuts rechtlich nur als Statutänderung in Betracht kommt, so muß der Registerrichter sich auch in diesem Falle der gleichen Prüfung unterziehen, darf also diesen Fall in Ansehung der Veröffentlichungen nicht ebenso behandeln, wie bei Eintragung des Statuts einer neu begründeten Genossenschaft.

§ 28. Formulare der Eintragungsverfügung von Statutenänderungen.

A. Bei einer Genossenschaft mit unbeschränkter Haftpflicht, wenn der Beschluß sich nur auf wenige Bestimmungen des Statuts bezieht, darunter blos auf eine der nach § 16 ihrem Inhalte nach einzutragende:

[Form. 5.] Verfügung.

1) In das Genossenschaftsregister ist bei Nr. 3 (Landwirthschaftlicher Konsumverein, eingetragene Genossenschaft mit unbeschränkter Haftpflicht zu Zburg) einzutragen: *)

Spalte 2: Landwirthschaftlicher Konsum und Absatzverein, eingetragene Genossenschaft mit unbeschränkter Haftpflicht.

Spalte 3: Beim Gegenstand des Unternehmens ist dem gemeinschaftlichen Einkauf von Verbrauchsstoffen und Gegenständen des landwirthschaftlichen Betriebes noch der gemeinschaftliche Verkauf landwirthschaftlicher Erzeugnisse hinzugefügt.

Spalte 6: Es wurden die §§ 37 (Höhe des Geschäftsantheils) und 38 (Reservefonds) abgeändert. **)

---

*) Es wird hier wie im § 20 das preußische Formular vorausgesetzt.

**) Da § 16 A.V. bei den nicht vom § 15 A.V. betroffenen Bestimmungen verlangt, daß sie „nur unter allgemeiner Bezeichnung ihres Gegenstandes" eingetragen werden sollen, so ist es fraglich, ob die Angabe der Nummer der abgeänderten Paragraphen genügt. Parisius und Crüger a. a. O.

Spalte 8: Der Beschluss vom 30. Januar 1900 befindet sich Bl. 30 der Akten.*)

Eingetragen am 3. Februar 1900 zufolge Verfügung vom selben Tage.**)

2) Die Expeditionen des Deutschen Reichsanzeigers zu Berlin und der Zburger Zeitung sind um einmalige Einrückung folgender Bekanntmachung zu ersuchen:

Zburg. Bekanntmachung.

Durch Beschluss der Generalversammlung des Landwirthschaftlichen Konsumvereins, eingetragene Genossenschaft mit unbeschränkter Haftpflicht zu Zburg, vom 30. Januar 1900 ist das Statut geändert worden. Die Firma lautet fortan „Landwirthschaftlicher Konsum- und Absatzverein, eingetragene Genossenschaft mit unbeschränkter Haftpflicht". Gegenstand des Unternehmens ist gemeinschaftlicher Einkauf von Verbrauchsstoffen und Gegenständen des landwirthschaftlichen Betriebes und gemeinschaftlicher Verkauf landwirthschaflicher Erzeugnisse.

Zburg, den 3. Februar 1900.***) Königliches Amtsgericht.

3) Dem Vorstand der Genossenschaft ist von den erfolgten Eintragungen in das Register unter Rückgabe der einen zuvor zu beglaubigenden und mit der Bescheinigung der Eintragung zu versehenden Abschrift des Beschlusses Nachricht zu geben.†)

4) Die andere Abschrift geht zu den Akten.††)

5) Mit den Belagnummern der Zeitungen vorzulegen, event. in 14 Tagen.

Zburg, 3. Februar 1900. Freund.

B. Bei einer Genossenschaft mit beschränkter Haftpflicht, welche unter vielen Abänderungen eine neue Redaktion des Statuts vornahm, in welcher aber die meisten der bei der Veröffentlichung zu berücksichtigenden Bestimmungen nicht geändert sind.

[Form. 6.] Verfügung.

1) In das Genossenschaftsregister ist unter Nr. 1†††) eingetragen:

Spalte 6: Durch Beschluss der Generalversammlung vom 30. August 1900 ist das Statut vom 12. April 1900 in vielen Be-

---

*) A.V. § 16 Absatz 2.

**) Der Vermerk ist von dem Gerichtsschreiber zu unterzeichnen. Bei der gerichtlichen Verfügung ist die erfolgte Eintragung zu vermerken (A.V. § 2 Abs. 2).

***) Wenn die Eintragung an einem späteren Tage erfolgt, so ist das Datum der Eintragung als Tag der Bekanntmachung anzugeben.

†) A.V. § 2 G.G. § 16.

††) A.V. § 16 Abs. 2.

†††) Es ist Formular 3 zu vergleichen. Es wird hier vorausgesetzt, daß der dort behandelte Konsumverein Sparsamkeit, Eingetragene Genossenschaft mit beschränkter Haftpflicht, das Statut abgeändert und neu redigirt hat.

stimmungen abgeändert und neu redigirt.*) Nicht abgeändert sind unter andern die Bestimmungen über Firma, Sitz, Gegenstand des Unternehmens, Form der Bekanntmachungen, öffentliche Blätter, Zeitdauer, Form der Zeichnung, Haftsumme.

Spalte 6d: Das Geschäftsjahr dauert künftig vom 1. Juli bis 31. Dezember und vom 1. Januar bis 30. Juni.

Spalte 4: Die höchste zulässige Zahl der Geschäftsantheile beträgt zehn.

Spalte 8: Der Beschluss vom 30. August 1900 nebst der neuen Redaktion des Statuts befindet sich Blatt 12 der Akten.**)

Eingetragen am 1. September 1900 zufolge Verfügung vom selben Tage.***)

2) Der Expedition des Deutschen Reichsanzeigers und der Xstadter Tagespost ist folgende Bekanntmachung zu einmaliger Einrückung zu übersenden:

Bekanntmachung.

Der Konsumverein Sparsamkeit, eingetragene Genossenschaft mit beschränkter Haftpflicht zu Xstadt hat am 30. August 1900 Aenderungen des Statuts beschlossen. Danach dauert das Geschäftsjahr vom 1. Juli bis 31. Dezember und vom 1. Januar bis 30. Juni und beträgt die höchste zulässige Zahl der Geschäftsantheile zehn.†)

Xstadt, 1. September 1900.††) Königliches Amtsgericht.

3) Der Vorstand der Genossenschaft ist von der erfolgten Eintragung in das Register unter Rückgabe der einen zuvor zu beglaubigenden und mit der Bescheinigung der Eintragung zu versehenden Abschrift des Beschlusses, sowie des einen der beiden beigefügten Exemplare des neuen Statuts zu benachrichtigen.†††)

4) Die andere Abschrift geht zu den Akten, das beigefügte Druckexemplar des neuen Statuts ist unter dem Aktendeckel zu bewahren.*†)

---

*) Streng genommen könnte eine „allgemeine Bezeichnung des Gegenstandes" der Statutenänderungen verlangt werden. Zuweilen ist dies, wie aus Bekanntmachungen hervorgeht, für nöthig befunden. Z. B. macht ein Amtsgericht bekannt, daß eingetragen sei „Spalte 6: Die Statuten sind neu aufgestellt und abgeändert bezüglich der Mitgliedschaft des Vorstandes, des Aufsichtsrathes, der Generalversammlung, der Milchlieferung, des Reservefonds. Die neuen Statuten sind in den Akten II F Nr. a Blatt 90fg." Für die Eintragung war dies vielleicht gut formulirt. Die Bekanntmachung aber mußte unterbleiben.

**) A.V. § 16 Absatz 2.

***) Vgl. Anm. ** auf S. 45 bei vorstehendem Formular.

†) Weitere Bemerkungen über dasjenige, was geändert und was nicht geändert ist, sind nicht bekannt zu machen.

††) Wenn die Eintragung an einem späteren Tage erfolgt, so ist das Datum der Eintragung als Tag der Bekanntmachung anzugeben.

†††) G.G. § 16, A.V. § 3.

*†) A.V. § 16 Abs. 2.

5) Mit den Belagnummern der Zeitungen wieder vorzulegen event. in 14 Tagen.

Xstadt, 1. September 1900. Freund.

§ 29. Beispiele von dem, was bei Statutenänderungen nicht einzutragen und nicht bekannt zu machen ist.

A. Bei Statutenänderungen, namentlich bei Vornahme einer neuen Redaktion, ergeben sich aus den Bekanntmachungen im Reichsanzeiger noch mehr Verstöße gegen das Gesetz, als bei den Eintragungen und Bekanntmachungen unbegründeter Genossenschaften. Ist es auch in dieser Beziehung seit dem Inkrafttreten des Gesetzes erheblich besser geworden, so sind die Veröffentlichungen doch oft noch viel zu lang und es werden Dinge veröffentlicht, deren Bekanntmachung nicht vorgeschrieben ist. Häufig findet man in den Bekanntmachungen kürzere oder längere, jedenfalls überflüssige Hinweise auf das Gesetz. Sodann kommt es vor, daß über die Generalversammlung, in der die Beschlüsse gefaßt sind, bekannt gemacht wird, daß sie ordnungsmäßig berufen oder statutengemäß abgehalten war oder zu den außerordentlichen gehörte. Vielfach machen die Registerrichter ohne Angabe einer bestimmten Aenderung bekannt, daß das Statut geändert ist, während Statutänderungen doch nur im Falle des § 16 Abs. 3 veröffentlicht werden sollen.

Häufig sind die gegen das Gesetz verstoßenden Bekanntmachungen unverständlich, können also Niemandem nützen. Ohne Angabe des übrigen Inhalts werden z. B. einzelne Worte eines Paragraphen des Statuts als geändert oder fortgefallen aufgeführt.*) Es ist sogar vorgekommen, daß in gleicher Weise die Bekanntmachung nicht einen oder einige, sondern die meisten Bestimmungen des revidirten Statuts behandelte, obschon kein Leser, der nicht das alte Statut zur Hand hatte, daraus irgend eine der zahlreichen Aenderungen erfahren konnte. Ebenso unverständlich sind Bekanntmachungen, in denen die geänderten Paragraphen nur nach der Ordnungsziffer ohne Inhaltsangabe aufgeführt werden. War in den geänderten Paragraphen nichts, was die im § 12 Abs. 2 und 4 u. s. w. bezeichneten Bestimmungen zum Gegenstande hat, so mußte jede Veröffentlichung unterbleiben, andernfalls mußte der Inhalt des Beschlusses bekannt gemacht werden.

B. Alle die Beispiele, die wir in § 21 B zu 1 bis 9 und 11 von unzulässiger Weise eingetragenen und veröffentlichten Gegenständen aufführten, treffen auch hier zu. Wir könnten die Liste noch vergrößern. So z. B. kommen Bekanntmachungen vor mit ausführlichen Darlegungen über die verschiedenen Formen, unter denen der Vorschußverein Darlehen gewährt (Wechsel, Schuldschein, Kontokorrent) oder mit Bestimmungen über Beschaffung und Sicherstellung von Geld-

*) Beispiele: a) „die Frist des § 43 erstreckt sich bis zum 15. Juni". b) „Im § 33 des Statuts ist im Absatz 1 das Wort wenigstens und der Absatz 2 ganz gestrichen."

mitteln oder über die Bewilligung von Darlehen unter Bürgschaft der Vorstandsmitglieder, — also mit Gegenständen, die weder einzutragen noch bekannt zu machen sind.

IV. Erwerb der Mitgliedschaft und die Liste der Genossen.

§ 30. Allgemeines.

Die Liste der Genossen ist für jede in das Register eingetragene Genossenschaft gleichzeitig mit der Eintragung des Statuts anzulegen. Sie wird nach dem bestimmten Formular geführt, welches als Anlage zur A.V. abgedruckt ist. Daselbst befinden sich auch die Bestimmungen über die Einrichtung der Liste. Die Liste der Genossen wird auch bei jedem Gerichte geführt, in dessen Register eine Zweigniederlassung der Genossenschaft eingetragen ist. Die Eintragungen erfolgen hier auf Grund der vom Gericht der Hauptniederlassung zu machenden Mittheilungen (§ 158 Abs. 1, G.G., § 28 A.V.).

In Betreff des Beitritts zur Genossenschaft ist zu unterscheiden zwischen der Zeit bis zur Anmeldung der Statuts zur Eintragung und der Zeit nach der Anmeldung. In dem ersteren Zeitabschnitt wird die Mitgliedschaft erworben durch Unterschrift des Statuts, in dem zweiten durch Ausstellung einer ordnungsmäßigen Beitrittserklärung und Aufnahme. In beiden Fällen aber muß zur „Entstehung" der Mitgliedschaft bei der eingetragenen Genossenschaft die Eintragung in die Liste der Genossen hinzukommen. In dem ersteren Zeitabschnitt geschieht die Eintragung in die Liste der Genossen gleichzeitig mit der Eintragung des Statuts in das Genossenschaftsregister; in dem zweiten Zeitabschnitt erfolgt die Eintragung in der Liste der Genossen auf Grund der Beitrittserklärung und der Einreichung derselben (G.G. § 15). Die Unterzeichner des Statuts sind als erste Mitglieder einer zur Eintragung angemeldeten Genossenschaft einzutragen (A.V. § 29 Abs. 2).

Der Entstehung der Mitgliedschaft liegt ein Vertrag zu Grunde zwischen der Genossenschaft und den sich zur Aufnahme Meldenden. Die Wirkung dieses Vertrages mit Bezug auf Mitgliedschaftsrechte (ausgenommen G.G. § 8 Abs. 3) und Mitgliedschaftspflichten ist abhängig von der Eintragung in die Liste der Genossen.

Wie bei Statut und Statutenänderung ist auch hier die Rechtswirksamkeit abhängig gemacht von der Eintragung durch den Registerrichter. Ebensowenig aber wie dort schafft der Richter hier Rechte, vielmehr bringt er nur solche zur Wirksamkeit. Die durch die Eintragung entstandene Mitgliedschaft ist daher auch durchaus nicht unanfechtbar.*) Mit dieser Wirksamkeit steht im engsten Zusammenhang der Umfang der Prüfungspflicht des Richters.

---

*) Parisius und Crüger S. 113.

Die Liste der Genossen ist von großer Bedeutung, und ihre Führung erfordert in hohem Maße die Aufmerksamkeit. Die Uebertragung der Führung der Liste der Genossen an das Registergericht soll Sicherheit schaffen, daß „alle in der Mitgliederliste aufgeführten Personen wirklich als Genossen haften und andererseits alle haftpflichtigen Genossen wirklich in der Liste aufgeführt sind" (Begr. I 65 II 45).

Die Eintragungen in die Liste der Genossen auf Grund des zur Eintragung angemeldeten Statuts sind bereits besprochen. Im Nachfolgenden handelt es sich nur um die Eintragung von Personen, die einer bereits eingetragenen Genossenschaft beitreten.

§ 31. Prüfung der Urkunden.

a) Die Beitrittserklärung und deren Inhalt.

Die Beitrittserklärung muß in deutscher Sprache ausgestellt sein,*) und muß unterschrieben sein. Eine nur unterkreuzte Beitrittserklärung hat das Gericht zurückzuweisen.**) Sowohl physische Personen können der Genossenschaft beitreten wie Korporationen, Handelsgesellschaften, Genossenschaften und andere Personenvereine (§ 43), der Beitritt wird in den letzten Fällen durch den Repräsentanten dieser Gesellschaften erklärt. Ein Kaufmann, der eine Einzelfirma führt, kann den Beitritt nur mit seinem bürgerlichen Namen erklären.***) Ein Handlungsunfähiger wird durch seinen gesetzlichen Vertreter beitreten.†) Der Name (sowohl Vor- wie Zuname) unter der Beitrittserklärung muß ausgeschrieben sein, damit bei der Feststellung der Identität der Personen keine Schwierigkeit entsteht. Ehefrauen und Wittwen haben ihren Geburtsnamen beizufügen. Ferner ist Beruf und Wohnort anzugeben (A.V. § 29 Abs. 1). Aenderungen des Namens, z. B. bei Verheirathung eines weiblichen Mitgliedes, sind zur Berichtigung der Liste der Genossen anzuzeigen.

Die Beitrittserklärung muß unbedingt sein (G.G. § 15 Abs. 1). Eine bedingte Beitrittserklärung ist zurückzuweisen.††)

Für Genossenschaften mit unbeschränkter Haftpflicht muß die Beitrittserklärung die ausdrückliche Bemerkung enthalten, daß die einzelnen Genossen für die Verbindlichkeiten der Genossenschaft dieser sowie unmittelbar den Gläubigern derselben nach Maßgabe des Gesetzes mit ihrem ganzen Vermögen haften (§ 120).†††)

Für Genossenschaften mit unbeschränkter Nachschußpflicht muß die Beitrittserklärung die ausdrückliche Bemerkung ent-

---

*) Parisius und Crüger S. 112.

**) a. a. O. S. 112.

***) a. a. O. S. 110.

†) a. a. O. S. 110.

††) Ueber die Folgen der Eintragung einer bedingten Beitrittserklärung a. a. O. S. 112.

†††) Eine Beitrittserklärung sollte nur das unbedingt Nothwendige enthalten. Beispiel: „Ich erkläre hierdurch meinen Beitritt zu dem unter der Firma Vorschußverein zu X., eingetragene Genossenschaft mit unbeschränkter Haftpflicht, bestehenden Vorschußverein, dessen einzelne Genossen für die Verbindlichkeiten der

halten, daß die einzelnen Genossen verpflichtet sind, der Genossenschaft die zur Befriedigung der Gläubiger derselben erforderlichen Nachschüsse nach Maßgabe des Gesetzes zu leisten (§ 127).*)

Für Genossenschaften mit beschränkter Haftpflicht braucht die Beitrittserklärung keine die Haftpflicht betreffende Bemerkung zu enthalten.**)

Eine Beglaubigung der Unterschrift der Beitrittserklärung ist nicht erforderlich. Nach den Landesgesetzen richtet es sich, ob die Beitrittserklärung stempelpflichtig ist. In Preußen ist dies nicht der Fall.

Die Aufnahme des Mitgliedes braucht auf der Beitrittserklärung nicht bescheinigt zu werden, denn durch die Einreichung derselben giebt der Vorstand die Erklärung ab, daß die Aufnahme erfolgt ist. Die Aufnahme selbst entzieht sich damit der Prüfung durch das Gericht.***) Für die Prüfung der Beitrittserklärung auf Echtheit der Unterschrift und materielle Giltigkeit stellt die A.V. § 29 als Grundsatz auf, daß der Richter nur die Formalitäten der Beitrittserklärungen zu prüfen hat, nicht aber deren materielle Giltigkeit und nicht die Echtheit der Unterschrift, daß das Gericht aber die Eintragung ablehnen kann, „falls die Ungiltigkeit der Beitrittserklärung, ohne daß es weiterer Ermittelungen bedarf, aus den dem Gericht bekannten Thatsachen sich als zweifellos ergiebt.“ Diese Beschränkung der Prüfung ergiebt sich auch aus der Vorschrift des § 29 Abs. 2, daß die Eintragung durch das Gericht unverzüglich vorzunehmen ist.

b) Die Einreichung der Beitrittserklärung.

Die Einreichung der Beitrittserklärung geschieht durch den Vorstand und zwar mit rechtsverbindlicher Wirkung für die Genossenschaft

---

Genossenschaft dieser sowie unmittelbar den Gläubigern derselben nach Maßgabe des Gesetzes mit ihrem ganzen Vermögen haften. (Ort, Datum, Unterschrift.)“

Zulässig ist aber auch, daß sie die vorgeschriebene Bemerkung auf den beitretenden Genossen unmittelbar bezieht. Z. B. Der Unterzeichnete erklärt hierdurch seinen Beitritt zu der (Firma) eingetragene Genossenschaft mit unbeschränkter Haftpflicht zu . . . und erkennt seine Verpflichtung an, für die Verbindlichkeiten der Genossenschaft dieser sowie den Gläubigern derselben nach Maßgabe des Gesetzes mit seinem ganzen Vermögen zu haften.

*) Nur das unbedingt Nothwendige enthält folgendes Muster: „Ich erkläre hierdurch meinen Beitritt zu dem unter der Firma Vorschußverein zu X., eingetragene Genossenschaft mit unbeschränkter Nachschußpflicht, bestehenden Vorschußverein, dessen einzelne Genossen mit ihrem ganzen Vermögen verpflichtet sind, der Genossenschaft die zur Befriedigung der Gläubiger derselben erforderlichen Nachschüsse nach Maßgabe des Gesetzes zu leisten. (Ort, Datum, Unterschrift.)“

Auch hier kann die vorgeschriebene Bemerkung unmittelbar gefaßt sein. Der Unterzeichnete erklärt hierdurch seinen Beitritt zu der (Firma) . . . eingetragene Genossenschaft mit unbeschränkter Nachschußpflicht zu . . . und erkennt seine Verpflichtung an, mit seinem ganzen Vermögen der Genossenschaft die zur Befriedigung der Gläubiger derselben erforderlichen Nachschüsse nach Maßgabe des Gesetzes zu leisten.

**) Es genügt somit: Ich erkläre hierdurch meinen Beitritt zu dem Konsumverein Vorsicht zu X., eingetragene Genossenschaft mit beschränkter Haftpflicht.

***) Parisius und Crüger S. 113.

Die Einreichung muß daher in der für die Willenserklärungen des Vorstandes vorgeschriebenen Form, insbesondere unter Mitwirkung der hiernach erforderlichen Zahl von Mitgliedern des Vorstandes erfolgen (A.V. § 7 Abs. 1 und 2). Die Stellung eines besonderen Antrages auf Eintragung des Beitritts ist nicht unbedingt erforderlich, da der Antrag in der Einreichung der Urkunde selbst liegt.

„Die Einreichungen können persönlich bei dem Gericht oder schriftlich mittelst Einsendung bewirkt werden. Im ersteren Falle hat das Gericht über den Vorgang unter Bezeichnung der erschienenen Vorstandsmitglieder einen Vermerk aufzunehmen; im Falle schriftlicher Einreichung ist die ordnungsmäßige Zeichnung durch den Vorstand erforderlich" (§ 7 Abs. 3 A.V., § 15 G.G.).

[Form. 7.]

Muster für die persönliche Einreichung der Beitrittserklärung.*)

Königliches Amtsgericht.
Gegenwärtig Schulze, Amtsrichter, Zburg, den 13. April 1900.
Freund, Registerführer.

An Gerichtsstelle erscheinen persönlich bekannt und als Vorstandsmitglieder des Vorschussvereins zu Zburg, eingetragene Genossenschaft mit unbeschränkter Haftpflicht durch das Genossenschaftsregister legitimirt:

1. Georg Scherer, Rentner,
2. Martin Herwig, Kaufmann — beide von hier, —

überreichen Beitrittserklärungen von:

a. Philipp Kraus, Kaufmann,
b. Anton Himmel, Klempnermeister,
c. Adolf Kanne, Ausläufer — sämmtlich zu Zburg —

und beantragen deren Eintragung in die Liste der Genossen.

V. g. u.
Georg Scherer. Martin Herwig.

geschlossen
Schulze. Freund.

Muster für die schriftl. Einreichung s. Anh. Genoss.-Form. c.

Nicht nothwendig ist, daß die Einreichung einer jeden Beitrittserklärung sofort nach der Aufnahme erfolgt. Es genügt, wenn regelmäßig an einem bestimmten Tage des Monats die inzwischen eingekommenen Beitrittserklärungen eingereicht werden. Es ist zweckmäßig, wenn Gericht und Genossenschaft eine Vereinbarung über den Zeitpunkt treffen.**)

---

*) Es ist kein Protokoll nothwendig, es genügt ein Vermerk unter Bezeichnung der erschienenen Vorstandsmitglieder (A.V. § 7 Abs. 3).

**) In der amtlichen Begründung (I 101, II 111) heißt es: In der Regel wird eine kurze Zurückhaltung der Einreichung für die Interessen der beigetretenen Genossen ohne jede Bedeutung sein, und es kann dem pflichtmäßigen Ermessen des Vorstandes überlassen bleiben, die Umstände des Falles in dieser Richtung

§ 32. Die Eintragung und die Benachrichtigung.

Ergiebt die Prüfung, daß die Beitrittserklärung und die Einreichung derselben nicht den gesetzlichen Bestimmungen genügen, so hat der Richter die Eintragung unter Angabe der Gründe (A.V. § 3 Abs. 3) abzulehnen, andernfalls hat er die Eintragung zu verfügen.

Die Eintragung selbst nimmt sodann der Registerführer vor. Er trägt in die Liste der Genossen ein: die laufende Nummer, den Tag der Eintragung, Namen, Beruf und Wohnort des Mitgliedes. Eine Unterzeichnung der einzelnen Eintragung ist nicht erforderlich (A.V. § 27 Abs. 3).

„Die Anträge, Schriftstücke und Verfügungen, auf Grund deren die Eintragung stattgefunden hat, sind mit der laufenden Nummer, unter welcher der Genosse in die Liste eingetragen ist, zu versehen und nach Jahrgängen gesammelt aufzubewahren" (A.V. § 27 Abs. 4).

Von der Eintragung in die Liste der Genossen sind der Vorstand und die eingetragenen Mitglieder zu benachrichtigen (G.G. § 15 Abs. 4, A.V. § 3 Abs. 2, § 29 Abs. 5). Für die Benachrichtigung von Eintragungen in die Liste der Genossen sind in der Regel Postkarten zu verwenden (A.V. § 3 Abs. 2); bei der Benachrichtigung „ist die laufende Nummer, unter welcher die Eintragung bewirkt ist, anzugeben" (A.V. § 29 Abs. 5).

Wie die Begründung des Genossenschaftsgesetz-Entwurfs ergiebt, sollten der Genossenschaft Mühewaltung und Kosten aus der Benachrichtigung nach Möglichkeit erspart bleiben. Daher die Vorschrift, daß in der Regel Postkarten zu verwenden sind. Zur Verringerung des Portos können diese Postkarten „gedruckten Inhalt" haben. In diesem Falle beträgt das Porto für die einzelne Karte nur drei Pfennig.

Für diese Benachrichtigungen können nur die Portoauslagen von der Genossenschaft erfordert werden. Schreibgebühren sind nicht zu verrechnen. In der Begründung des Gesetzentwurfs der Reichsregierung heißt es wörtlich: „die vorgeschriebene Benachrichtigung durch das Gericht kann mittelst einfacher Postkarten mit gedrucktem Inhalt erfolgen und verursacht weder dem beitretenden Genossen noch der Genossenschaft irgend welche Mühewaltung. Die Kosten, welche dadurch entstehen, beschränken sich, **da Schreibgebühren nicht berechnet werden**, auf die Erstattung der geringen Portoauslagen" (Begr. I. 103). Die Praxis der Gerichte war jedoch eine verschiedene, vielfach wurden Schreibgebühren berechnet, indem die Benachrichtigungen bald als Abschriften, bald als Ausfertigungen bezeichnet wurden. Dies veranlaßte zunächst den Preußischen Justizminister durch eine allge-

---

auf seine Verantwortung hin zu prüfen. Sofern nicht etwa der Schluß des Geschäftsjahres oder die Abhaltung einer Generalversammlung bevorsteht oder sonstige Gründe eine größere Beschleunigung erforderlich machen, wird der Regel nach wohl die Einrichtung genügen, daß der Vorstand in jedem Monat einmal an einem bestimmten Tage die eingegangenen Beitrittserklärungen dem Gericht einreicht. Vgl. Parisius und Crüger S. 112.

meine Verfügung vom 12. Dezember 1891 (mitgetheilt bei Parisius und Crüger S. 120 ff.) die Angelegenheit zu ordnen, es wurde ein Verfahren für die Benachrichtigungen vorgeschrieben, bei dessen Beobachtung die Berechnung von Schreibgebühren nicht erfolgen konnte, indem die Ausfüllung der für die Benachrichtigungen vorgeschriebenen Formulare für eine Obliegenheit des Gerichtsschreibers erklärt wurde. In den meisten anderen Bundesstaaten sind durch die zuständigen Behörden gleiche Verfügungen erlassen.

§ 33. **Formularen für Verfügung der Eintragung des Beitritts.**

Die Verfügung der Eintragung des Beitritts in die Liste der Genossen kann ganz kurz sein:

[Form. 8.] Verfügung.

1) In die Liste der Genossen [des Vorschussvereins zu Zburg, eingetragene Genossenschaft mit unbeschränkter Haftpflicht] sind einzutragen:

46. Philipp Kraus, Kaufmann,
47. Anton Himmel, Klempnermeister,
48. Adolf Kanne, Ausläufer,

sämmtlich zu Zburg.

2) Ausführung nach §§ 27 und 29 der Bekanntmachung vom 1. Juli 1899.

Zburg, 14. April 1900.

V. Betheiligung auf einen weiteren Geschäftsantheil.

§ 34. Allgemeines.

Wie der Erwerb der Mitgliedschaft, so ist die Betheiligung auf den weiteren Geschäftsantheil abhängig von der Eintragung in die Liste der Genossen. Nur bei Genossenschaften mit beschränkter Haftpflicht ist die Betheiligung auf mehrere Geschäftsantheile gestattet worden, sie muß aber ausdrücklich im Statut zugelassen sein (§ 134). Für die Eintragung der weiteren Geschäftsantheile sind die Kolonnen 5 und 6 des Formulars zur Liste der Genossen bestimmt (A.V. § 30). Nur die weiteren Geschäftsantheile und nicht der erste werden eingetragen. Nicht einzutragen sind bei Genossenschaften mit unbeschränkter Haftpflicht für Genossen, welche beim Inkrafttreten des Gesetzes auf mehr als einen Geschäftsantheil betheiligt waren, die durch die Uebergangsbestimmung § 163 G.G. zugelassenen weiteren Geschäftsantheile. Nimmt eine solche Genossenschaft die beschränkte Haftpflicht an, so müssen auch die Mitglieder, welche bereits thatsächlich im Besitze mehrerer Geschäftsantheile sind, die in § 137 vorgeschriebene

Erklärung ausstellen, um rechtlich die weiteren Geschäftsantheile mit den im Gesetz hieran geknüpften Pflichten zu erwerben. Die Eintragung der Betheiligung auf den weiteren Geschäftsantheil erfolgt auf Grund der unbedingten Erklärung des Genossen, sich mit einem weiteren Geschäftsantheil betheiligen zu wollen, der Einreichung dieser Erklärung durch den Vorstand und der schriftlichen Versicherung des Vorstandes, „daß die übrigen Geschäftsantheile des Genossen erreicht seien". *)

§ 35. Prüfung durch den Richter.

Ehe das Gericht an die Prüfung dieser Urkunden geht, hat es sich darüber zu vergewissern, daß das Statut die Betheiligung auf den weiteren Geschäftsantheil zuläßt, und daß der erworbene weitere Geschäftsantheil innerhalb der im Statut festgesetzten höchsten Zahl der Geschäftsantheile liegt.

1) Die Betheiligungserklärung des Genossen.

Es gelten für das Aeußere der Betheiligungserklärung die gleichen Bestimmungen, wie für die Beitrittserklärung: deutsche Sprache, ordnungsmäßige Unterschrift mit vollem Vor- und Zunamen und Wohnort. Die Erklärung muß unbedingt sein (§ 137 Abs. 1).

Nicht erforderlich ist Beglaubigung der Unterschrift. Die Erklärung braucht nicht die Zulassung auf den weiteren Geschäftsantheil zu enthalten, dieselbe liegt in der Einreichung.

In Betreff der Prüfung der Erklärung durch das Gericht auf Echtheit der Unterschrift und materielle Giltigkeit gilt der gleiche Grundsatz wie bei der Beitrittserklärung (A.V. § 29 Abs. 4, vgl. oben § 31). **)

2) Die Einreichung der Betheiligungserklärung und die Versicherung des Vorstandes.

Die Einreichung erfolgt in der für die Willenserklärungen des Vorstandes vorgeschriebenen Form, insbesondere unter Mitwirkung der hiernach erforderlichen Zahl der Mitglieder des Vorstandes (A.V. § 30 Abs. 2), und zwar entweder persönlich oder schriftlich. Das Verfahren ist das gleiche wie bei der Einreichung der Beitrittserklärung.

Die Versicherung des Vorstandes, „daß die übrigen Geschäftsantheile des Genossen erreicht seien" (A.V. § 29 Abs. 2 Ges. § 137 Abs. 2) ist entweder in der Einreichung aufzunehmen oder derselben als besondere Urkunde beizufügen.

Muster für die schriftliche Einreichung der Betheiligungserklärung s. Anhang Gen.-Form. d.

---

*) Vgl. Parisius und Crüger S. 428.

**) Muster der Betheiligungserklärung: Der Unterzeichnete erklärt hierdurch, sich auf einen zweiten (oder dritten u. s. w.) Geschäftsantheil bei dem Konsumverein Sparsamkeit, eingetragene Genossenschaft mit beschränkter Haftpflicht zu Xstadt, betheiligen zu wollen.

[Form. 9.]

Muster für die persönliche Einreichung der Betheiligungserklärung auf einen weiteren Geschäftsantheil.*)

Königliches Amtsgericht.
Gegenwärtig Hoffmann, Amtsrichter,
Sorgsam, Registerführer.

Xstadt, 15. April 1900.

An Gerichtsstelle erscheinen persönlich bekannt und als Vorstandsmitglieder des Konsumvereins Sparsamkeit, eingetragene Genossenschaft mit beschränkter Haftpflicht, durch das Genossenschaftsregister legitimirt:

1. Heinrich Hübner, Schlosser,
2. Karl Mettner, Maurer, — beide von hier —

überreichen die Betheiligungserklärung des unter Nr. 13 der Liste der Genossen eingetragenen Tischlermeister Emil Albrecht aus Xstadt auf einen zweiten Geschäftsantheil und beantragen die Eintragung der Betheiligung auf den zweiten Geschäftsantheil in die Liste der Genossen. Dieselben geben die Versicherung ab, dass der erste Geschäftsantheil des Emil Albrecht erreicht ist.

V. g. u.

Heinrich Hübner. Karl Mettner.

geschlossen

Hoffmann. Sorgsam.

Nicht erforderlich ist, daß die Betheiligungserklärung ohne Verzug eingereicht wird. Es gilt das Gleiche wie für die Einreichung der Beitrittserklärungen.

§ 36. Eintragung und Benachrichtigung.

Die Eintragung des weiteren Geschäftsantheils und die Benachrichtigung des Vorstandes und des Genossen gehen in der gleichen Weise vor sich, wie die Eintragung des Beitritts. Wir geben nachfolgend das

Formular für die Verfügung.**)

[Form. 10.] Verfügung.

1) In die Liste der Genossen [des Konsumvereins Sparsamkeit, eingetragene Genossenschaft mit beschränkter Haftpflicht] ist unter Nr. 13 bei dem Genossen Tischler Emil Albrecht Spalte 5 und 6 ein zweiter Geschäftsantheil einzutragen.

2) Ausführung nach § 30 der Bekanntmachung v. 1. Juli 1899.

Xstadt, 17. April 1900.

---

*) Vgl. Anm. ** Seite 51.

**) Formulare für die Benachrichtigung vgl. die oben erwähnte Preußische Allgemeine Verfügung vom 12. Dezember 1891.

VI. Verlust der Mitgliedschaft.

§ 37. Allgemeines.

Wie der Erwerb, so ist auch die Beendigung der Mitgliedschaft regelmäßig abhängig von der Eintragung in die Liste der Genossen (§ 70 G.G.), nur im Falle des Todes tritt das Ende der Mitgliedschaft unabhängig von der Eintragung ein, doch auch hier knüpfen sich an dieselbe Rechtswirkungen §§ 77 125 Abs. 2, 141.

Die Eintragung erfolgt auf Grund

1. der Einreichung durch den Vorstand,
2. der das Ende der Mitgliedschaft beweisenden Urkunden.

In § 31 A.V. werden diese Urkunden in Gemäßheit der entsprechenden Bestimmungen des Gesetzes aufgeführt.

Die Eintragung in die Liste der Genossen beendigt nicht ein Rechtsverhältniß, sondern verleiht der Beendigung eines Rechtsverhältnisses nur Rechtswirksamkeit.

§ 38. Die Prüfung der Urkunden.

Die Prüfung des Richters mit Bezug auf das ihm zur Eintragung unterbreitete Rechtsverhältniß ist hier die gleiche wie bei dem Erwerb der Mitgliedschaft. Er hat also besonders zu prüfen, ob die Urkunden und die Einreichung derselben formell in Ordnung sind. Die materielle Prüfung erleidet dadurch ihre Einschränkung, daß die das Ausscheiden des Genossen begründende Thatsache unverzüglich von dem Richter einzutragen ist (§ 70 Abs. 1 des Ges.). „Die Prüfung des Gerichts" — heißt es in der Begründung I S. 143 — „hat sich nur darauf zu erstrecken, daß diese Urkunden" (welche die das Ausscheiden begründenden Thatsachen darthun) vorschriftsmäßig und vollständig vorliegen, nicht aber auch auf die Richtigkeit und Rechtmäßigkeit der einzutragenden Thatsachen. Dennoch wird auch hier „die Ablehnung der Eintragung nicht ausgeschlossen" sein, wenn die Ungültigkeit der Urkunde, „ohne daß es weiterer Ermittelungen bedarf, aus den dem Gericht bekannten Thatsachen sich als zweifellos ergiebt" (A.V. §§ 32 Abs. 5 und § 29 Abs. 4), z. B. der Richter hat Kenntniß von dem Leben eines als verstorben angezeigten Mitgliedes. Falsche Angaben des Vorstandes sind nach § 147 G.G. unter Strafe gestellt.

§ 39. Die einzureichenden Urkunden.

a) Aufkündigung des Genossen (A.V. § 31 Pos. 1, G.G. §§ 65, 69).

Der Vorstand hat einzureichen:

α) Die Kündigungserklärung in Urschrift. Es muß ausdrücklich die Mitgliedschaft gekündigt sein, die Kündigung des Geschäftsguthabens kann nicht als Kündigung der Mitgliedschaft angesehen werden.*)

β) Die schriftliche Versicherung des Vorstandes, daß die Kündigung rechtzeitig erfolgt sei. Maßgebend ist der Zeitpunkt des Eintreffens der Kündigung bei der Genossenschaft. Diese Versicherung kann in besonderer Urkunde eingereicht werden, kann aber auch in die schriftliche Einreichung selbst aufgenommen werden. Bei persönlicher Einreichung muß die Versicherung mit der Kündigung in Urkunde vorgelegt werden. Es braucht nicht gerade das Wort „versichern" gebraucht zu werden, da es sich nur um die Abgabe einer Erklärung handelt.

b) Aufkündigung des Gläubigers (G.G. §§ 66, 69 A.V. § 31 Pos. 2).

Auch in dem Falle der Aufkündigung der Mitgliedschaft eines Genossen durch dessen Gläubiger, die unter den Voraussetzungen des § 66 zulässig ist, müssen die Aufkündigung und die übrigen Urkunden durch den Vorstand eingereicht werden.

Der Vorstand hat folgende Urkunden einzureichen:

α) Die Aufkündigung des Gläubigers.**) Die Angabe des Zeitpunkts des Ausscheidens in der Kündigung ist zweckmäßig aber nicht nothwendig.

β) Die schriftliche Versicherung des Vorstandes, daß diese Kündigung rechtzeitig erfolgt ist.

γ) Beglaubigte Abschrift des rechtskräftigen Urtheils oder sonstigen Schuldtitels, aus welchem der Gläubiger seine Forderung gegen den Genossen herleitet.

δ) Beglaubigte Abschrift des Beschlusses, durch welche das Geschäftsguthaben des Genossen für den Gläubiger gepfändet und demselben überwiesen ist — oder das Original des Beschlusses.

ε) Beglaubigte Abschrift des Gerichtsvollzieherprotokolls oder der sonstigen Urkunden, aus welchen sich die Fruchtlosigkeit einer innerhalb der letzten sechs Monate vor der Pfändung und Ueberweisung des Geschäftsguthabens gegen den Genossen versuchten Zwangsvollstreckung ergiebt.

Die Beglaubigung der Abschriften zu γ, δ, ε muß gerichtlich oder notariell erfolgt sein (A.V. § 8 Abs. 2).

c) Verlegung des Wohnsitzes (G.G. § 8 Pos. 2, §§ 67, 69 A.V. § 31 Pos. 3).

In diesem Falle hat das Gericht zu prüfen, ob die Voraussetzung

*) Muster: Der Unterzeichnete kündigt hierdurch die Mitgliedschaft des Konsumvereins Sparsamkeit, eingetragene Genossenschaft mit beschränkter Haftpflicht, zu Xstadt zum 31. Dezember 1901.

Holzhausen, 15. September 1901. Hans Neumann.

**) Als Muster mag gelten:

Der Unterzeichnete kündigt hiermit die Mitgliedschaft des Schuhmacher Friedrich Langsam zu Xstadt, Mitglied des Konsumvereins Sparsamkeit, eingetragene Genossenschaft mit beschränkter Haftpflicht zu Xstadt zum 31. Dezember 1901 auf.

Stettin, 1. September 1901. Robert Meier.

für das Ausscheiden durch Verlegung des Wohnsitzes gegeben ist, d. h. ob im Statut Erwerb und Fortdauer der Mitgliedschaft an den Wohnsitz innerhalb eines bestimmten Bezirks*) geknüpft sind" (§ 8 Pos. 2 § 67).

Das Ausscheiden findet statt:

entweder auf Grund der Austrittserklärung des Genossen,

oder auf Grund der Erklärung des Vorstandes an den Genossen, daß er auszuscheiden habe.

α) Im ersteren Falle hat der Vorstand dem Gerichte einzureichen die schriftliche Austritts-Erklärung des Genossen.**)

Ueber die Aufgabe des Wohnsitzes in dem Bezirk hat der Genosse die Bescheinigung einer öffentlichen Behörde beizubringen, die der Vorstand gleichfalls im Original dem Gericht einzureichen hat (§ 67 Abs. 3, § 69 Abs. 2). Oeffentliche Behörde ist die Polizei- oder Gemeindebehörde; die Bescheinigung beurkundet, daß der Betreffende aus dem Bezirke weggezogen ist (A.V. § 31 Pos. 3).

β) In dem andern Falle (Ausscheiden auf Veranlassung der Genossenschaft) hat der Vorstand gleichfalls eine solche Bescheinigung einzureichen, die er sich zu beschaffen hat, und ferner eine Abschrift der an den Genossen gerichteten Erklärung der Genossenschaft, mit welcher diese das Ausscheiden desselben verlangt hat.***)

Die Zeichnung dieser Erklärung hat in der für die rechtsverbindlichen Willenserklärungen des Vorstandes vorgeschriebenen Form zu erfolgen. Ob die Erklärung wirklich abgegangen ist, in welcher Form, ob dieselbe an die Adresse gekommen ist u. s. w. hat das Gericht nicht zu prüfen.

d) Ausschließung (G.G. § 68, A.V. § 31 Pos. 4).

Die Ausschließung eines Genossen kann erfolgen aus den in § 68 G.G. und den im Statut bezeichneten Gründen. Durch wen die Ausschließung geschieht, bestimmt regelmäßig das Statut, mangels einer Vorschrift hierüber ist der Vorstand als das die Genossenschaft vertretende Organ zuständig.†)

---

*) Ueber Bezirk vgl. Parisius und Crüger S. 54.

**) Beispiel: „Der Unterzeichnete erklärt hiermit seinen Austritt aus dem Konsumverein Sparsamkeit, eingetragene Genossenschaft mit beschränkter Haftpflicht zum 31. Dezember 1900 in Folge Verlegung seines Wohnsitzes aus dem Kreise Xstadt.

Xstadt, 18. Juni 1900. Mathias Becker.

***) Beispiel der Erklärung der Genossenschaft:

Xstadt, 6. Juli 1900.

Ihnen wird hierdurch mitgetheilt, daß Sie in Folge der Verlegung ihres Wohnsitzes aus dem Kreise Xstadt aus dem Konsumverein u. s. w. zum 31. Dezember 1900 auszuscheiden haben.

Konsumverein Sparsamkeit, eingetragene Genossenschaft mit beschränkter Haftpflicht.
Heinrich Hübner. Karl Mettner.

†) Der Vorstand vertritt nach Außen hin die Genossenschaft auch unbeschränkt bei der Auflösung der Mitgliedschaftsverträge, dem Mitgliede bleibt es überlassen persönlich sein Mitgliedschaftsrecht zu wahren.

Der Vorstand hat dem Gericht Abschrift des Ausschließungsbeschlusses einzureichen. (§ 31 Pos. 4 A.V.)

Die Abschrift des Beschlusses hat nur zu ergeben, durch wen die Ausschließung erfolgt ist, wer ausgeschlossen ist, und zu welchem Zeitpunkt. Für die Ordnungsmäßigkeit der Beschlußfassung und die Beurkundung des Beschlusses gelten die gleichen Grundsätze wie für Statutenänderungen betreffende Beschlüsse. Was nicht Bestandtheil des Beschlusses ist, braucht auch nicht in der einzureichenden Abschrift des Beschlusses enthalten zu sein. Das Gericht hat zu prüfen, ob hierbei die statutarische oder gesetzliche Zuständigkeit beobachtet ist. Der Ausschließungsbeschluß braucht nicht den Grund der Ausschließung anzugeben; ist dies aber dennoch geschehen, so hat das Gericht **nicht** zu prüfen, ob der Grund gesetzlich oder statutarisch zulässig, oder gar ob er gerechtfertigt ist. Es muß stets nur ein formeller Beschluß vorliegen, dessen Abschrift eingereicht wird.*)

e) **Uebertragung des Geschäftsguthabens** (G.G. § 76, A.V. § 31 Pos. 5).

Das Gericht hat zu prüfen, ob das Statut diese Form des Ausscheidens nicht ausschließt, welchenfalls das Ausscheiden abzulehnen wäre. Ohne Bedeutung für die Eintragung sind etwaige besondere statutarische Erschwernisse, da dem Gericht keine sich auf dieselben beziehenden Urkunden vorgelegt werden. Dem Vorstand liegt nicht ob nachzuweisen, daß dieselben beobachtet sind.

α) Ausscheiden durch Uebertragung des Geschäftsguthabens an ein Mitglied der Genossenschaft.

Der Vorstand hat einzureichen und zwar ohne Verzug (§ 76 Abs. 2 G.G.):

aa) Die zwischen dem Ausscheidenden und dem Erwerber des Geschäftsguthabens geschlossene Uebereinkunft im Original oder in be-

---

*) Selbstverständlich ist es zweckmäßig, in dem Ausschließungsbeschluß auch den Grund der Ausschließung anzugeben. Beispiele sind:

a) für die Ausschließung durch den Vorstand:

Sitzung des Vorstandes vom 7. November 1900.

Der Genosse Peter Lux zu Xstadt ist seit 12 Monaten mit den Einzahlungen auf den Geschäftsantheil im Rückstande und wird deswegen seine Ausschließung zum 31. Dezember 1900 beschlossen.

b) Beim Ausschluß durch den Aufsichtsrath würde die Beschlußfassung eben so lauten. Bedarf nach dem Statut der Beschluß des Vorstandes der Genehmigung des Aufsichtsraths, so genügt folgendes:

Sitzung des Aufsichtsraths vom 8. November 1900.

Zu der Ausschließung des Genossen Peter Lux zu Xstadt wird die Genehmigung ertheilt.

In diesem Falle hat der Vorstand sowohl den Beschluß des Vorstandes wie des Aufsichtsraths einzureichen.

c) Beispiel für die Ausschließung durch die Generalversammlung:

Generalversammlung zu Xstadt, den 7. November 1900.

Der Vorstand beantragt Ausschließung des Handelsmanns Peter Lux zu Xstadt zum 31. Dezember 1900, weil derselbe während 12 Monaten mit den Einzahlungen auf den Geschäftsantheil im Rückstande blieb. Es wird der Antrag mit Stimmenmehrheit angenommen.

glaubigter Abschrift. Die Beglaubigung muß gerichtlich oder notariell erfolgen.*)

bb) Die schriftliche Versicherung des Vorstandes, daß das bisherige Geschäftsguthaben des Erwerbers mit dem ihm zuzuschreibenden Betrage den Geschäftsantheil — oder bei Genossenschaften mit beschränkter Haftpflicht, falls der Erwerb mehrerer Geschäftsantheile zugelassen ist, die der höchsten Zahl der Geschäftsantheile entsprechende Gesammtsumme nicht übersteigt.**) Im letztern Falle muß noch

cc) die unbedingte Erklärung des Erwerbers des Geschäftsguthabens hinzukommen, daß er sich mit einem zweiten, oder, je nach dem Betrage der Summen mit noch mehreren Geschäftsantheilen betheiligen wolle***) — und die schriftliche Versicherung des Vorstandes, daß die übrigen Geschäftsantheile des Genossen erreicht seien.

β) Ausscheiden durch Uebertragung des Geschäftsguthabens an Jemanden, der erst Mitglied wird.

Der Vorstand hat einzureichen:

aa) Die zwischen dem Ausscheidenden und dem Erwerber des Geschäftsguthabens geschlossene Uebereinkunft im Original oder in (gerichtlich oder notariell) beglaubigter Abschrift.†)

bb) Die Beitrittserklärung desjenigen, an den das Geschäftsguthaben übertragen ist.

f) **Tod eines Genossen** (G.G. § 77 A.V. § 31 Pos. 6).

Der Tod des Genossen führt das Ende der Mitgliedschaft zum Schluß des Geschäftsjahres herbei, in welchem er erfolgt ist. Die

---

*) Beispiel: Xstadt, 9. November 1900.

Der Schneidermeister August Schatz zu Xstadt überträgt hiermit in Anwendung des § 76 des Genossenschaftsgesetzes sein Geschäftsguthaben bei dem Konsumverein Sparsamkeit, eingetragene Genossenschaft mit beschränkter Haftpflicht im Betrage von 32 Mark an das Mitglied derselben Genossenschaft Tischler Ernst Albrecht daselbst, welcher die Uebertragung annimmt.

August Schatz. Ernst Albrecht.

**) Beispiel: Xstadt, 9. November 1901.

Wir versichern, daß das Geschäftsguthaben des Herrn Tischler Ernst Albrecht zu Xstadt mit dem ihm nach der Uebereinkunft mit Herrn August Schatz zu Xstadt zuzuschreibenden Betrage, die der höchsten Zahl der Geschäftsantheile entsprechende Gesammtsumme (von 150 Mark) nicht übersteigt.

Konsumverein Sparsamkeit, eingetragene Genossenschaft mit beschränkter Haftpflicht.

Heinrich Hübner. Karl Mettner.

Das Wort „versichern" braucht nicht nothwendig gebraucht zu werden, die einfache Erklärung: „Das Geschäftsguthaben ... übersteigt nicht" genügt gleichfalls.

***) S. § 34. Beispiel: Der Geschäftsantheil beträgt 40 Mark, zugelassen ist der Erwerb von drei Geschäftsantheilen, das übertragene Geschäftsguthaben betrug 32 Mark, der Erwerber hat zwei Geschäftsantheile, und auf den zweiten 20 Mark eingezahlt. Sein Geschäftsguthaben betrug somit 60 Mark, dazu die 32 Mark, macht 92 Mark, er hat also den Betrag von zwei Geschäftsantheilen und 12 Mark. Hier ist daher die Betheiligungserklärung über den dritten Geschäftsantheil erforderlich.

†) Ein Beispiel für diesen Fall: Xstadt, 9. November 1901.

Der Büdner Gottfried Kleist zu Hermsdorf überträgt hiermit in Anwendung des § 76 des G.G. sein Geschäftsguthaben bei dem Konsumverein Sparsamkeit, eingetragene Genossenschaft mit beschränkter Haftpflicht im Betrage von 17 Mark 50 Pf. an den Arbeiter Michael Größ zu Xstadt, welcher die Uebertragung annimmt.

Gottfried Kleist. Michael Größ.

Eintragung in die Liste der Genossen hat in diesem Falle nur eine beschränkte Bedeutung (§ 125, § 141).

Der Vorstand hat einzureichen und zwar „ohne Verzug", nachdem er von dem Tode Kenntniß erhalten hat (§ 77 Abs. 4) eine Anzeige des Sterbefalls, die entweder von den Angehörigen veröffentlicht ist (in einer Zeitung), oder die von den Angehörigen der Genossenschaft erstattet ist, letztere im Original, erstere mit der betreffenden Zeitung.

Enthält die Anzeige Jahr und Tag des Todes, so ist in der Einreichung nur auf die Anzeige Bezug zu nehmen.*) Enthält die Anzeige aber nicht Tag und Jahr des Todes, so sind diese Zeiten in der Einreichung anzugeben.**)

Erhält der Vorstand keine Anzeige von dem Tode des Genossen, so ist er nicht verpflichtet, statt derselben eine Sterbeurkunde einzureichen, sondern kann sich auch auf jede andere beliebige Weise von dem erfolgten Tode Kenntniß verschaffen, so daß er in die Lage kommt, dem Gerichte gegenüber die Erklärung abzugeben, daß der Todesfall eingetreten sei (A.V. § 31 Pos. 6).***) Eine solche Erklärung genügt in allen Fällen, das Gericht hat sich nicht erst zu vergewissern, woher der Vorstand die Kenntniß hat.

Die Angabe des Todesjahres und noch mehr des Todestages wird oft dem Vorstand unüberwindliche Schwierigkeiten bereiten, wenn er wohl Kenntniß davon hat, daß ein Genosse verstorben ist, aber nicht weiß, an welchem Orte. Auf solche Umstände wird das Gericht Rücksicht nehmen müssen. Es genügt jedenfalls stets die Angabe des Todesjahres, da dessen Kenntniß ausreicht, um den Zeitpunkt des Ausscheidens festzustellen. Unter Umständen kann der Vorstand auch dieses nicht in Erfahrung bringen, dann muß das Jahr des Ausscheidens aufbleiben, das Jahr der Eintragung ist dann im Zweifel das letzte der Mitgliedschaft.

Der Vorstand ist nicht verpflichtet, dem Gericht die Erben des verstorbenen Genossen namhaft zu machen, doch wird er es thun, soweit es ihm möglich ist, um dem Gericht die Benachrichtigung der Erben von der Eintragung des Ausscheidens zu erleichtern (§ 77. § 72 G.G.).

§ 40. Die Einreichung der Urkunden.

Es gelten im Allgemeinen die auch für die Einreichung der Beitrittserklärungen maßgebenden Grundsätze. Die Einreichung erfolgt

---

*) Dem Königlichen Amtsgericht zu Xstadt überreichen wir eine Anzeige von dem Tode des Kaufmanns Alfred Reich zu Xstadt, Nr. 75 der Liste der Genossen und beantragen das Ausscheiden desselben einzutragen.

Ort. Datum. Firma der Genossenschaft.
Unterschriften.

**) In diesem Falle würde also in dem Beispiel der vorigen Anmerkung noch hinzuzufügen sein: Der Genosse ist am 8. November 1900 gestorben.

***) In diesem Falle würde der Eingang in dem Beispiele der Anmerkung lauten: „Dem Königlichen Amtsgericht geben wir hiermit die Erklärung ab, daß der Kaufmann . . . am 8. November 1900 gestorben ist." . . .

in der für die Willenserklärungen des Vorstandes vorgeschriebenen Form, insbesondere unter Mitwirkung der hiernach erforderlichen Zahl von Mitgliedern (A.V. § 7 Abs. 2).

Die Einreichung erfolgt schriftlich mittelst Eingabe, in welchem Falle die Unterschriften der Vorstandsmitglieder nicht zu beglaubigen sind (vgl. Gen.-Form. e bis m) oder persönlich bei Gericht.

Bei der Einreichung der Urkunden ist die Angabe der Nummer, unter der der Genosse in die Liste eingetragen ist, nach A.V. § 32 Abs. 4 erforderlich.

Die Stellung eines besonderen Antrages auf Eintragung des Ausscheidens ist nicht unbedingt nöthig, da der Antrag in der Einreichung der Urkunden selbst liegt.

Die Namhaftmachung der Genossen ist zwar nicht nothwendig, aber zweckmäßig im Interesse der Kontrole der eingereichten Urkunden. Die Angabe des Zeitpunkts des Ausscheidens kann nur dann geschehen, wenn der Genosse zum Schluß der Geschäftsperiode ausscheidet (Kündigung, Tod, Ausschluß, Verlegung des Wohnsitzes), da in dem Falle des Ausscheidens durch Uebereinkunft mit einem andern Genossen der Tag der Eintragung für das Ausscheiden maßgebend ist. Nach dem Gesetze erforderlich wäre die Angabe des Zeitpunktes auch nicht in den ersten Fällen, da der Richter denselben aus dem Statut oder den eingereichten Urkunden feststellen könnte, es wird aber zweckmäßig sein, um Irrthümer zu vermeiden, z. B. wenn die Kündigungsfrist länger als eine Geschäftsperiode ist und die Kündigung Nichts über den Zeitpunkt des Ausscheidens enthält.

Der Zeitpunkt für die Einreichung der sich auf das Ausscheiden beziehenden Urkunden ist im Gesetze bestimmt (A.V. § 32): Die Anzeige von dem Tod des Genossen ist ohne Verzug — nachdem der Vorstand Kenntniß erhalten hat — einzureichen (§ 77); die Uebereinkunft bei Ausscheiden durch Uebertragung des Geschäftsguthabens ist gleichfalls ohne Verzug einzureichen (§ 76 Abs. 2); in allen andern Fällen (Kündigung des Genossen*), des Gläubigers, Ausschließung, Verlegung des Wohnsitzes) hat die Einreichung „mindestens sechs Wochen vor dem Ende des Geschäftsjahrs" zu erfolgen (§ 69), bezw. wenn diese Frist nicht mehr eingehalten werden kann (bei Ausschließung und Verlegung des Wohnsitzes) ohne Verzug.

Die Einreichung der sämmtlichen im Laufe des Geschäftsjahrs erfolgten Ankündigungen kann bis zu dem bezeichneten Zeitpunkte aufgeschoben und zusammen bewirkt werden (A.V. § 32 Abs. 1); dasselbe gilt für die Fälle des Ausscheidens durch Ausschließung und durch Verlegung des Wohnsitzes (A.V. § 32 Abs. 2).

Nachstehendes Formular betrifft die Verhandlung, welche mit dem Vorstande einer Genossenschaft aufgenommen wird, der die Ur-

---

*) Nach § 114 des G.G. sollte bei den Genossenschaften, bei welchen das Statut den Gewinnantheil ausgeschlossen hatte, die Aufkündigung zum Quartalsschluß zulässig sein, die Kündigung mußte dann 3 Wochen vor dem Quartalsschluß eingereicht werden. Die Bestimmung ist durch Gesetz vom 12. August 1896 aufgehoben.

kunden über alle sechs Arten des Ausscheidens von Genossen überreicht, entsprechend den vorstehenden Erörterungen und dem § 31 A.V.

[Form. 11.]

Königliches Amtsgericht.*) Xstadt, den 10. Novbr. 1900.
Gegenwärtig Hoffmann, Amtsrichter,
Sorgsam, Registerrichter.

An Gerichtsstelle erscheinen persönlich bekannt und als Mitglieder des Vorstandes des Konsumvereins Sparsamkeit, eingetragene Genossenschaft mit beschränkter Haftpflicht durch das Genossenschaftsregister ligitimirt:

Heinrich Hübner, Schlosser, und
Karl Mettner, Maurer,

beide von hier und erklären:

Wir überreichen:

1) [Aufkündigung des Genossen.] die Kündigungserklärung der Genossen Hans Neumann zu Holzhausen Nr. 6 und des Gastwirths Eduard Lehmann zu Xstadt Nr. 7 der Liste der Genossen, unter der Versicherung, dass die Kündigung dieser genannten Genossen rechtzeitig erfolgt ist,

2) [Aufkündigung des Gläubigers.] in Betreff des Schuhmachers Friedrich Langsam zu Xstadt, Nr. 67 der Liste der Genossen:

a) die Kündigungserklärung seines Gläubigers Lederhändler Robert Meier zu Stettin vom 15. September 1900,

b) unsere schriftliche Versicherung vom 7. November 1900, dass die Kündigung rechtzeitig erfolgt ist,

c) beglaubigte Abschrift des rechtskräftigen Urtheils des Amtsgerichts zu Xstadt vom 30. Juni 1900 in Sachen Meier ·/. Langsam,

d) beglaubigte Abschrift des Beschlusses desselben Amtsgerichts vom 4. September über Pfändung und Ueberweisung des Geschäftsguthabens des Schuhmachers Langsam an den Lederhändler Meier,

e) beglaubigte Abschrift des Gerichtsvollzieher-Protokolls vom 14. Mai 1900 über eine in Sachen des Kaufmanns Adolf Berg wider den Schuhmacher Langsam gegen letzteren ausgeführte fruchtlose Zwangsvollstreckung;

3) [Aufgabe des Wohnsitzes.] in Betreff des Genossen Maurers Matthias Becker zu Xstadt, Nr. 8 der Liste der Genossen,

a) dessen Austrittserklärung vom 18. Juni 1900,

b) die Bescheinigung der Gemeindebehörde zu Xstadt vom 17. Juni 1900 über Matthias Beckers Wegzug aus dem Kreise Xstadt.

4) [Ausschließung.] in Betreff des Genossen Handelsmann Peter Lux zu Xstadt, Nr. 12 der Liste der Genossen die Abschrift des Ausschliessungsbeschlusses der Generalversammlung vom 7. November 1900.

5) [Uebertragung des Geschäftsguthabens.] in Betreff des Ge-

---

*) Anm. * S. 51.

nossen Schneidermeisters August Schatz zu Xstadt, Nr. 37 der Liste der Genossen:

a) beglaubigte Abschrift der zwischen ihm und dem Tischler Ernst Albrecht, Nr. 13 der Liste der Genossen, vom 9. November 1900 geschlossenen Uebereinkunft und Uebertragung seines Geschäftsguthabens auf Albrecht,

b) unsere schriftliche Versicherung vom selben Tage, dass das bisherige Geschäftsguthaben des Tischlers Albrecht mit dem ihm zuzuschreibenden Betrage die der höchsten Zahl der Geschäftsantheile entsprechende Gesammtsumme nicht übersteigt,

c) die Erklärung des Tischlers Ernst Albrecht vom 9. November 1900 über die Betheiligung mit einem dritten Geschäftsantheil,

d) unsere schriftliche Versicherung von demselben Tage, dass die übrigen Geschäftsantheile des Tischlers Ernst Albrecht erreicht sind.

6) [Tod des Genossen.] in Betreff des Genossen Kaufmann Alfred Reich, Nr. 75 der Liste der Genossen, die Anzeige von dessen am 8. November 1900 erfolgten Tode, veröffentlicht von seinen Angehörigen in der Xstadter Zeitung.

Wir beantragen das Ausscheiden

zu 1) des Landwirths Hans Neumann zu Holzhausen Nr. 6
des Gastwirths Eduard Lehmann zu Xstadt Nr. 7
zu 2) des Schuhmachers Friedrich Langsam daselbst Nr. 67
zu 3) des Maurers Matthias Becker daselbst Nr. 8
zu 4) des Handelsmanns Peter Lux daselbst Nr. 12
zu 5) des Schneidermeisters August Schatz daselbst Nr. 37
zu 6) des Kaufmanns Alfred Reich daselbst Nr. 75

der Liste der Genossen in derselben einzutragen, und bei den Genossen Nr. 6, 7, 67, 8, 12 und 75 den 31. Dezember 1900 als Tag des Ausscheidens zu vermerken;

endlich bei dem Tischler Ernst Albrecht, Nr. 13 der Liste der Genossen, die Betheiligung mit einem dritten Geschäftsantheile einzutragen.

V. g. u.

Heinrich Hübner. Karl Mettner.

Geschehen wie oben.

Hoffmann. Sorgsam.

§ 41. Die Eintragung.

Ergiebt die Prüfung, daß die erforderlichen Urkunden sämmtlich vorhanden und ordnungsmäßig ausgestellt sind, so verfügt der Richter, daß das Ausscheiden der betreffenden Genossen einzutragen ist.

Daraufhin hat der Registerführer nach den Urkunden die Eintragung vorzunehmen. Für die Eintragungen des Ausscheidens sind die Spalten 7, 8 und 9 der Liste der Genossen bestimmt.

a) Aufkündigung. In Sp. 7 ist der Tag anzugeben, an welchem die Eintragung der Kündigung vorgenommen wird, in Sp. 8 ist der Ausscheidungsgrund „Kündigung" und zwar mit dem Zeitpunkte, auf welchen die Kündigung erfolgt ist, einzutragen. In Sp. 9 ist der Tag des Ausscheidens anzugeben. Es ist dies der Schluß der Geschäftsperiode, zu welchem die Aufkündigung erfolgt ist (§ 65). Kann aber in Folge verspäteter Einreichung die Eintragung nicht mehr in der betreffenden Geschäftsperiode vorgenommen werden, zu deren Schluß die Kündigung geschehen ist, sondern erfolgt erst in einer späteren Geschäftsperiode, so ist deren Schluß auch der Zeitpunkt des Ausscheidens und als solcher ohne Weiteres in Sp. 9 einzutragen (A.V. § 34 Abs. 3), so daß also in Sp. 9 ein andrer Zeitpunkt für das Ausscheiden eingetragen sein kann als in Sp. 8; maßgebend ist der in Sp. 9. Besonders bei Kündigungsfristen, die länger sind als eine Geschäftsperiode, ist genau auf den richtigen Zeitpunkt des Ausscheidens zu achten. Die Eintragung kann in der Geschäftsperiode, zu deren Schluß das Ausscheiden stattfindet, wie beliebige Zeit vor derselben stattfinden. Soll nach der eingereichten Urkunde das Ausscheiden nicht zum Schlusse des laufenden Geschäftsjahres stattfinden, so ist dieses später einzutragen (A.V. § 34 Abs. 2).

b) Verlegung des Wohnsitzes.

Die Eintragung erfolgt in der gleichen Weise wie im Falle der Aufkündigung. Als Tag des Ausscheidens gilt der letzte Tag des Geschäftsjahres, in welchem die Eintragung stattfindet (§ 67 Abs. 1, G.G., § 34 Abs. 1 A.V.); erfolgt die Einreichung verspätet, und wird die Eintragung erst nach Ablauf des Geschäftsjahres vorgenommen, zu welchem das Ausscheiden stattfinden sollte, so ist der Schluß dieser Geschäftsperiode der Zeitpunkt des Ausscheidens und als solcher in Sp. 9 ohne Weiteres einzutragen (A.V. § 34 Abs. 3).

Der Eintragungsvermerk in Sp. 8 lautet:

Wegen Aufgabe des Wohnsitzes im Bezirk ausgetreten zum . . .

c) Ausschließung.

Für die Eintragung gelten die gleichen Grundsätze wie zu a und b. Als Grund des Ausscheidens ist nur „Ausschließung" einzutragen, ohne Angabe durch wen und weswegen. Der Zeitpunkt des Ausscheidens (Sp. 9) hängt von der Eintragung ab (A.V. § 34 Abs. 3).

d) Uebertragung des Geschäftsguthabens.

In Sp. 7 ist der Tag der Eintragung anzugeben, dieser Tag gilt auch als der Tag des Ausscheidens (§ 76 Abs. 3) und ist daher auch in Sp. 9 einzutragen.

Ist der Erwerber des Geschäftsguthabens noch nicht Mitglied, so darf das Ausscheiden nur zugleich mit der Eintragung des letzteren erfolgen (G.G. § 76 Abs. 3 A.V. § 34 Abs. 4, 33 Abs. 3), ist also z. B. die Beitrittserklärung zu beanstanden, so kann auch das Ausscheiden nicht eingetragen werden.

In Sp. 8 ist außer der Uebertragung die Person des Erwerbers und die laufende Nummer, unter welcher derselbe in die Liste eingetragen ist oder wird, anzugeben (A.V. § 33 Abs. 3).

e) Tod eines Genossen.

In Sp. 7 wird der Tag der Eintragung vermerkt. In Sp. 8 wird der Todestag angegeben. Ist der Todestag durch den Vorstand nicht zu ermitteln, so ist einzutragen, daß der Todestag unbekannt ist; kann der Vorstand das Todesjahr angeben, so ist dieses einzutragen.

In Sp. 9: Als Tag des Ausscheidens ist der Schluß der Geschäftsperiode, innerhalb welcher der Tod erfolgt ist (§ 77) einzutragen. Ist das Todesjahr nicht zu ermitteln, so wird diese Spalte offen bleiben müssen. Wird der Tod eines Mitgliedes erst nach dem Schluß der Geschäftsperiode angezeigt, innerhalb welcher das Mitglied verstorben, so ist gleichwohl als Zeitpunkt des Ausscheidens in Sp. 9 der letzte Tag derjenigen Geschäftsperiode einzutragen, in welcher der Todesfall eingetreten ist (A.V. § 34 Abs. 3).

Ist die Eintragung des Ausscheidens ordnungsmäßig erfolgt, so kann dieselbe nicht mehr in Folge Zurücknahme der Kündigung rückgängig gemacht werden; der Genosse müßte in der auf das Ausscheiden folgenden Geschäftsperiode der Genossenschaft wieder beitreten.

Eine Unterzeichnung der einzelnen Eintragungen durch den Registerrichter ist nicht erforderlich (A.V. § 27 Abs. 3). Die Anträge, Schriftstücke und Verfügungen, auf Grund deren die Eintragung stattfindet, sind mit der laufenden Nummer, unter welcher der ausgeschiedene Genosse in die Liste eingetragen war, zu versehen und aufzubewahren (A.V. § 27 Abs. 4, G.G. § 72 Abs. 2). In den Akten ist bei der Verfügung die Erledigung derselben und der Tag der Erledigung zu vermerken (A.V. § 2 Abs. 2).

Mit der Eintragung des Ausscheidens eines Genossen sind zugleich die sämmtlichen auf den Genossen bezüglichen Eintragungen roth zu unterstreichen (A.V. § 10).

§ 42. Die Benachrichtigung.

Wie bei der Eintragung von Mitgliedern, gehört auch die Benachrichtigung von deren Ausscheiden zu den Obliegenheiten des Registerführers, zu deren Erfüllung es strenggenommen einer ausdrücklichen Verfügung des Richters nicht bedarf (vgl. oben § 32). Zu benachrichtigen sind: der Vorstand, der ausgeschiedene Genosse, wenn die Kündigung durch einen Gläubiger des Genossen erfolgt auch der Gläubiger, und endlich im Falle des Ausscheidens durch den Tod die Erben des verstorbenen Mitgliedes (§§ 72 Abs. 1, 77 Abs. 3). „Es erscheint angemessen, daß das Amtsgericht, wenn ihm die Erben nicht bei Einreichung der Todesanzeige vom Genossenschaftsvorstande genannt worden oder ohnedies bekannt sind, Nachforschungen nach den Erben anstelle, sofern solche unschwer vorgenommen werden können. Hierzu wird zumeist eine Anfrage beim Genossenschaftsvorstande oder unter ländlichen Verhältnissen beim Bürgermeister des letzten Wohnsitzes des verstorbenen Genossen genügen. Soweit die Erben dem

Amtsgerichte bekannt sind, oder von ihm ermittelt werden, sind dieselben, und zwar jeder von mehreren Erben besonders (nicht etwa nur einer für alle), von der Eintragung in Kenntniß zu setzen."

Wie für die Benachrichtungen von der Eintragung des Beitritts, ist auch für die Benachrichtigungen von dem Ausscheiden in den Bundesstaaten ein Verfahren vorgeschrieben (vgl. § 32 Anm.), bei dessen Beobachtung keine Schreibgebühren entstehen. Die Formulare für die Benachrichtigung finden sich in der erwähnten Allgem. Verfügung vom 12. Dezember 1891 (mitgetheilt bei Parisius und Crüger S. 120 ff.).

§ 43. Formulare bei Eintragung des Ausscheidens von Genossen.

Wir bringen als Formulare Verfügung und Bekanntmachungen, wie sie auf das Protokoll vom 10. November 1900 in Formular 11 zu erlassen sein würden.

Die Eintragungsverfügung.

[**Form. 12.**] Verfügung.

1) In die Liste der Genossen [des Konsumvereins Sparsamkeit eingetragene Genossenschaft mit beschränkter Haftpflicht] ist einzutragen:

a) Nr. 6 (Hans Neumann) Sp. 7. 11. November 1900.
Sp. 8. Aufkündigung zum 31. Dezember 1900.
Sp. 9. 31. Dezember 1900.

b) Nr. 7 (Ed. Lehmann) ebenso.

c) Nr. 67 (Friedr. Langsam) ebenso.

d) Nr. 8 (Matthias Becker) Sp. 7. 11. November 1900.
Sp. 8. Wegen Aufgabe des Wohnsitzes im Kreise Xstadt ausgetreten zum 31. Dezember 1900.
Sp. 9. 31. Dezember 1900.

e) Nr. 12 (Peter Lux) Sp. 7. 11. November 1900.
Sp. 8. Ausschliessung zum 31. Dezember 1900.
Sp. 9. 31. Dezember 1900.

f) Nr. 37 (Aug. Schatz) Sp. 7. 11. November 1900.
Sp. 8. Uebertragung des Guthabens an Emil Albrecht (Nr. 13 der Liste.)
Sp. 9. 11. November 1900.

g) Nr. 13 (Emil Albrecht) Sp. 5. 11. November 1900.
Sp. 6. 1.

h) Nr. 75 (Alfr. Reich) Sp. 7. 11. November 1900.
Sp. 8. Verstorben am 8. November 1900.
Sp. 9. 31. Dezember 1900.

2) a) Nachricht vom Ausscheiden der vorstehend zu a) b) c) d) e) f) aufgeführten Personen, ihnen selbst und dem Vorstande,*)

*) Die Benachrichtigungen zu 2) 3) und 4) sind hier der Deutlichkeit halber verfügt. Der Registerführer hat sie auch ohne Verfügung des Richters auf Grund der §§ 72, 77 Abs. 2 G.G. und § 3 Abs. 2 A.B. zu senden.

b) Nachricht vom Ausscheiden des zu c) auch dem Gläubiger Lederhändler Robert Meier zu Stettin, *)

3) Nachricht von der Eintragung des dritten Geschäftsantheils zu g) dem Tischler Ernst Albrecht und dem Vorstand, *)

4) Nachricht vom Ausscheiden des Kaufmanns Alfred Reich zu h) dessen Erbin Wittwe Josephine Reich geb. Flinck zu Xstadt sowie dem Vorstande zu melden. *)

5) Mit den Schriftstücken ist nach § 27 Abs. 4 A.V. zu verfahren.

Xstadt, 11. November 1900. Hoffmann.

VII. Vormerkungen in der Liste der Genossen.

(G.G. § 71, A.V. § 35.)

§ 44. Voraussetzung der Eintragung.

Vormerkungen werden eingetragen zur Sicherung des Ausscheidens und finden daher ihren Platz in Sp. 7 und 8 der Liste der Genossen.

Die Eintragung erfolgt auf Antrag des Genossen,**) oder, wenn ein Gläubiger desselben das Ausscheiden betreibt (§ 66), des Gläubigers, oder endlich auf Antrag der Erben.

In dem Antrage, der nicht beglaubigt zu sein braucht, sind „die Thatsachen, auf welche der Anspruch gegründet wird (rechtzeitig bewirkte Aufkündigung, Uebertragung des Geschäftsguthabens, Tod des Erblassers u. s. w.), anzugeben; des Nachweises oder der Glaubhaftmachung derselben bedarf es nicht" (§ 32 A.V.). Der Richter hat nur zu prüfen, ob die zur Begründung angeführte Thatsache überhaupt geeignet ist, das Ausscheiden herbeizuführen. Ist dies der Fall, so ist zu verfügen, daß die Vormerkung einzutragen sei.***)

---

*) S. Note vorstehender Seite.

**) Auch der Ausgeschlossene hat den Anspruch auf Eintragung einer Vormerkung, Parisius und Crüger S. 313.

***) Muster und Anträge: a) des Genossen selbst:

Unterzeichneter, als Mitglied des Vorschußvereins, eingetragene Genossenschaft mit beschränkter Haftpflicht zu Yburg unter Nr. 46 der Liste eingetragen, beantragt zur Sicherung seines Ausscheidens zum 31. Dezember 1900, nachdem die Kündigung rechtzeitig erfolgt ist, eine Vormerkung einzutragen.

Yburg, den 15. Oktober 1900. Jakob Frisch.

b) des Gläubigers:

Unterzeichneter beantragt, zur Sicherung des Ausscheidens des Mitgliedes des Vorschußvereins, eingetragene Genossenschaft mit unbeschränkter Haftpflicht zu Yburg Schreiner Felix Blau (Nr. 47 der Liste) zum 31. Dezember 1900 eine Vormerkung einzutragen. Die Kündigung ist nach Maßgabe des § 66 des Genossenschaftsgesetzes rechtzeitig erfolgt.

Yburg, den 15. Oktober 1900. Ferdinand Mohr, Möbelhändler.

c) des Erben:

Unterzeichneter beantragt zur Sicherung des Ausscheidens der Erben des am 6. Juli 1900 verstorbenen Tischlers Moritz Roth, Mitgliedes des Vorschußvereins,

§ 45. Die Eintragung.

Durch den Registerführer ist auf die Verfügung des Richters einzutragen in Sp. 7 der Tag der Eintragung der Vormerkung, und in Sp. 8 der Thatbestand der Vormerkung und der verlangte Zeitpunkt des Ausscheidens. Dieser ist bei der Vormerkung des Ausscheidens durch Uebertragung des Geschäftsguthabens der Tag der Eintragung der Vormerkung, sonst der 31. Dezember desselben Jahres.*)

Antragsteller und Vorstand sind von der Eintragung der Vormerkung oder von deren Versagung zu benachrichtigen; ist die Vormerkung von einem Gläubiger beantragt, erhält auch der Genosse Nachricht. Bei der Versagung der Eintragung sind dem Antragsteller auch die Gründe mitzutheilen (A.V. § 3 Abs. 3). Die Benachrichtigung von der Eintragung erfolgt in gleicher Weise wie die von der Eintragung des Erwerbs der Mitgliedschaft oder des Ausscheidens. Die eingereichten Urkunden sind mit der laufenden Nummer, unter welcher der Genosse in die Liste eingetragen ist, zu versehen und aufzubewahren. In den Akten ist bei der Verfügung die Erledigung und der Tag der Erledigung zu vermerken (A.V. § 27 Abs. 4).

Muster für die Eintragungsverfügung.

[Form. 13.]

1) In die Liste der Genossen [des Vorschussvereins, eingetragene Genossenschaft mit unbeschränkter Haftpflicht zu Zburg] ist einzutragen:

Nr. 46 (Jacob Frisch) Sp. 7. 20. Oktober 1900, Sp. 8. Vorgemerkt: Kündigung zum 31. Dezember 1900.

Nr. 21 (Moritz Roth) Sp. 7. 20. Oktober 1900, Sp. 8. Vorgemerkt zum 31. Dezember 1900. Verstorben 6. Juli 1900.

Nr. 17 (Albert Blau) Sp. 7. 20. Oktober 1900, Sp. 8. Vorgemerkt zum 20. Oktober 1900. Uebertragung des Guthabens an Stephan Weiss Nr. 19 der Liste der Genossen.

2) Nachricht von der Vormerkung den Antragstellern und dem Vorstande.**)

3) Mit den Urkunden ist nach A.V. § 27 Abs. 4 zu verfahren.

Zburg, 20. Oktober 1900.

---

eingetragene Genossenschaft mit unbeschränkter Haftpflicht zu Zburg (Nr. 21 der Liste der Genossen) zum 31. Dezember 1900 eine Vormerkung einzutragen.

Zburg, den 15. Oktober 1900. Tischler Rudolf Roth als Erben.

*) Wird der Antrag auf Vormerkung erst nach dem Schluß des Geschäftsjahres gestellt, zu welchem das Ausscheiden beansprucht wird, so dürfte — ausgenommen im Fall des Todes — es angemessener sein, in Kol. 8 als Zeitpunkt des Ausscheidens den Schluß des Geschäftsjahres vorzumerken, innerhalb dessen die Eintragung der Vormerkung erfolgt, da ja eine Zurückdatirung des Ausscheidens auf den Schluß des Vorjahres nicht möglich ist (G.G. § 70).

**) Ueber die Benachrichtigungen vgl. oben § 32 Anm.

VIII. Die Umwandlung der Vormerkung in eine definitive Eintragung.

§ 46. Voraussetzungen.

Die Umwandlung der Vormerkung in eine definitive Eintragung erfolgt auf Grund eines Anerkenntnisses des Ausscheidens durch den Vorstand oder einer rechtskräftigen Verurtheilung der Genossenschaft zur Anerkennung des Ausscheidens (G.G. § 71 Abs. 2).

Die Umwandlung kann sowohl von dem Vorstand, wie von dem Antragsteller der Vormerkung herbeigeführt werden und zwar entweder schriftlich oder persönlich vor dem Gericht. Im Falle der schriftlichen Einreichung des Anerkenntnisses durch den Antragsteller muß dieses beglaubigt sein; es genügt aber Beglaubigung der Unterschriften (A.V. § 8). Das Anerkenntniß muß von dem Vorstand in der für rechtsverbindliche Willenserklärungen des Vorstandes vorgeschriebenen Form ausgestellt sein.*)

Der Richter hat nur zu prüfen, ob das Anerkenntniß formgerecht ist, nicht ob dasselbe thatsächlich richtig ist.

Bei Einreichung der rechtskräftigen Verurtheilung des Vorstandes zur Anerkennung ist eine Ausfertigung des Urtheils vorzulegen.

§ 47. Die Einreichung des Anerkenntnisses bezw. des Urtheils.

Die Einreichung erfolgt in der im vorigen Paragraph angegebenen Form.

Als Muster für das persönliche Anerkenntniß durch den Vorstand diene folgendes:

[**Form. 14.**]

Königliches Amtsgericht.**) Zburg, 15. Dezember 1900.

[Im Uebrigen Kopf und Schluß wie im Formular 7. Die Vorstandsmitglieder Georg Scherer, Martin Herwig.]

geben das Anerkenntniss ab, dass der Schlosser Jacob Frisch, Nr. 46 der Liste der Genossen, zum 31. Dezember 1900 aus der Genossenschaft ausscheidet und beantragen die Umwandlung der Vormerkung in eine definitive Eintragung u. s. w.

Im Fall nicht der Vorstand, sondern der Genosse selbst oder dessen Gläubiger oder dessen Erbe vor Gericht erscheint, ist von ihm das Protokoll aufzunehmen, Inhalts dessen er

---

*) Muster für ein Anerkenntniß. Zburg, 15. Juli 1900.
Wir erkennen an, daß der Schlosser Jacob Frisch, eingetragen unter Nr. 46 der Liste der Genossen, aus dem Vorschußverein, eingetragene Genossenschaft mit unbeschränkter Haftpflicht, zum 31. Dezember 1900 ausscheidet.
Vorschußverein, eingetragene Genossenschaft mit unbeschränkter Haftpflicht.
Georg Scherer. Martin Herwig.
Die Richtigkeit der Unterschriften beglaubigt der Gemeindevorsteher N. N.
(Siegel.)

**) Vgl. A.V. § 7 Abs. 3; es wird ein Protokoll nothwendig sein.

beglaubigtes Anerkenntniss des Vorstandes des Vorschussvereins, eingetragene Genossenschaft mit unbeschränkter Haftpflicht überreicht, dass er (bezw. der Schuldner) zum 31. Dezember 1900 aus der Genossenschaft ausscheide und die Umwandlung der für ihn eingetragenen Vormerkung in eine definitive Eintragung beantragt.

Muster für die schriftliche Einreichung s. Genossenschafts-Formular n.

§ 48. Die Unwirksamkeit der Vormerkung.

Wird die Eintragung der Vormerkung unwirksam, so ist durch eine beglaubigte Erklärung des Antragstellers oder durch ein gegen denselben ergangenes rechtskräftiges Urtheil festzustellen, daß ein Grund zum Ausscheiden nicht vorliegt. Die Unwirksamkeit der Vormerkung ist dann auf Antrag des Genossen bezw. des Antragstellers oder des Vorstandes in der letzten Spalte einzutragen. Das Verfahren bei Einreichung und Prüfung der Urkunden ist dasselbe wie bei der Umwandlung der Vormerkung in eine definitive Eintragung.*)

§ 49. Eintragung des Ausscheidens, Löschung der Vormerkung und Benachrichtigung.

Bei der definitiven Eintragung des Ausscheidens wird in Sp. 7 der Liste der Genossen der Tag der Eintragung des festgestellten Ausscheidens eingetragen. In Sp. 8 wird eingetragen, durch welchen Rechtsakt das Ausscheiden festgestellt ist, ob durch Anerkenntniß oder rechtskräftiges Urtheil.

Jetzt erst ist auch in Sp. 9 der Zeitpunkt des Ausscheidens einzutragen, der sich aus der Vormerkung in Sp. 8 und im Falle der vorgemerkten Uebertragung des Geschäftsguthabens aus Sp. 7 ergiebt (A.V. § 34 Abs. 4, § 35 Abs. 2). Ist dies Ausscheiden durch Uebertragung des Geschäftsguthabens (§ 76) vorgemerkt, und der Erwerber ist noch nicht Genosse, so darf die definitive Uebertragung und das Ausscheiden erst eingetragen werden, wenn auch der Beitritt des Genossen eingetragen werden kann (A.V. § 33 Abs. 3).

Von der Eintragung sowie von der Versagung sind sowohl der Vorstand wie der Genosse (bezw. die Erben und im Falle des § 66 der Gläubiger) zu benachrichtigen (§ 72 Abs. 1). Die Benachrichtigung von der Eintragung ist die Mittheilung des Ausscheidens. Bei der Benachrichtigung des Antragstellers von der Versagung der Eintragung sind die Gründe der Ablehnung anzugeben (A.V. § 3 Abs. 3). Die behufs der Eintragung des Ausscheidens eingereichten Urkunden sind

*) Weder das G.G., noch die A.V. enthalten Bestimmungen über die Unwirksamkeit der Vormerkung. Es werden daher die Bestimmungen des zweiten Absatzes des § 36 A.V. über Eintragungen, die aus andern Gründen als wegen eines Versehens des Gerichts unwirksam sind, sinngemäße Anwendung finden. Doch bedarf es nur einer Erklärung des Antragstellers, nicht auch des Vorstandes, da dieser ja einen Anspruch des Genossen auf Ausscheiden nicht behauptet hat.

mit der laufenden Nummer, unter welcher der Genosse in die Liste eingetragen ist, zu versehen und aufzubewahren (G.G. § 72 Abs. 2, A.V. § 27 Abs. 4). In den Akten ist bei der Verfügung die Erledigung derselben und der Tag der Erledigung zu vermerken. (A.V. § 2 Abs. 2). Die sämmtlichen auf den Genossen bezüglichen Eintragungen sind roth zu unterstreichen (A.V. § 10).

Wird die Vormerkung aufgehoben, so ist in Sp. 10 (A.V. § 36 Abs. 1) die Aufhebung der Vormerkung und deren Grund einzutragen. Im Uebrigen ist wie bei der definitiven Eintragung zu verfahren.

§ 50. Formulare für Verfügungen der Umschreibung und der Löschung der Vormerkung.

a) Umwandlung der Vormerkung in eine definitive Umschreibung. Dies Formular entspricht dem Formular 13.

[**Form. 15 a.**] Verfügung.

1) In die Liste der Genossen [des Vorschussvereins, eingetragene Genossenschaft mit unbeschränkter Haftpflicht zu Zburg] ist einzutragen:

Nr. 46 (Jac. Frisch) Sp. 7. 15. Dezember 1900, Sp. 8 anerkannt, Sp. 9. 31. Dezember 1900.

Nr. 21 (Moritz Roth) Sp. 7. 15. Dezember 1900, Sp. 8. Vorstand zum Anerkenntniss rechtskräftig verurtheilt, Sp. 9. 31. Dezember 1900.

Nr. 17 (Albert Blau) Sp. 7. 15. Dezember 1900, Sp. 8. Anerkannt, Sp. 9. 20. Oktober 1900.

2) Nachricht von der Umschreibung Vorstand und Antragsteller.

3) Mit den Urkunden ist nach A.V. § 27 Abs. 4 zu verfahren.

4) Zu Nr. 46, Nr. 21 und Nr. 17 der Liste der Genossen sind die sämmtlichen Eintragungen roth zu unterstreichen.

Zburg, 15. Dezember 1900.

b) Die Verfügung bei Unwirksamkeit der Vormerkung würde lauten:

[**Form. 15 b.**] Verfügung.

1) In die Liste der Genossen [des Vorschussvereins, eingetragene Genossenschaft mit unbeschränkter Haftpflicht zu Zburg] ist einzutragen:

Nr. 46 (Jac. Frisch) Sp. 10. Die Vormerkung ist aufgehoben in Folge Anerkenntniss vom 19. Dezember 1900. Eingetragen am 15. Dezember 1900.

Nr. 21 (Moritz Roth) Sp. 10. Die Vormerkung ist aufgehoben in Folge rechtskräftigen Urtheils. Eingetragen am 15. Dezember 1900.

2) Nachricht von der Eintragung dem Vorstande und dem Genossen.

3) Mit den Urkunden ist nach A.V. § 27 Abs. 4 zu verfahren.

Zburg, 15. Dezember 1900.

XI. Eintragungen mit der Wirkung einer öffentlichen Beurkundung.

§ 51. Vorbemerkung.

In Frage kommen hier die Eintragung der Vorstandsmitglieder und Liquidatoren und die Auflösung der Genossenschaft (§§ 29, 82 und 86 des Gesetzes, §§ 18, 20 A.V.). Während es sich in den zu I bis VIII behandelten Fällen um Eintragungen handelt, welche den eingetragenen Vorgängen Rechtswirksamkeit verleihen, handelt es sich hier um Eintragungen, die den eingetragenen Vorgängen „nur die im Interesse des Verkehrs erforderliche Offenkundigkeit zusichern und an den Mangel des Eintrags Rechtsfolgen zu Gunsten gutgläubiger Dritter knüpfen"*) (§ 29 des Gesetzes). Mittelbar dahin gehört auch eine Aenderung des Statuts rücksichtlich der Form für Willenserklärungen, sie erlangt Rechtswirksamkeit durch die Eintragung als Statutenänderung (G.G. § 16), ihre Wirksamkeit Dritten gegenüber ist aber abhängig von der Veröffentlichung (G.G. § 24).

A. Eintragungen mit Bezug auf den Vorstand.

§ 52. Eintragung der Vorstandsmitglieder.

Mit Bezug auf die Vorstandsmitglieder sind einzutragen:

1) jede Aenderung in der Zusammensetzung,

2) jede Beendigung der Vertretungsbefugniß eines Vorstandsmitgliedes.

Für die Liquidatoren gilt das Gleiche wie für die Vorstandsmitglieder (G.G. § 86).

§ 53. Anmeldung.

Die Anmeldung erfolgt durch sämmtliche Mitglieder des Vorstandes in Person oder schriftlich in beglaubigter Form (§§ 29, 157 Abs. 1 des Gesetzes); in letzterem Falle sind die Unterschriften zu beglaubigen (A.V. § 8 Abs. 1), es genügt Beglaubigung durch den Gemeindevorsteher oder die Polizeibehörde (A.V. § 8 Abs. 2). Muster für schriftliche Anmeldung s. Genossenschafts-Formular o.

Die Anmeldung hat zu erfolgen durch die im Amte verbliebenen und die neu hinzutretenden Mitglieder. Die ausgeschiedenen bezw. die, deren Vollmacht beendigt ist, haben bei der Anmeldung nicht mitzuwirken, da sie nicht mehr als Vorstandsmitglieder legitimirt sind. Das Erforderniß ihrer Mitwirkung bei der Anmeldung würde auch zu großen Schwierigkeiten führen, möglicherweise dieselbe verhindern.

Der Zeitpunkt der Anmeldung ist nach § 18 A.V. der Be-

*) Reichsgerichts-Entscheidungen Bd. IX S. 90.

ginn des Amtes. § 28 des Gesetzes schrieb vor, daß die Anmeldung „ohne Verzug" erfolgen muß. Es war dies nicht ganz korrekt, die A.V. stellte es richtig, und in der neuen Fassung des Gesetzes sind die Worte fortgefallen. Eine Anmeldung vor Beginn des Amtes hätte das Gericht abzulehnen, da das Genossenschaftsregister dann offenbar mit den thatsächlichen Verhältnissen im Widerspruch stände. Nach dem Gesetz von 1889 war auch die Wiederwahl zur Eintragung anzumelden, das Einf.Ges. z. H.G.B. Art. 10 IV hat dies mit Recht beseitigt.

Die Beendigung der Vertretungsbefugniß von Vorstandsmitgliedern ist alsbald nach dem Ausscheiden derselben anzumelden (A.V. § 18 Abs. 2). Als eine solche gilt auch eine vorläufige Enthebung durch den Aufsichtsrath.

Der Anmeldung ist beizufügen eine Abschrift der Urkunde über die Bestellung und im Falle der Amtsenthebung eine Abschrift des Beschlusses über dieselbe (§ 40 G.G.). Im Falle der schriftlichen Anmeldung ist auch die Zeichnung der neugewählten Vorstandsmitglieder in beglaubigter Form einzureichen. Bei persönlicher Anmeldung erfolgt die Zeichnung vor Gericht oder ist in beglaubigter Form einzureichen.

Nach jeder Richtung hin das Gleiche gilt auch für die Stellvertreter der Vorstandsmitglieder, mögen dieselben für einen bestimmten Fall oder ganz allgemein bestellt sein. Das Gesetz läßt keine Beschränkung der Vorstandsmitglieder nach Außen zu (weder nach Zeit noch nach Geschäftsbetrieb), eine solche darf auch nicht eingetragen werden (A.V. § 18 Abs. 3).

Erfolgt die Anmeldung persönlich und ergiebt die Prüfung (vgl. § 54), daß der Eintragung der Vorstandsmitglieder nichts im Wege steht, so ist ein Protokoll aufzunehmen nach dem nachfolgenden Muster.

[**Form. 16.**]

Königliches Amtsgericht.*)

Gegenwärtig Hoffmann, Amtsrichter, Xstadt, 20. Mai 1900.
Sorgsam, Registerführer.

An Gerichtsstelle erscheinen persönlich bekannt und verfügungsfähig:

1. Heinrich Hübner, Schlosser,
2. Karl Mettner, Maurer,
3. Wilhelm Luft, Fuhrmann,
4. Ferdinand Schall, Arbeiter,
5. Erich Rother, Gerichtssekretär — sämmtlich von hier —

und melden unter Beifügung einer Abschrift des in der ordnungsmässig berufenen Generalversammlung vom 17. Mai 1900, unter Beobachtung der Vorschriften des Statuts gefassten Beschlusses**) betreffend die Wahl eines Vorstandsmitgliedes zur Eintragung in das

*) Vgl. § 7 Abs. 3 ein Protokoll ist danach nothwendig.
**) Vgl. oben § 25.

Genossenschaftsregister des Konsumvereins Sparsamkeit, eingetragene Genossenschaft mit beschränkter Haftpflicht an:

dass der Lehrer Franz Sauer aus dem Vorstand ausgeschieden,*) und der Gerichtssekretär Erich Rother von hier in den Vorstand gewählt ist.

Das Vorstandsmitglied Erich Rother wird seine Unterschrift wie hierunter zeichnen.

V. g. u.

Heinrich Hübner. Karl Mettner. Wilhelm Luft.
Ferdinand Schall. Erich Rother.

Geschlossen.

Hoffmann. Sorgsam.

Das Protokoll über die Anmeldung der Beendigung der Vollmacht eines Vorstandsmitgliedes und die Bestellung eines Stellvertreters würde mit den entsprechenden Aenderungen eben so lauten. Es ist nicht dabei hervorzuheben, daß es sich um die Bestellung eines Stellvertreters handelt, denn für die Eintragung in das Genossenschaftsregister gilt der Stellvertreter als vollberechtigtes Vorstandsmitglied. **)

§ 54. Prüfung durch den Richter.

Der Richter hat zu prüfen:

1) ob bei der Anmeldung die hierfür nöthige Form beobachtet worden ist: Antrag durch sämmtliche im Amte befindliche Vorstandsmitglieder (Liquidatoren) persönlich oder schriftlich in beglaubigter Form (§ 157 G.G., § 8 A.V.). Im Falle persönlicher Anmeldung ist selbstverständlich auch die Identität des Anmeldenden festzustellen. Die Anmeldungen gehen von den neuen Vorstandsmitgliedern aus, die abgetretenen wirken hierbei nicht mit.***)

2) ob die Bestellung unter Beobachtung der statutarischen Vorschriften erfolgt ist. Dies muß aus der in Abschrift beizugebenden Bestellungsurkunde hervorgehen (§§ 11, 28, 84). Die Prüfung hat sich insbesondere darauf zu erstrecken, ob die im Statut vorgeschriebene Form der Wahl beobachtet, ferner ob die Vorstandsmitglieder bei der Anmeldung Mitglieder der Genossenschaft sind. Nur wenn die Vorstandsmitglieder sich selbst als Liquidatoren anmelden, ist keine Bestellungsurkunde vorzulegen (§ 83).

Die Annahme der Wahl ist nicht zu prüfen, denn dieselbe liegt in der Anmeldung.

3) Im Falle der Eintragung der Beendigung der Vertretungsbefugniß, ob der Beschluß des Aufsichtsraths bezw. der Generalversammlung in Abschrift eingereicht ist (§§ 40, 83).

Die Richtigkeit der angemeldeten Thatsachen hat der Richter nicht zu prüfen, gleichfalls nicht die Ordnungsmäßigkeit der Berufung

---

*) Kann auch heißen: „seines Amtes enthoben ist“ (§ 40 G.G.).

**) Reichsgerichts-Entscheidungen Bd. IX S. 90, A.V. § 18.

***) oben § 53.

der Generalversammlung, wenn Wahl u. s. w. durch dieselbe erfolgt ist (vgl. oben § 25). Wird z. B. zur Eintragung angemeldet, daß ein Vorstandsmitglied ausgeschieden sei, so hat der Richter diese angemeldete Thatsache einzutragen ohne in eine Prüfung derselben einzutreten.*) Wissentlich falsche Anmeldungen sind nach § 147 strafbar.

§ 55. Die Eintragung und die Veröffentlichung.

Eingetragen wird nur die Aenderung in der Zusammensetzung des Vorstandes sowie die Beendigung der Vertretungsbefugniß von Mitgliedern. Die Eintragung muß ohne Verzug erfolgen (A.V. § 2 Abs. 2). Weitere Thatsachen, durch wen die Bestellung erfolgt ist, wann die Vorstandsmitglieder gewählt sind u. s. w. hat die Eintragung nicht zu enthalten.

Wenn auch in der Anmeldung die Zeitdauer der Wahl angegeben ist, so ist doch diese nicht einzutragen, da in der Festsetzung der Zeitdauer eine nach § 27 Abs. 2 G.G. Dritten gegenüber unzulässige Einschränkung zu finden ist, und diese nach A.V. § 18 Abs. 3 nicht einzutragen ist. Nach erfolgter Eintragung ist in den Akten bei der Verfügung die Erledigung derselben und der Tag der Erledigung zu vermerken (A.V. § 2 Abs. 2).

Die Veröffentlichung hat sich wie die Eintragung auf die thatsächliche Veränderung im Vorstande zu beschränken.

§ 56. Formulare für Verfügung betreffend Eintragung von Vorstandsmitgliedern.

A. Muster für einfache Aenderung.

[Form. 17.] Verfügung.

1) In das Genossenschaftsregister ist bei Nr. 1 (Konsumverein Sparsamkeit, eingetragene Genossenschaft mit beschränkter Haftpflicht zu Xstadt) einzutragen:

Spalte 6 f: An Stelle des ausgeschiedenen Franz Sauer ist Erich Rother zu Xstadt zum Vorstandsmitgliede bestellt. Als Stellvertreter für den beurlaubten Heinrich Hübner ist Christoph Haupt zu Xstadt in den Vorstand gewählt.

Eingetragen am 21. Mai 1900 zufolge Verfügung vom selben Tage.**)

2) Der Expedition des Deutschen Reichsanzeigers und der Xstadter Tagespost ist folgende Bekanntmachung zu einmaliger Einrückung zu übersenden:

Bekanntmachung.

Bei dem Konsumverein Sparsamkeit, eingetragene Genossenschaft mit beschränkter Haftpflicht, zu Xstadt ist heute in das Genossenschaftsregister eingetragen: An Stelle des ausscheidenden

*) Vgl. Reichsgerichts-Entscheidungen Bd. I S. 242.

**) Der Vermerk ist von dem Gerichtsschreiber zu unterzeichnen. Bei der gerichtlichen Verfügung ist die erfolgte Eintragung zu vermerken (A.V. § 2 Abs. 2)

Franz Sauer ist Erich Rother zu Xstadt zum Vorstandsmitgliede bestellt, als Stellvertreter ist Christoph Haupt zu Xstadt in den Vorstand gewählt.

Xstadt, den 21. Mai 1900. Königliches Amtsgericht.

3) Nachricht vom Vorstande.*)

4) Die übergebenen Schriftstücke gehen zu den Akten.**)

Xstadt, 21. Mai 1900.

B. Muster für den Fall der vorläufigen Enthebung eines Vorstandsmitgliedes:

[Form. 18.] Verfügung.

1) In das Genossenschaftsregister ist bei Nr. 1 [Konsumverein Sparsamkeit, eingetragene Genossenschaft mit beschränkter Haftpflicht zu Xstadt] einzutragen:

Spalte 6f: Das Vorstandsmitglied Wilhelm Luft ist von seinen Geschäften vorläufig enthoben.

Eingetragen am 21. Mai 1900 zufolge Verfügung vom selben Tage.

2) Der Expedition des Deutschen Reichsanzeigers und der Xstadter Tagespost ist folgende Bekanntmachung zu einmaliger Einrückung zu übersenden:

Bekanntmachung.

Bei dem Konsumverein Sparsamkeit, eingetragene Genossenschaft mit beschränkter Haftpflicht zu Xstadt ist heute in das Genossenschaftsregister eingetragen: Das Vorstandsmitglied Wilhelm Luft ist von seinen Geschäften vorläufig enthoben. Eingetragen am 21. Mai 1900 zu folge Verfügung vom selben Tage.

Xstadt, den 21. Mai 1900. Königliches Amtsgericht.

3) Nachricht dem Vorstande.

4) Die übergebenen Schriftstücke gehen zu den Akten.

Xstadt, 21. Mai 1900.

C. Auflösung der Genossenschaft.

§ 57. Vorbemerkung.

Die Auflösung ist entweder eine freiwillige oder eine zwangsweise.

Die freiwillige Auflösung erfolgt:

1) durch Beschluß (G.G. § 78),

2) durch Zeitablauf (G.G. § 79).

In beiden Fällen wird die Eintragung auf Anmeldung des Vorstandes hin eingetragen.

Die zwangsweise bezw. gesetzliche Auflösung erfolgt

*) A.V. § 2.

**) A.V. § 13.

1) bei nicht dem Gesetze entsprechender Mitgliederzahl (G.G. § 80),
2) in Folge Konkurses (G.G. § 102).
3) in Folge eines in Gemäßheit des G.G. § 81 durchgeführten Verfahrens.

In diesen Fällen geschieht die Eintragung von Amtswegen.

a) Freiwillige Auflösung durch Beschluß und in Folge Zeitablaufs.

§ 58. Anmeldung.

Die sämmtlichen Mitglieder des Vorstandes haben die Anmeldung persönlich vor Gericht zu bewirken oder schriftlich in beglaubigter Form einzureichen. Die Beglaubigung hat sich nur auf die Unterschriften zu beziehen und kann außer durch das Gericht oder einen Notar auch durch den Gemeindevorsteher oder die Polizeibehörde erfolgen (A.V. § 8).

Die Thatsache der Auflösung und die Bestellung der ersten Liquidatoren ist stets anzumelden. Eine Abschrift des Beschlusses der Auflösung ist nicht beizufügen, die Eintragung hat allein auf Grund der Anmeldung zu erfolgen. Besorgen die Vorstandsmitglieder die Liquidation, so haben diese sich selbst als Liquidatoren anzumelden, andernfalls haben sie die bestellten Liquidatoren anzumelden (A.V. § 20 Abs. 2), in letzterem Falle ist eine Abschrift der Bestellungsurkunde beizufügen (G.G. § 84 Abs. 3). Gleichzeitig mit der Anmeldung haben die Liquidatoren ihre Unterschrift persönlich vor dem Gericht zu zeichnen, oder die Zeichnung in beglaubigter Form (wie oben) einzureichen (G.G. § 84 Abs. 2), besorgen die Vorstandsmitglieder die Liquidation, so ist die Zeichnung der Unterschrift nicht nothwendig.*)

Anzumelden ist auch eine über die Form, in welcher die Liquidatoren ihre Willenserklärungen kundzugeben und für die Genossenschaft zu zeichnen haben, insbesondere über die Zahl der Liquidatoren, welche dabei mitwirken müssen, getroffene Bestimmung (A.V. § 20 Abs. 3).

Diese Bestimmung muß in der Bestellungs-Urkunde enthalten sein.

Jede Aenderung der Liquidatoren sowie eine Beendigung ihrer Vollmacht z. B. durch Suspension ist durch die sämmtlichen im Amte befindlichen Liquidatoren zur Eintragung anzumelden.

§ 59. Prüfung des Richters.

Der Richter hat, wenn ihm die durch Beschluß erfolgte Auflösung angemeldet wird, nicht zu prüfen, ob die Voraussetzungen dieses Beschlusses vorhanden sind und derselbe ordnungsmäßig zu Stande gekommen ist. Der Beschluß wird dem Richter auch in Abschrift nicht

---

*) Parisius und Crüger S. 352.

vorgelegt. Der Richter hat nur eine Anmeldung zu beurkunden, und nicht einer Rechtshandlung Rechtswirksamkeit zu verleihen. Der Beschluß auf Auflösung wirkt auch ohne die Eintragung.

Sind besondere Liquidatoren bestellt, so hat der Richter die ihm in Abschrift vorliegenden Bestellungsurkunden zu prüfen. Es müssen mindestens zwei Liquidatoren bestellt sein. Sind die Liquidatoren durch das Statut bestimmt (§ 83 Abs. 1), so fehlt es natürlich an einer besonderen Bestellungsurkunde, der Hinweis der Vorstandsmitglieder auf das Statut genügt. Sind die Liquidatoren durch die Generalversammlung bestellt (§ 83 Abs. 1), so muß die Abschrift des Beschlusses beigefügt werden und in der Anmeldung ist die Erklärung abzugeben, daß derselbe statutengemäß gefaßt ist (vgl. oben § 25).

Eine zur Anmeldung kommende Bestimmung über die Form der Zeichnung muß sich aus der Bestellungsurkunde ergeben (§ 85).

Bei Anmeldung der Auflösung in Folge Zeitablaufs hat der Richter zu prüfen, ob die statutarisch festgesetzte Frist abgelaufen ist.

Muster für schriftliche Anmeldung s. Genoss.-Form. q, r, s.

Erfolgt die Anmeldung persönlich und giebt dieselbe zu keiner Beanstandung Veranlassung, so ist folgendes Protokoll aufzunehmen:

[**Form. 19.**]

Königliches Amtsgericht.*) Xstadt, 15. September 1900.

Gegenwärtig Hoffmann, Amtsrichter,
Sorgsam, Registerführer.

An Gerichtsstelle erscheinen persönlich bekannt und durch das Genossenschaftsregister legitimirt als Vorstandsmitglieder des Konsumvereins Sparsamkeit, eingetragene Genossenschaft mit beschränkter Haftpflicht

1. Heinrich Hübner, Schlosser,
2. Karl Mettner, Maurer,
3. Ferdinand Schall, Arbeiter — sämmtlich von hier —

und melden zur Eintragung an, dass der Konsumverein Sparsamkeit, eingetragene Genossenschaft mit beschränkter Haftpflicht durch den unter Beobachtung der Vorschriften des Statuts **) gefassten Beschluss der ordnungsmässig berufenen Generalversammlung vom 12. September 1900 aufgelöst ist.

Die Liquidation wird durch den bisherigen Vorstand erfolgen.

V. g. u.

Heinrich Hübner. Karl Mettner. Ferdinand Schall.

Geschlossen

Hoffmann. Sorgsam.

Soll die Liquidation durch besondere Liquidatoren erfolgen, so würde in das Protokoll statt des Satzes: „Die Liquidation wird durch den bisherigen Vorstand erfolgen" Folgendes aufzunehmen sein:

---

*) Es genügt kein Vermerk nach A.V. § 7 Abs. 3.

**) Vgl. oben § 25.

Der Vorstand überreicht sodann Abschrift der in der ordnungsmässig berufenen Generalversammlung vom 12. September 1900 unter Beobachtung der Vorschriften des Statuts*) gefassten Beschlusses über die Bestellung von Liquidatoren und erklärt:

Zu Liquidatoren sind
der Kaufmann Karl Müller,
der Rentner Ernst Schulz — beide von hier —
von der Generalversammlung gewählt.

V. g. u.
(wie oben.)

Die gleichfalls anwesenden Liquidatoren
der Kaufmann Karl Müller,
der Rentner Ernst Schulz,
legitimirt durch die Vorstandsmitglieder und verfügungsfähig, werden ihre Unterschrift wie hierunter zeichnen.

V. g. u.
Karl Müller. Ernst Schulz.

Geschlossen
Hoffmann. Sorgsam.

§ 60. Eintragung und Veröffentlichung.

In das Genossenschaftsregister sind einzutragen:
a) die Thatsache der Auflösung, die Bestellung der Liquidatoren,
b) die Form der Willenserklärung, falls über dieselbe etwas bestimmt ist.

In den Akten ist bei der Verfügung die Erledigung und der Tag der Erledigung zu vermerken (A.V. § 14). Von der Eintragung sind die Liquidatoren zu benachrichtigen (A.V. § 3).

Die Veröffentlichung der Eintragung hat in Gemäßheit des § 156 G.G. zu erfolgen.

§ 61. Eingreifen des Richters in die Liquidation.

In § 83 G.G. ist dem Gericht unter bestimmten Voraussetzungen das Recht gegeben, Liquidatoren zu bestellen und abzuberufen. Einen weiteren Einfluß auf die Liquidation aber hat der Richter ebenso wenig wie auf die Geschäftsführung der Genossenschaft vor ihrer Auflösung. Es gelten hier die gleichen Grundsätze, die das Reichsgericht mit Bezug auf das Verhalten des Registerrichters zur offenen Handelsgesellschaft**) ausgesprochen hat: es ist dem Gericht nirgends die Befugniß ertheilt, in den Betrieb der Gesellschaftsgeschäfte, sei es vor der Auflösung der Gesellschaft, sei es im Liquidationsstadium, einzugreifen. Die Befugniß hierzu kann auch nicht etwa aus jener Befugniß (Liquidatoren zu ernennen) hergeleitet werden, denn beide Befugnisse erscheinen als etwas generisch Verschiedenes, jene umfaßt nicht

*) Vgl. oben § 25.
**) Reichsgerichts-Entscheidungen Bd. XII S. 34.

etwa diese als die engere; für ein argumentum a majori ad minus liegen daher die Voraussetzungen nicht vor.

Die Bestellung und Abberufung von Liquidatoren durch das Gericht kann nur auf Antrag erfolgen — nie von Amtswegen.

Der Antrag des Aufsichtsraths muß ergeben, daß ein Beschluß des Aufsichtsraths vorliegt. Besondere Förmlichkeiten wie Beglaubigung u. s. w. verlangt das Gesetz nicht.

Der Richter kann verlangen, daß sich die Antragsteller als Aufsichtsrathsmitglieder legitimiren, dies wird durch Abschrift der betreffenden Wahlprotokolle geschehen. Der von den Mitgliedern ausgehende Antrag ist von der erforderlichen Anzahl Mitglieder zu unterschreiben. Eine Beglaubigung der Unterschriften ist nicht erforderlich. Der Antrag ist zu begründen, denn das Gericht beschließt nach freiem Ermessen. Der Bescheid ist demjenigen oder denjenigen zuzustellen, die den Antrag überreicht haben.

Die vom Gericht bestellten Liquidatoren müssen ihre Bestellung anmelden und ihre Unterschriften vor Gericht zeichnen oder in beglaubigter Form einreichen.

Die Löschung der abberufenen Liquidatoren hat das Gericht von Amtswegen vorzunehmen und zu veröffentlichen.

§ 62. Muster der Verfügung auf Anmeldung der freiwilligen Auflösung u. s. w.

[Form. 20.] Verfügung.

1) In das Genossenschaftsregister ist bei Nr. 1 [Konsumverein Sparsamkeit, eingetragene Genossenschaft mit beschränkter Haftpflicht] einzutragen:

Spalte 7: Die Genossenschaft ist durch Beschluss der Generalversammlung vom 12. September 1900 [oder: durch Ablauf der im Statut bestimmten Zeit] aufgelöst. Die Liquidation erfolgt durch den Vorstand [oder: Zu Liquidatoren sind bestellt der Kaufmann Karl Müller und der Rentner Ernst Schulz]. *)

Eingetragen am 16. September 1900 zufolge Verfügung vom selben Tage. **)

2) Den Expeditionen des Deutschen Reichsanzeigers und der Xstadter Tagespost ist folgende Bekanntmachung zu einmaliger Einrückung zu übersenden:

Bekanntmachung.

In das Genossenschaftsregister ist heute bei Nr. 1 Konsumverein Sparsamkeit, eingetragene Genossenschaft mit beschränkter Haftpflicht eingetragen worden: Die Genossenschaft ist [u. s. w. wörtlich wie oben zu 1) bis Rentner Ernst Schulz].

Xstadt, 16. September 1900. Königliches Amtsgericht.

---

*) Ist eine Bestimmung über die Form der Zeichnungen der Liquidatoren getroffen, so ist auch diese einzutragen und zu veröffentlichen.

**) Unterschrift nach A.V. § 14 und Vermerk nach A.V. § 2 Abs. 2 bei der Verfügung.

3) Nachricht den Liquidatoren.*)

4) Die übergebenen Schriftstücke gehen zu den Akten.

5) Mit den Belagsnummern der Zeitungen, event. in 14 Tagen wieder vorzulegen.

Xstadt, den 16. September 1900.

§ 63. Beendigung der Liquidation.

Die Beendigung der Liquidation als solche ist nicht einzutragen, nur die Beendigung der Vollmacht der Liquidatoren ist von diesen zur Eintragung in das Genossenschaftsregister anzumelden, von dem Gericht einzutragen und zu veröffentlichen (G.G. § 84 Abs. 1, § 156, A.V. § 21 Abs. 1).

Die Anmeldung zur Eintragung erfolgt, sobald mit der vollständigen Vertheilung des Gesellschaftsvermögens die Liquidation beendigt ist. Weder Gesetz noch Ausführungsverordnung legen den Liquidatoren dem Registergericht gegenüber den Nachweis auf, daß die Voraussetzung für die Eintragung gegeben ist. Das Gericht hat daher ohne jede weitere Prüfung die Anmeldung entgegenzunehmen und die Richtigkeit derselben der Verantwortung der Liquidatoren zu überlassen (§ 90 Abs. 3).

Muster für schriftliche Anmeldung Genossensch.-Form. t.

Muster für die Anmeldung vor Gericht.

[Form. 21.]

Königliches Amtsgericht.**)

Gegenwärtig Hoffmann, Amtsrichter, Xstadt, 20. September 1900.
Sorgsam, Registerführer.

An Gerichtsstelle erscheinen, persönlich bekannt und durch das Genossenschaftsregister als Liquidatoren des Konsumvereins Sparsamkeit, eingetragene Genossenschaft mit beschränkter Haftpflicht legitimirt:

1. Kaufmann Karl Müller,
2. Rentner Ernst Schulz,

und melden behufs Eintragung in das Genossenschaftsregister an, dass ihre Vollmacht als Liquidatoren nach vollständiger Vertheilung des Genossenschaftsvermögens erloschen ist. Zugleich beantragen sie diejenige Person zu bestimmen, welcher die Bücher und Schriften der aufgelösten Genossenschaft in Verwahrung zu geben sind. (Sie schlagen dazu den früheren Vorsitzenden Schlosser Heinrich Hübner vor.)

V. g. u.

Karl Müller. Ernst Schulz.

Geschlossen

Hoffmann. Sorgsam.

---

*) A.V. § 3.

**) Ein Vermerk genügt nicht, A.V. § 7 Abs. 3.

Hierauf verfügt der Richter, daß die Beendigung der Vollmacht der Liquidatoren einzutragen ist, daß von der Eintragung die Liquidatoren zu benachrichtigen sind (A.V. § 3 Abs. 1) und daß die Eintragung zu veröffentlichen ist (G.G. § 156).

Nach dieser Eintragung sind die sämmtlichen auf die Genossenschaft bezüglichen Eintragungen roth zu unterstreichen (A.V. § 10).

Das Gericht hat auf Antrag der Liquidatoren „in Ermangelung einer Bestimmung des Statuts oder eines Beschlusses der Generalversammlung" eine Person zu bestimmen, der nach Beendigung der Liquidation die „Bücher und Schriften der aufgelösten Genossenschaft" zu übergeben sind (§ 93 G.G.).

Diese Pflicht des Gerichts wird auch dann bestehen, wenn die im Statut oder durch Beschluß der Generalversammlung bestimmte Person die Bücher u. s. w. nicht annimmt. Die Kosten für die Aufbewahrung sind von der liquidirenden Genossenschaft zu tragen.*)

Die spätere Einsicht der Bücher durch „die Genossen und deren Rechtsnachfolger" erfolgt auf Grund einer Verfügung des Gerichts (§ 93). Das Gericht hat zu prüfen, ob für die Einsicht der Bücher ein Erforderniß vorliegt und entscheidet nach freiem Ermessen.

§ 64. Formular für die Verfügung bei Schluß der Liquidation.

[Form. 22.] Verfügung.

1) In das Genossenschaftsregister ist bei Nr. 1 [Konsumverein Sparsamkeit, eingetragene Genossenschaft mit beschränkter Haftpflicht] einzutragen:

Spalte 7: Nach vollständiger Vertheilung des Genossenschaftsvermögens ist die Vollmacht der Liquidatoren erloschen.

Eingetragen am 20. September 1900 zufolge Verfügung vom selben Tage.**)

2) Den Expeditionen des Deutschen Reichsanzeigers und der Xstadter Tagespost ist folgende Bekanntmachung zu einmaliger Einrückung zu übersenden:

Bekanntmachung.

In das Genossenschaftsregister ist heute bei Nr. 1 [Konsumverein Sparsamkeit, eingetragene Genossenschaft mit beschränkter Haftpflicht] eingetragen: Nach vollständiger (u. s. w. wörtlich wie zu 1 bis) erloschen.

Xstadt, 20. September 1900. Königliches Amtsgericht.

3) Sämmtliche auf die Genossenschaft bezüglichen Eintragungen sind roth zu unterstreichen.

4) Die übergebenen Schriftstücke gehen zu den Akten.

5) Mit den Belegnummern der Zeitungen, event. in 14 Tagen.

6) Den Liquidatoren Nachricht zugleich unter der Mittheilung,

---

*) Parisius und Crüger S. 365.

**) Unterschrift nach A.V. § 14 und Vermerk nach A.V. § 2 Abs. 2 bei der Verfügung.

dass die sämmtlichen Bücher und Schriften dem früheren Vorsitzenden Schlosser Heinrich Hübner zur Verwahrung auf die Dauer von zehn Jahren zu übergeben sind.

7) Der Schlosser Heinrich Hübner ist in Kenntniss zu setzen, dass das Gericht ihn auf Grund § 93 des Genossenschaftsgesetzes mit der Verwahrung der Bücher und Schriften des aufgelösten Konsumvereins Sparsamkeit, eingetragene Genossenschaft mit beschränkter Haftpflicht auf die Dauer von zehn Jahren beauftragt und dass den Liquidatoren Kaufmann Karl Müller und Rentner Ernst Schulz aufgegeben ist, ihm diese Bücher und Schriften zu übergeben.

8) Die Registerakten sind fortzulegen; in dem Verzeichniss der fortgelegten Akten ist zu vermerken, dass sie nach Ablauf von dreissig Jahren vernichtet werden können.*)

Xstadt, 20. September 1900.

b) Zwangsweise Auflösung.

§ 65. Herabsinken der Mitgliederanzahl unter sieben.

Das Verfahren bei der Auflösung ist in § 80 geregelt, die Auflösung wird durch Beschluß des Gerichts ausgesprochen. Von Amtswegen ist die Auflösung erst, wenn nach Ausweis der gerichtlichen Liste der Genossen die Zahl derselben sechs Monate lang weniger als sieben betragen hat, und nur nach Anhörung des Vorstandes, also nachdem diesem zur mündlichen oder schriftlichen Erklärung Gelegenheit gegeben ist, auszusprechen. Glaubt das Gericht nach der Erklärung des Vorstandes annehmen zu können, daß in kurzer Zeit die Zahl der Genossen der gesetzlichen Bestimmung (§ 4) entsprechen wird, so wird es das Auflösungsverfahren einstellen. Ist das Auflösungsverfahren dagegen auf Antrag des Vorstandes eingeleitet, so muß dem Antrage stattgegeben werden, wenn die Zahl der Genossen weniger als sieben beträgt. Der Antrag des Vorstandes ist in der für die Willenserklärungen des Vorstandes vorgeschriebenen Form zu stellen, insbesondere also unter Mitwirkung der hiernach erforderlichen Zahl von Mitgliedern. Ist der Auflösungsbeschluß rechtskräftig geworden, so verfügt der Registerrichter die Eintragung, die Benachrichtigung des Vorstandes und die Veröffentlichung der Eintragung.

Der Beschluß kommt zu den Registerakten, und bei der Eintragungsverfügung ist die Erledigung derselben sowie der Tag der Erledigung zu vermerken (A.V. § 14).

Von der Eintragung ist der Vorstand zu benachrichtigen (A.V. § 3 Abs. 1).

Demnächst beginnt das Liquidationsverfahren in der gleichen Weise wie nach einer durch Beschluß der Generalversammlung herbeigeführten Auflösung. Der Vorstand hat die Liquidatoren anzu-

---

*) A.V. § 25.

melden und wenn ein Beschluß über die Zeichnung der Liquidatoren gefaßt ist, die Form der Zeichnung, die Liquidatoren haben vor dem Gericht ihre Unterschrift zu zeichnen bezw. dieselbe in beglaubigter Form einzureichen, jede Veränderung der Liquidatoren oder Beendigung ihrer Vollmacht ist anzumelden. Auch die eventuelle Mitwirkung des Gerichts bei der Ernennung und Abberufung der Liquidatoren ist die gleiche wie bei der freiwilligen Auflösung.

Da die Beendigung der Liquidation betreffenden Anmeldungen, Eintragungen und Veröffentlichungen, Benachrichtigungen u. s. w. erfolgen wieder in der gleichen Weise wie bei der freiwilligen Auflösung.

§ 66. Verfügung bei Auflösung wegen Herabsinkens der Mitgliederzahl.

[Form. 23.] Verfügung.

1) In das Genossenschaftsregister ist bei Nr. 3 (Produktivgenossenschaft der Schneider zu Zburg, eingetragene Genossenschaft mit beschränkter Haftpflicht) einzutragen:

Spalte 7: Die Genossenschaft ist durch rechtskräftigen Beschluss des Gerichts vom 1. März 1900*) aufgelöst.

Eingetragen am 19. April 1900 zufolge Verfügung vom selben Tage.**)

2) Die Expeditionen des Deutschen Reichsanzeigers zu Berlin und der Zburger Zeitung zu Zburg sind um einmalige Einrückung folgender Bekanntmachung zu ersuchen:

Bekanntmachung.

In das Genossenschaftsregister ist heute unter Nr. 3 Produktivgenossenschaft der Schneider zu Zburg, eingetragene Genossenschaft mit beschränkter Haftpflicht eingetragen: Die Genossenschaft ist durch rechtskräftigen Beschluss des Gerichts vom 1. März 1900***) aufgelöst.

Zburg, 19. April 1900. Königliches Amtsgericht.

3) Der Vorstand ist von der Eintragung zu benachrichtigen.

4) Der Beschluss vom 1. März 1900 geht zu den Registerakten.

5) Mit den Belagnummern der Zeitungen, event. in 14 Tagen wieder vorzulegen.

Zburg, 19. April 1900.

---

*) Wir würden, mit Rücksicht auf den Kredit der Genossen empfehlen, obschon es nicht nöthig ist, hier einzuschieben entweder „auf Grund des § 80 des Gesetzes" oder noch besser „wegen zu geringer Mitgliederzahl".

**) Unterschrift nach A.V. § 14 und Vermerk nach A.V. § 2 Abs. 2 bei der Verfügung.

***) Es ist hier vorausgesetzt, daß eine Beschwerde nicht erhoben ist (vgl. G.G. § 80 Abs. 2).

§ 67. Auflösung durch Entscheidung des Verwaltungsgerichts oder der Verwaltungsbehörde (§ 81 G.G.)

Die Eintragung der Auflösung erfolgt auf Grund der von der ersten Instanz der genannten Behörde dem Registergericht mitzutheilenden rechtskräftigen Entscheidung, durch welche die Auflösung ausgesprochen ist (A.V. § 20 Pos. 2).

Die Entscheidung geht zu den Registerakten, und bei der Eintragungsverfügung ist die Erledigung derselben, sowie der Tag der Erledigung zu vermerken (A.V. § 14).

Von der Eintragung ist der Vorstand zu benachrichtigen (A.V. § 3). Die Eintragung ist zu veröffentlichen (G.G. § 156).

Die Liquidation geht in derselben Weise vor sich, wie in den vorher behandelten Fällen der Auflösung.

§ 68. Verfügung bei Auflösung durch die Verwaltungsbehörde.

[Form. 24.] Verfügung.

1) In das Genossenschaftsregister ist bei Nr. 4 [Produktivgenossenschaft der Schneider, eingetragene Genossenschaft mit beschränkter Haftpflicht zu Zburg] einzutragen:

Spalte 7: Die Genossenschaft ist durch rechtskräftiges Urtheil des Bezirksausschusses vom 4. Oktober 1900 aufgelöst.

Eingetragen am 8. Dezember 1900 durch Verfügung vom selben Tage.*)

2) Die Expeditionen des Deutschen Reichsanzeigers zu Berlin und der Zburger Zeitung zu Zburg sind um einmalige Einrückung folgender Bekanntmachung zu ersuchen:

Bekanntmachung.

In das Genossenschaftsregister ist heute bei Nr. 4 (Produktivgenossenschaft der Schneider, eingetragene Genossenschaft mit beschränkter Haftpflicht) eingetragen:

Die Genossenschaft ist durch rechtskräftiges Urtheil des Bezirksausschusses zu Magdeburg vom 4. Oktober 1900 aufgelöst.

Zburg, 8. Dezember 1900. Königliches Amtsgericht.

3) Der Vorstand ist von der Eintragung zu benachrichtigen.
4) Das Urtheil vom 4. Oktober 1900 geht zu den Registerakten.
5) Mit den Belagnummern der Zeitungen event. in 14 Tagen wieder vorzulegen.

Zburg, 8. Dezember 1900.

§ 69. Konkurs der Genossenschaft.

Die Eintragung der Auflösung erfolgt auf Grund der Mittheilung des Gerichtsschreibers des Konkursgerichts (A.V. § 20 Pos. 2).

Eine Veröffentlichung dieser Eintragung findet **nicht** statt (§ 102

*) Unterschrift nach A.V. § 14 und Vermerk nach A.V. § 2 Abs. 2 bei der Verfügung.

G.G.). Die Eröffnung des Konkursverfahrens hat die Auflösung der Genossenschaft zur Folge (§ 101). Von der Eintragung ist der Vorstand zu benachrichtigen (A.V. § 3 Abs. 1). Das weitere Verfahren wird durch das Konkursgericht betrieben. Ein Liquidationsverfahren giebt es in diesem Falle nur selten, es müßte sich an das Konkursverfahren anschließen.*)

Das Registergericht enthält nur von der Aufhebung oder Einstellung des Konkursverfahrens durch das Konkursgericht Mittheilung, worauf dies in das Genossenschaftsregister eingetragen wird (A.V. § 21 Abs. 2), ohne aber daß diese Eintragung zu veröffentlichen ist.

Von der Eintragung ist der Vorstand zu benachrichtigen (A.V. § 3 Abs. 1). Die Mittheilung des Konkursgerichts wird zu den Akten genommen, bei der Eintragungsverfügung ist die Erledigung der Eintragung und der Tag der Erledigung zu vermerken (A.V. § 14). Die sämmtlichen auf die Genossenschaft bezüglichen Eintragungen sind roth zu unterstreichen (A.V. § 10).

Das gleiche Verfahren findet Anwendung, wenn der Konkurs während der Liquidation eröffnet wird. Ist bei der Mittheilung von der Konkurseröffnung eine die Liquidation betreffende Eintragung erfolgt, so muß diese Eintragung gleichwohl noch veröffentlicht werden (A.V. § 4).

Wegen der Aufbewahrung der Bücher und Schriften der Genossenschaft und der hierauf bezüglichen Mitwirkung des Gerichts greifen auch in diesem Falle die gleichen Bestimmungen Platz wie bei der freiwilligen Auflösung.

§ 70. Verfügungen des Registerrichters beim Konkurse der Genossenschaft.

a) Formular der Verfügung, die auf Mittheilung von der Konkurseröffnung zu erlassen ist.

[Form. 25.] Verfügung.

1) In das Genossenschaftsregister ist bei Nr. 4 [Produktivgenossenschaft der Schneider, eingetragene Genossenschaft mit beschränkter Haftpflicht zu Zburg] einzutragen:

Spalte 7: Ueber das Vermögen der Genossenschaft ist durch Beschluss des Königl. Amtsgerichts zu Zburg vom 16. April 1900 der Konkurs eröffnet.

Eingetragen am 18. April 1900 zufolge Verfügung vom selben Tage.**)

2) Nachricht dem Vorstande.***)

3) Diese Mittheilung des Konkursgerichts geht zu den Registerakten.

---

*) Parisius und Crüger S. 402.

**) Unterschrift nach A.V. § 14 und Vermerk nach A.V. § 2 Abs. 2 bei der Verfügung.

***) A.V. § 3.

4) Die sämmtlichen auf die Genossenschaft bezüglichen Eintragungen sind roth zu unterstreichen.*)

5) Die Registerakten sind fortzulegen; in dem Verzeichniss der fortgelegten Akten ist zu bemerken, dass sie nach Ablauf von dreissig Jahren vernichtet werden können.**)

Zburg, den 18. April 1900.

b) Formular der Verfügung bei Aufhebung des Konkursverfahrens.

[Form. 26.] Verfügung.

1) In das Genossenschaftsregister ist bei Nr. 4 [Produktivgenossenschaft der Schneider, eingetragene Genossenschaft mit beschränkter Haftpflicht zu Zburg] einzutragen:

Spalte 7: Durch Beschluss des Königlichen Amtsgerichts zu Zburg vom 10. November 1900 ist das Konkursverfahren aufgehoben.

Eingetragen am 13. November 1900 zufolge Verfügung vom selben Tage.

2) Nachricht dem Vorstande.

3) Der Eintragungsvermerk ist roth zu unterstreichen.

4) Die Nachricht des Konkursgerichts geht zu den Registerakten.

Zburg, 13. November 1900.***)

X. Unrichtige und unwirksame Eintragungen.
(A.V. § 36.)

§ 71. Vorbemerkung.

Der § 36 der A.V. mit der Ueberschrift „unwirksame Eintragungen" befindet sich in dem Abschnitt über die Eintragungen in die Liste der Genossen, bezieht sich also auch nur auf unwirksame Eintragungen in dieser Liste. Dementsprechend ist auch in beiden Absätzen des § 36 von Vermerken in der letzten (zehnten) Spalte die Rede. Dies würde nicht passen auf Vermerke in dem Genossenschaftsregister. Für dieses ist kein allgemeines Formular eingeführt, wie für die Liste der Genossen.

Es versteht sich von selbst, daß auch im Genossenschaftsregister Eintragungen, die auf einem Versehen des Gerichts beruhen, zu berichtigen sind, und daß wenn die Unwirksamkeit einer Eintragung aus anderen Gründen durch eine übereinstimmende Erklärung der Betheiligten oder durch rechtskräftiges Urtheil festgestellt ist, dies auf Antrag einzutragen ist (vgl. auch § 51 G.G. und § 24 A.V.).

---

*) A.V. § 10.
**) A.V. § 25.
***) Vgl. Anm. zu Formular 25.

§ 72. Unrichtige Eintragungen in die Liste der Genossen.

Unrichtige Eintragungen, welche auf einem Versehen des Gerichts beruhen, sind durch einen Vermerk in der letzten Spalte zu berichtigen (§ 36 Abs. 2). Unter „unrichtigen“ Eintragungen sind alle solche Eintragungen zu verstehen, die gar nicht hätten erfolgen sollen. Es ist gleichgiltig, ob das Versehen vom Richter und Registerführer oder nur von letzterem begangen ist. Die Löschung der unrichtigen Eintragung ist sofort zu bewirken, sobald das Versehen bemerkt ist; es bedarf dazu keines Antrages eines Betheiligten, selbst dann nicht, wenn zu dem Versehen ein irrthümlicher Antrag Anlaß gegeben hat.

Der Tag der Eintragung muß unter dem Vermerk angegeben werden, da keine besondere Spalte dafür vorhanden. Unterschrift ist nicht erforderlich. Bei der die Eintragung anordnenden Verfügung ist die Erledigung und der Tag der Erledigung zu vermerken. Eine Benachrichtigung ist erforderlich, wenn die Eintragung angezeigt worden ist.

§ 73. Unwirksame Eintragungen in die Liste der Genossen.

Unwirksame Eintragungen sind Eintragungen, deren Aufnahme beantragt war, die aber dem zu Grunde liegenden Rechtsverhältniß keine Rechtswirksamkeit verleihen können, weil dieses selbst ungültig ist, z. B. die Beitrittserklärung ist von einem Analphabeten ohne Beobachtung der gesetzlichen Bestimmungen unterschrieben; die Vormerkung entbehrt der thatsächlichen Grundlage; der Tod eines Genossen ist eingetragen und es stellt sich heraus, daß der Genosse noch am Leben ist.

In diesen Fällen ist die Unwirksamkeit der Eintragung in Sp. 10 einzutragen.

Nothwendig ist ein Antrag des Vorstandes, oder der bei der für unwirksam zu erklärenden Eintragung Betheiligten. Dem Antrage ist beizugeben entweder eine beglaubigte übereinstimmende Erklärung des Vorstandes und des bei der Eintragung Betheiligten, in der die Unwirksamkeit anerkannt wird — oder ein rechtskräftiges Urtheil, welches die Unwirksamkeit feststellt.

Eine Prüfung des Anerkenntnisses durch den Richter erfolgt nicht.

Für die Beglaubigung des Anerkenntnisses genügt die Beglaubigung der Unterschriften, und kann dieselbe durch den Gemeindevorsteher oder die Polizeibehörde erfolgen (analoge Anwendung von A.V. § 8).

Der Vorstand muß das Anerkenntniß in der für seine Willenserklärungen vorgeschriebenen Form abgeben, insbesondere also unter Mitwirkung der hiernach erforderlichen Zahl der Mitglieder.

Muster für den Antrag s. Genossensch.-Formular u.

Erscheinen beide Theile vor Gericht, so können sie auch das Anerkenntniß zu Protokoll erklären. Die Richtigkeit und rechtliche Zulässigkeit des Anerkenntnisses hat das Gericht nicht zu prüfen. Die Eintragung erfolgt in Sp. 10.

Eine Unterschrift der Eintragung ist nicht erforderlich.

Von der Eintragung sowie von der Versagung sind sowohl der Vorstand wie der bei der beantragten Eintragung Betheiligte zu benachrichtigen, im letzteren Falle sind beiden Theilen die Gründe der Ablehnung mitzutheilen. Erfolgt die Eintragung, so sind die behufs der Eintragung eingereichten Urkunden mit der laufenden Nummer, unter welcher der Genosse in die Liste eingetragen ist, zu versehen und aufzubewahren (A.V. § 27 Abs. 4). In den Akten ist bei der Verfügung die Erledigung derselben und der Tag der Erledigung zu vermerken (A.V. § 14).

§ 74. Formulare für die Berichtigung unwirksamer Eintragungen (A.V. § 36 Abs. 1).

A. I. Protokollarischer Antrag der Betheiligten.

[Form. 27.]

Königliches Amtsgericht.
Gegenwärtig Schulze, Amtsrichter. Zburg, den 6. Dezember 1900.
Freund, Registerführer.

An Gerichtsstelle erscheinen persönlich bekannt und verfügungsfähig:

1) Georg Scherer, Rentner,

2) Martin Herwig, Kaufmann — beide von hier —

als Vorstandsmitglieder des Vorschussvereins zu Zburg, eingetragene Genossenschaft mit unbeschränkter Haftpflicht, durch das Genossenschaftsregister legitimirt.

3) Wilhelm Meier, Schlossermeister von hier, Nr. 1 der Liste der Genossen desselben Vereins und erklärten übereinstimmend:

Wir erklären hiermit die Ungültigkeit der in der Liste der Genossen des Vorschussvereins zu Zburg, eingetragene Genossenschaft mit unbeschränkter Haftpflicht, bei Nr. 1 am 18. November 1900 erfolgten Eintragung, wonach der Schlossermeister Meier zufolge Aufkündigung zum 31. Dezember 1900 ausscheidet. Wir beantragen dies einzutragen.

V. g. u.

Georg Scherer. Martin Herwig. Wilhelm Meier.

Geschlossen.

Schulze. Freund.

A. II. Protokollarischer Antrag des betheiligten Genossen.*)

[Form. 28.]

(Ueberschrift und Schluß wie A. I.)

An Gerichtsstelle erscheint persönlich bekannt und verfügungsfähig:

---

*) Aufnahme eines Vermerks würde auch genügen nach A.V. § 7 Abs. 3.

Wilhelm Meier, Schlossermeister, von hier,
und beantragt unter Ueberreichung des beglaubigten Anerkenntnisses vom 5. Dezember 1900 die Ungültigkeit der in der Liste der Genossen bei Nr. 1 am 18. November 1900 erfolgten Eintragung, wonach er zufolge Aufkündigung zum 31. Dezember 1900 ausscheide.

V. g. u.
Wilhelm Meier.
(u. s. w. wie zu A. I.)

Die übergebene Anerkenntniß-Erklärung lautet:

Zburg, den 5. Dezember 1900.

Wir erklären hiermit die Ungültigkeit der bei dem Genossen Wilhelm Meier, Nr. 1 der Liste der Genossen, am 18. November 1900 erfolgten Eintragung, wonach er zufolge Aufkündigung zum 31. Dezember 1900 ausscheidet.

Vorschussverein zu Zburg, eingetragene Genossenschaft mit unbeschränkter Haftpflicht.
Wilhelm Meier. Georg Scherer. Martin Herwig.

Die Echtheit obiger Unterschriften beglaubigt
(L. S.) Christian Lustig, Gemeindevorsteher.

A. III. Protokollarischer Antrag nach ergangenem rechtskräftigen Urtheil.*)

[Form. 29.]

Königliches Amtsgericht. Zburg, den 5. Juli 1900.
Gegenwärtig Schulze, Amtsrichter,
Freund, Registerführer.

An Gerichtsstelle erscheint persönlich bekannt und verfügungsfähig:
der Tischlermeister Hermann Böttcher von hier,
überreicht Ausfertigung des in Sachen seiner wider den Vorschussverein zu Zburg, eingetragene Genossenschaft mit unbeschränkter Haftpflicht, ergangenen rechtskräftigen Urtheils des Königlichen Landgerichts zu Zburg vom 30. Mai 1900 und beantragt die Unwirksamkeit seines in die Liste der Genossen des genannten Vereins zu Nr. 2 am 4. Februar 1900 eingetragenen Beitritts einzutragen.

V. g. u.
Hermann Böttcher.

Geschlossen
Schulze. Freund.

B. Eintragungsverfügung auf A. I. II. und A. III.

I. Auf A. I. und II.

[Form. 30.] Verfügung.**)

1) In die Liste der Genossen [des Vorschussvereins zu Zburg, eingetragene Genossenschaft mit unbeschränkter Haftpflicht] ist zu Nr. 1 Spalte 10 einzutragen:

*) Vgl. Anm. S. 90.
**) Vgl. Anm. zu Form. 25.

Die Eintragung der Ausscheidung ist durch übereinstimmende Erklärung des Vorstandes und des Genossen Meier als unwirksam anerkannt.

Eingetragen am 6. Dezember 1900.

2) Nachricht dem Vorstande und dem Meier.

3) Dies Protokoll [nebst Anlage] ist als Anlage zu Nr. 1 der Liste aufzubewahren.

Zburg, 6. Dezember 1900.

II. Auf A. III.

[Form. 31.] Verfügung.*)

1) In die Liste der Genossen [des Vorschussvereins zu Zburg, eingetragene Genossenschaft mit unbeschränkter Haftpflicht] ist zu Nr. 2 Spalte 10 einzutragen:

Die Eintragung des Beitritts ist durch rechtskräftiges Urtheil für ungültig erklärt.

Eingetragen am 6. Juli 1900.

2) Nachricht dem Vorstande und dem Böttcher.

3) Das Protokoll nebst dem übergebenen Urtheil als Anlage zu Nr. 2 der Liste aufzubewahren.

Zburg, am 6. Juli 1900.

XI. Die Zweigniederlassung.**)

(G.G. § 14, A.V. § 19.)

§ 75. Anmeldung zur Eintragung.

Jede Zweigniederlassung muß***) bei dem Gerichte, in dessen Bezirke sie sich befindet, zur Eintragung angemeldet werden (G.G. § 14 Abs. 1). Die Anmeldung (G.G. § 157) muß durch sämmtliche Mitglieder des Vorstandes unter Beobachtung der Bestimmungen im G.G. § 14 Abs. 2 erfolgen, und zwar in Person oder schriftlich, letzteren Falls müssen die Unterschriften beglaubigt sein, Gemeindevorsteher oder Polizeibehörde sind für die Beglaubigung kompetent (A.V. § 8).

Befinden sich Haupt- und Zweigniederlassung im Bezirke desselben Registergerichts, so ist nur die Errichtung und der Ort der Zweigniederlassung, sowie gegebenen Falls die Aufhebung durch den Vorstand anzumelden und im Register bei der Hauptniederlassung einzutragen (A.V. § 19 Abs. 6).

---

*) Vgl. Anm. zu Form. 25.

**) Das Hauptkennzeichen der Zweigniederlassung ist, daß in ihr Geschäfte abgeschlossen werden, und zwar nicht nur nebensächliche, den Abschluß oder die Ausführung der wesentlichen Geschäfte unterstützende und erleichternde, sondern wesentliche zum eigentlichen Geschäftsgange der Hauptniederlassung gehörende und zwar nicht lediglich nach den von der Hauptniederlassung gegebenen Anweisungen und bestimmten Schematen abzuschließende Verträge, sondern mit einer gewissen Freiheit und Selbstständigkeit der Entschließung. Parisius und Crüger S. 101 ff.

***) Das Gericht hat, wenn eine Zweigniederlassung errichtet ist, durch Ordnungsstrafen den Vorstand zur Anmeldung derselben anzuhalten (G.G. § 160).

§ 76. Muster für Anmeldungsprotokoll.*)

A. Muster für die persönliche Anmeldung, wenn sich die Zweigniederlassung in dem Gerichtsbezirke der Hauptniederlassung befindet (A.V. 19 Abs. 6).

[Form. 31 a.]

Königliches Amtsgericht. Zburg, 1. April 1900.
Gegenwärtig Schulze, Amtsrichter,
Freund, Registerführer.

An Gerichtsstelle erscheinen persönlich bekannt
1. Georg Scherer, Rentner,
2. Martin Herwig, Kaufmann,
3. Michael Koch, Schneider von hier,
die Vorstandsmitglieder des Vorschussvereins, eingetragene Genossenschaft mit unbeschränkter Haftpflicht, und melden zur Eintragung an, dass in Rstedt eine Zweigniederlassung errichtet ist.

V. g. u.
Georg Scherer. Martin Herwig. Michael Koch.
Geschlossen
Schulze. Freund.

B. Muster für die Anmeldung der Zweigniederlassung, wenn sich dieselbe **nicht** in dem Gerichtsbezirke der Hauptniederlassung befindet (G.G. § 14, A.V. § 19 Abs. 1).

[Form. 31 b.]

Königliches Amtsgericht. Ystadt, 1. April 1900.
Gegenwärtig Meister, Amtsrichter.
Friedmann, Registerführer.

An Gerichtsstelle erscheinen persönlich bekannt
1. Georg Scherer, Rentner,
2. Martin Herwig, Kaufmann,
3. Michael Koch, Schneider aus Zburg,
die Vorstandsmitglieder des Vorschussvereins eingetragene Genossenschaft mit unbeschränkter Haftpflicht zu Zburg, legitimirt als solche durch eine Bescheinigung des Amtsgerichts zu Zburg, überreichen

1) zwei beglaubigte Abschriften des Statuts der genannten Genossenschaft,

2) eine beglaubigte Abschrift der Liste der Genossen,

und beantragen die Eintragung der in Ystadt errichteten Zweigniederlassung.

Die Vorstandsmitglieder erklären:

Das Statut der Genossenschaft datirt vom 15. Oktober 1900.

Die Firma der Genossenschaft ist „Vorschussverein eingetragene Genossenschaft mit unbeschränkter Haftpflicht“.

Die Genossenschaft hat ihren Sitz zu Zburg.

---

*) Protokoll-Vermerk würde nicht genügen (A.V. § 7 Abs. 3).

Gegenstand des Unternehmens ist der Betrieb von Bankgeschäften zum Zwecke der Beschaffung der im Gewerbe und Wirthschaft der Mitglieder nöthigen Geldmittel.

Die Bekanntmachungen der Genossenschaft erfolgen unter deren Firma mit Unterzeichnung zweier Vorstandsmitglieder durch die Zburger Zeitung, und, falls diese eingeht, bis die Generalversammlung ein anderes Blatt bestimmt, durch den Deutschen Reichsanzeiger.

Wir sind die Mitglieder des Vorstandes und zeichnen, wie hierunter geschehen ist.*)

V. g. u.

Georg Scherer. Martin Herwig. Michael Koch.

Geschlossen.

Meister. Friedmann.

§ 77. Prüfung des Gerichts.

Das Gericht hat nur zu prüfen, ob die nach § 14 des Gesetzes erforderlichen Urkunden vorhanden sind. Die Beglaubigung der Abschriften des Statuts und der Liste der Genossen muß gerichtlich oder notariell sein (A.V. § 8 Abs. 3). Ferner muß die Abschrift des Statuts auch die Abschrift des Eintragungsvermerks enthalten (A.V. § 19 Abs. 1).

Das Gericht hat nicht zu prüfen, ob thatsächlich eine Zweigniederlassung errichtet wird, oder falls der Geschäftsbetrieb bereits eröffnet ist, ob die Voraussetzungen einer Zweigniederlassung gegeben sind. Das Gericht hat nur zu prüfen, ob die Anmeldung ordnungsmäßig geschehen ist, ob die nothwendigen Urkunden eingereicht, ob die nach § 14 des G.G. erforderlichen Angaben gemacht sind, und ob dieselben mit dem Statut übereinstimmen.

§ 78. Die Eintragung und die Benachrichtigungen von der Eintragung.

Die Eintragung der Zweigniederlassung erfolgt in der gleichen Weise wie die des Statuts bei der Hauptniederlassung. Die Eintragung hat die im § 12 Abs. 2 und 4 G.G. bezeichneten Angaben zu enthalten, die auch in der Anmeldung der Zweigniederlassung enthalten sind; hat das Gericht der Zweigniederlassung die Eintragung bewirkt, so hat es hiervon dem Gericht der Hauptniederlassung Mittheilung zu machen (G.G. § 14 Abs. 3, A.V. § 19 Abs. 2), welches auf Grund dieser Mittheilung die Errichtung der Zweigniederlassung in sein Register einzutragen und von der Eintragung den Vorstand zu benachrichtigen hat. In den Akten der Zweigniederlassung ist bei

*) Die Anmeldung hat die im § 12 G.G. vorgeschriebenen Angaben zu enthalten. Ist die Zeitdauer der Genossenschaft auf eine bestimmte Zeit beschränkt, so ist auch die Zeitdauer anzugeben; ferner ist das Geschäftsjahr zu bezeichnen, falls dasselbe auf ein mit dem Kalenderjahr nicht zusammenfallendes Jahr oder auf eine kürzere Dauer als ein Jahr bemessen ist; endlich ist die Form anzugeben, in welcher der Vorstand seine Willenserklärungen kundgiebt und für die Genossenschaft zeichnet, wenn dieselbe im Statut bestimmt ist.

der Eintragungsverfügung die Erledigung und der Tag der Erledigung zu vermerken (A.V. § 14). Von der Eintragung ist der Vorstand durch das Gericht zu benachrichtigen (A.V. § 3 Abs. 1) unter Rückgabe einer der beglaubigten Abschriften, welche mit der Bescheinigung der erfolgten Eintragung durch das Gericht versehen wird (G.G. § 14 Abs. 3), die andere Abschrift ist mit den übrigen Urkunden zu den Akten zu nehmen, und in dem Register ist auf die Stelle der Akten zu verweisen, an welcher dasselbe sich befindet (A.V. § 15 Abs. 3).

§ 79. **Die Liste der Genossen** (G.G. § 158 Abs. 1 A.V. § 28).

Gleichzeitig ist eine Liste der Genossen anzulegen, als deren Anfang die eingereichte beglaubigte Abschrift der Liste des Gerichts der Hauptniederlassung zu nehmen ist.

Die weiteren Eintragungen in diese Liste erfolgen nicht auf Grund unmittelbarer Anzeige und Anträge der Betheiligten, „sondern auf Grund der von dem Gericht der Hauptniederlassung zu machenden Mittheilungen über die in der Hauptliste bewirkten Eintragungen" (A.V. § 28). Maßgebend für Erwerb und Verlust der Mitgliedschaft ist allein die Eintragung in die vom Gericht der Hauptniederlassung geführte Liste der Genossen. Dieses Gericht hat von der Eintragung eines beitretenden Genossen, der Eintragung oder der Vormerkung des Ausscheidens, der Eintragung weiterer Geschäftsantheile dem Gericht der Zweigniederlassung Mittheilung zu machen (§ 158 Abs. 1). Die Mittheilung muß die gesammte Eintragung enthalten, die abschriftlich in die bei dem Gericht der Zweigniederlassung geführte Liste der Genossen einzutragen ist. Von den Uebertragungen in diese Liste der Genossen sind weder Vorstand noch Genossen zu benachrichtigen, da dieselben nicht als Eintragungen im Sinne des Gesetzes anzusehen sind.

Nicht nothwendig ist unverzügliche Mittheilung von jeder Eintragung durch das Gericht der Hauptniederlassung. Es genügt, wenn regelmäßige Mittheilungen über die innerhalb eines bestimmten Zeitraums vorgenommenen Eintragungen gemacht werden.

§ 80. **Die Auflösung der Zweigniederlassung.**

Die Auflösung der Zweigniederlassung ist wie die Errichtung zur Eintragung bei dem Gericht der Zweigniederlassung anzumelden. Die Anmeldung hat durch die sämmtlichen Mitglieder des Vorstandes in Person vor dem Gericht*) oder schriftlich in beglau-

*) In dem oben durch Formular 31 b bezeichneten Fall der Zweigniederlassung in Ystadt des Vorschußvereins, eingetragene Genossenschaft mit unbeschränkter Haftpflicht zu Zburg, würden also in Ystadt vor dem Amtsgericht die dort genannten drei Vorstandsmitglieder aus Zburg erscheinen und „zur Eintragung anmelden, dass die Zweigniederlassung zu Xstadt aufgehoben ist".

bigter Form zu erfolgen. Die Beglaubigung bezieht sich auch in diesem Falle nur auf die Unterschriften und kann außer durch das Gericht oder einen Notar auch durch den Gemeindevorsteher oder die Polizeibehörde geschehen (A.V. § 8).

Das Gericht hat nicht zu prüfen, ob thatsächlich die Zweigniederlassung aufgehoben ist,*) sondern nur ob bei der Anmeldung diese Formalitäten erfüllt sind.

Die Auflösung ist in der gewöhnlichen Art einzutragen und zu unterschreiben.

In den Akten ist bei der Verfügung die Erledigung derselben und der Tag der Erledigung zu vermerken (A.V. § 14). Die sämmtlichen auf die Genossenschaft bezüglichen Eintragungen sind roth zu unterstreichen (entsprechend der Bestimmung in A.V. § 10).

Von der Eintragung sind durch das Gericht zu benachrichtigen der Vorstand und das Gericht der Hauptniederlassung, worauf das letztere Gericht die Aufhebung der Zweigniederlassung auch in sein Register bei der betreffenden Genossenschaft einträgt. Ueber die Veröffentlichung vgl. unter § 84.

§ 81. Die Auflösung der Genossenschaft.

Die Auflösung der Genossenschaft hat der Vorstand nicht zu dem Gericht der Zweigniederlassung anzumelden, sondern nur zu dem Gericht der Hauptniederlassung (A.V. § 19 Abs. 3).

Das Gericht der Hauptniederlassung hat von der Eintragung der Auflösung (freiwilligen, zwangsweisen, in Folge Konkurseröffnung) dem Gerichte der Zweigniederlassung Mittheilung zu machen, worauf der Richter die Eintragungsverfügung erläßt und der Registerführer die entsprechende Eintragung ausführt. Eine Benachrichtigung von dieser Eintragung hat nicht zu erfolgen, wohl aber deren Veröffentlichung. Die Bestellung der Liquidatoren, die Aenderung der Liquidatoren oder die Beendigung ihrer Vollmacht, die Zeichnung ihrer Unterschrift, eine etwaige Bestimmung der Form für die Willenserklärungen der Liquidatoren sind in der gleichen Weise wie zu dem Gericht der Hauptniederlassung auch zu dem Gericht der Zweigniederlassung zur Eintragung anzumelden (§ 157, §§ 84, 85 Abs. 2). Das Gericht der Zweigniederlassung verfährt mit diesen Anmeldungen in der gleichen Weise wie das Gericht der Hauptniederlassung.

Wenn das Erlöschen der Vollmacht der Liquidatoren eingetragen ist, sind die sämmtlichen auf die Genossenschaft bezüglichen Eintragungen roth zu unterstreichen (A.V. § 10).

---

*) Stellt sich nach der Eintragung der Auflösung heraus, daß die Zweigniederlassung weiter besteht, so hat das Gericht durch Androhung und Festsetzung von Ordnungsstrafen auf die Wiedereintragung hinzuwirken (G.G. §§ 14 und 160).

§ 82. Weitere Anmeldungen und Einreichungen zu dem Gericht der Zweigniederlassung (G.G. § 157).

Folgende Anmeldungen und Einreichungen*) müssen durch den Vorstand auch zu dem Genossenschaftsregister der Zweigniederlassung erfolgen. Die Anmeldungen haben in der gleichen Weise und unter Beifügung derselben Urkunden zu geschehen, wie zu dem Gericht der Hauptniederlassung. Die Anmeldung hat zu erfolgen durch sämmtliche Mitglieder des Vorstandes persönlich oder schriftlich in beglaubigter Form (§ 157). Die Beglaubigung hat sich nur auf die Unterschriften zu beziehen und kann durch den Gemeindevorsteher oder die Polizeibehörde erfolgen (A.V. § 8 Abs. 2). Die Einreichungen können persönlich bei dem Gericht oder schriftlich mittelst Einsendung unter ordnungsmäßiger Zeichnung durch den Vorstand bewirkt werden.

1) Anzumelden sind:

a) Statutenänderungen (§ 16).

b) Aenderungen in der Zusammensetzung des Vorstandes, eine Beendigung der Vollmacht von Vorstandsmitgliedern (§ 28).

Die Eintragung dieser Anmeldungen, die Benachrichtigung von der erfolgten Eintragung, die Veröffentlichung u. s. w. gehen ganz in der gleichen Weise vor sich wie bei dem Gericht der Hauptniederlassung.

2) Ferner hat der Vorstand zu dem Gericht der Zweigniederlassung einzureichen:**)

a) Die Bekanntmachung über die in Gemäßheit des § 33 Abs. 2 vorgenommene Veröffentlichung der Bilanz und des Mitgliederbestandes und bei Genossenschaften mit beschränkter Haftpflicht der Haftsummen (§ 139).

b) Das rechtskräftige Urtheil, durch welches ein in das Genossenschaftsregister eingetragener Beschluß aufgehoben ist (§ 51 Abs. 5).

c) Die Bescheinigung des Revisors, daß eine Revision stattgefunden hat (§ 63 Abs. 2).

In dem Falle zu b) ist die Eintragung dann zu veröffentlichen, wenn der Beschluß, auf welchen sich das Urtheil bezieht, bereits in das Genossenschaftsregister der Zweigniederlassung eingetragen und veröffentlicht war.

Von der Eintragung ist dem Vorstand Nachricht zu geben (A.V. § 3). In den Akten ist bei der Verfügung die Erledigung derselben und der Tag der Erledigung zu vermerken (A.V. § 2 Abs. 2), das Urtheil kommt zu den Akten und in dem Register ist auf die Stelle der Akten, an welcher dasselbe sich befindet, hinzuweisen (A.V. § 14). In den Fällen, in denen der Eintragung Dritten gegenüber gewisse Folgen beigelegt sind, ist die Eintragung bei dem Gericht der Zweigniederlassung entscheidend (G.G. § 29 Abs. 3).

---

*) Ueber die Anmeldung der Auflösung und der Liquidatoren vgl. oben § 81

**) In Betreff der die Liste der Genossen betreffenden Einreichungen vgl. oben § 79.

§ 83. Die Veröffentlichungen.

a) Bei dem Gericht der Zweigniederlassung.

Die Eintragung der Zweigniederlassung ist zu veröffentlichen und zwar dem ganzen Inhalt nach (G.G. § 156).

Die Eintragungen von Statutenänderungen, die Urtheile auf Ungiltigkeitserklärung veröffentlichter Eintragungen, die Eintragungen von Aenderungen in der Zusammensetzung des Vorstandes und der Liquidatoren, sowie die Eintragung der Auflösung (sowohl der Zweigniederlassung wie der Genossenschaft) sind unter den gleichen Voraussetzungen in der gleichen Weise und in dem gleichen Umfange zu veröffentlichen*) wie bei dem Gericht der Hauptniederlassung.

b) Bei dem Gericht der Hauptniederlassung.

Das Gericht der Zweigniederlassung hat dem Gericht der Hauptniederlassung Mittheilung zu machen von der Eintragung der Errichtung und der Auflösung der Zweigniederlassung.

Die demgemäß von dem Gericht der Hauptniederlassung vorgenommene Eintragung ist zu veröffentlichen (G.G. § 156).

§ 84. Formulare für Eintragungsverfügungen bei Zweigniederlassungen.

A. Eintragung der Zweigniederlassung (auf den Antrag zu Formular 31 b. — Vgl. Form. 2).

I. bei dem Gericht der Zweigniederlassung (Ystadt).

[Form. 32.] Verfügung.

1) Es ist einzutragen Nr. 5 des Genossenschaftsregisters [Blatt für die Zweigniederlassung des Vorschussvereins, eingetragene Genossenschaft mit unbeschränkter Haftpflicht zu Zburg]:

Spalte 2: Vorschussverein, eingetragene Genossenschaft mit unbeschränkter Haftpflicht. Sitz Zburg, Zweigniederlassung zu Ystadt.

Spalte 3: Gegenstand des Unternehmens ist der Betrieb von Bankgeschäften zum Zweck der Beschaffung der in Gewerbe und Wirthschaft der Mitglieder nöthigen Geldmittel.

Spalte 5: Die Mitglieder des Vorstandes sind: Georg Scherer, Kaufmann, Martin Herwig, Tischlermeister und Michael Koch, Kaufmann, sämmtlich zu Zburg.

Die Bekanntmachungen der Genossenschaft erfolgen unter deren Firma mit der Unterzeichnung zweier Vorstandsmitglieder durch die Zburger Zeitung, und falls diese eingeht, bis die Generalversammlung ein anderes Blatt bestimmt, durch den Deutschen Reichsanzeiger.

Spalte 6: Das Statut datirt vom 15. Oktober 1900.

---

*) Die Veröffentlichung einer Eintragung findet nur insoweit statt, als dieselbe eine der im § 12 Abs. 2 und 4 bezeichneten Bestimmungen zum Gegenstande hat.

Spalte 8: Das Statut befindet sich Blatt 3 der Akten Eingetragen am 2. April 1900 zufolge Verfügung vom selben Tage.

2) Mittheilung an das Amtsgericht zu Zburg.

3) Die Expeditionen des Deutschen Reichsanzeigers zu Berlin und der Ystadter Zeitung sind um einmalige Einrückung folgender Bekanntmachung zu ersuchen:

Bekanntmachung.

In das Genossenschaftsregister ist heute eingetragen die Errichtung einer Zweigniederlassung zu Ystadt der unter der Firma Vorschussverein, eingetragene Genossenschaft mit unbeschränkter Haftpflicht zu Zburg bestehenden Genossenschaft. Das Statut datirt vom 15. Oktober 1900, der Sitz ist Zburg. Gegenstand des Unternehmens — und so fort wörtlich wie zu 1), aber ohne Absätze und ohne Angabe des Berufs der Vorstandsmitglieder bis zu den Worten — sämmtlich zu Zburg. Die Einsicht der Liste der Genossen ist während der Dienststunden jedem gestattet.

Ystadt, 2. April 1900. Königliches Amtsgericht.

4) Die beglaubigte Abschrift der Liste der Genossen dient als Liste der Genossen für die Zweigniederlassung.

5) Nachricht von der Eintragung dem Vorstande unter Rückgabe einer der beglaubigten Abschriften des Statuts, die mit der Bescheinigung der erfolgten Eintragung zu versehen.

6) Andere Abschrift und übrige Schriftstücke zu den Akten der Zweigniederlassung.

7) Mit den Belagnummern der Zeitungen, event. in 14 Tagen.

Ystadt, 2. April 1900.

II. Bei dem Gericht der Hauptniederlassung (auf die Mittheilung des Amtsgerichts der Zweigniederlassung).

[Form. 33.] Verfügung.

1) Einzutragen in das Genossenschaftsregister zu Nr. 11 [Vorschussverein, eingetragene Genossenschaft mit unbeschränkter Haftpflicht zu Zburg]:

Spalte 2. Zu Ystadt ist eine Zweigniederlassung errichtet und am 2. April 1900 in das Register des Amtsgerichts Ystadt eingetragen.

Spalte 8. Eingetragen am 15. April 1900 zufolge Verfügung vom selben Tage.

2) Die Expeditionen des Deutschen Reichsanzeigers zu Berlin, des Bstadter Fremdenblatts zu Bstadt und der Kberger Zeitung zu Kberg sind um einmalige Einrückung folgender Bekanntmachung zu ersuchen:

Bekanntmachung.

In unser Genossenschaftsregister ist heute bei dem Vorschussverein, eingetragene Genossenschaft mit unbeschränkter Haftpflicht zu Zburg, eingetragen: Zu Ystadt ist eine Zweigniederlassung errichtet und am 2. April 1900 in das Register des Amtsgerichts Ystadt eingetragen.

Zburg, den 15. April 1900. Königl. Amtsgericht.

3) Nachricht dem Vorstande.

4) Mit den Belagnummern der Zeitungen, event. in 14 Tagen.

Zburg, 15. April 1900.

B. Auflösung der Zweigniederlassung.

I. bei dem Gericht der Zweigniederlassung (auf Grund der Anmeldung).

[Form. 34.] Verfügung.

1) Einzutragen in das Genossenschaftsregister zu Nr. 5 [Zweigniederlassung des Vorschussvereins, eingetragene Genossenschaft mit unbeschränkter Haftpflicht zu Zburg]:

Spalte 7. Die Zweigniederlassung ist aufgelöst.

Spalte 8. Eingetragen am 17. September 1900 zufolge Verfügung vom selben Tage.

2) Mittheilung an das Amtsgericht Zburg.

3) Die Expeditionen des Deutschen Reichsanzeigers zu Berlin und der Ystadter Zeitung sind um einmalige Einrückung folgender Bekanntmachung zu ersuchen:

Bekanntmachung.

In unser Genossenschaftsregister ist heute eingetragen, dass die hiesige Zweigniederlassung des Vorschussvereins, eingetragene Genossenschaft mit unbeschränkter Haftpflicht zu Zburg, aufgelöst ist.

Ystadt, 17. September 1900. Königl. Amtsgericht.

4) Nachricht dem Vorstande.

5) Im Genossenschaftsregister sind zu 5) alle Eintragungen roth zu unterstreichen und die Akten fortzulegen.

6) Mit den Belagnummern der Zeitungen, event. in 14 Tagen.

Ystadt, 17. September 1900.

II. bei dem Gericht der Hauptniederlassung (auf Grund der Mittheilung des Amtsgerichts der Zweigniederlassung).

[Form. 35.] Verfügung.

1) Einzutragen in das Genossenschaftsregister zu 9) Vorschussverein eingetragene Genossenschaft mit unbeschränkter Haftpflicht zu Zburg:

Spalte 7. Die Zweigniederlassung zu Ystadt ist aufgelöst.

Spalte 8. Eingetragen am 1. Oktober 1900 zufolge Verfügung vom selben Tage.

2) Die Expeditionen des Deutschen Reichsanzeigers zu Berlin, des Bstadter Fremdenblatts zu Bstadt und der Kberger Zeitung zu

Kberg sind um einmalige Einrückung folgender Bekanntmachung zu ersuchen:

Bekanntmachung.

In unser Genossenschaftsregister ist heute bei dem Vorschussverein, eingetragene Genossenschaft mit beschränkter Haftpflicht zu Zburg, eingetragen, dass die Zweigniederlassung zu Ystadt aufgelöst ist.*)

Zburg, 1. Oktober 1900. Königl. Amtsgericht.

3) Nachricht dem Vorstande.

4) Mit den Belagnummern der Zeitungen, event. in 14 Tagen

Zburg, 1. Oktober 1900.

XII. Umwandlung von einer Haftart in die andere.

A. Umwandlung von der strengeren Haftpflicht zur geringeren.

§ 85. Allgemeines.

Hierher gehört die Umwandlung von der unbeschränkten Haftpflicht zur unbeschränkten Nachschußpflicht oder zur beschränkten Haftpflicht, und von der unbeschränkten Nachschußpflicht zur beschränkten Haftpflicht.

Diese Umwandlung erfolgt im Wege der Statutenänderung unter Beobachtung der im § 143 G.G. gegebenen Vorschriften.**)

Die Umwandlung wird völlig als Statutenänderung behandelt. Die Genossenschaft besteht unverändert nur mit anderer Haftpflicht fort, die Umwandlung hat weder auf den Geschäftsbetrieb, noch auf die Wahlperiode der Mitglieder von Vorstand und Aufsichtsrath einen Einfluß. Der Umwandlungsbeschluß ist als Aenderung des Statuts wie jeder andere Generalversammlungsbeschluß zu beurkunden und bedarf daher nicht der Unterschrift aller Mitglieder, auch nicht der in der Generalversammlung anwesenden Mitglieder.***)

---

*) Der Tag der Eintragung der Auflösung bei dem Gericht der Zweigniederlassung ist nicht zu veröffentlichen, da die Eintragung hier nicht, wie bei der Errichtung, Rechtswirksamkeit verleiht.

**) Selbstverständlich kann die Genossenschaft auch sich auflösen und von den Mitgliedern eine neue Genossenschaft in der neuen Haftform begründet werden. In diesem Falle gelten lediglich die für Auflösung und Gründung einer Genossenschaft gegebenen gesetzlichen Bestimmungen.

***) Das Verfahren bei der Umwandlung ist folgendes:

Die „Umwandlung", d. h. die Annahme der andern Haftpflicht, muß als Gegenstand der Beschlußfassung auf die Tagesordnung der Generalversammlung gesetzt werden. Die Beschlußfassung der Generalversammlung erfolgt mit der im Statut vorgesehenen Mehrheit und mangels einer entsprechenden Bestimmung mit $^3/_4$ Mehrheit als Statutenänderung (§ 16 Abs. 2). Nach ordnungsmäßiger Beschlußfassung hat der Vorstand den Beschluß mit der Aufforderung der Gläubiger, sich zu melden, zu drei Malen in denjenigen Blättern zu veröffentlichen, in denen

§ 86. Anmeldung.

Die Anmeldung des Beschlusses zur Eintragung hat, wenn eine Zweigniederlassung eingetragen ist, auch bei dem Gericht der Zweigniederlassung zu erfolgen. Das Verfahren bei Anmeldung, Eintragung, Veröffentlichung ist bei dem Gericht der Zweigniederlassung das gleiche wie bei dem Gericht der Hauptniederlassung. — Die Anmeldung muß durch sämmtliche Mitglieder des Vorstandes persönlich vor Gericht oder schriftlich in beglaubigter Form erfolgen (§ 157 G.G., §§ 6 und 8 A.V.), die Beglaubigung braucht sich nur auf die Unterschriften zu beziehen und kann durch den Gemeindevorsteher oder die Polizeibehörde geschehen (A.V. § 8 Abs. 2). Außer dem Umwandlungsbeschluß muß zur Eintragung angemeldet werden:

1) die Aenderung der Firma,

2) bei dem Uebergang zur beschränkten Haftpflicht die Festsetzung der Höhe der Haftsumme*) und die höchste Zahl der Geschäftsantheile, falls der Erwerb mehrerer Geschäftsantheile gestattet sein soll (§ 134),

3) der Beschluß über Bestimmung der Haftpflicht der Genossen (§ 7 Pos. 1).

Als Beweis für das ordnungsmäßige Zustandekommen der Um-

---

nach dem Statut die Bekanntmachungen der Genossenschaft zu erfolgen haben. Etwa nach folgendem Muster:

„In der Generalversammlung vom . . . ist die Annahme der beschränkten Haftpflicht beschlossen. Die Gläubiger, welche der Umwandlung widersprechen, werden aufgefordert sich bei der Genossenschaft zu melden.

Ort. Datum. Firma der Genossenschaft.
Unterschriften.

Die sich hierauf meldenden Gläubiger sind, insoweit dies von denselben verlangt wird, zu befriedigen oder sicher zu stellen.

Frühstens mit Ablauf eines Jahres seit der dritten Bekanntmachung hat der Vorstand den Umwandlungsbeschluß zum Genossenschaftsregister anzumelden und zwar unter Einreichung einer schriftlichen Versicherung, daß die Gläubiger, welche sich bei der Genossenschaft gemeldet haben, befriedigt oder sicher gestellt sind. Mit der hierauf erfolgenden Eintragung wird der Umwandlungsbeschluß rechtswirksam, und von diesem Zeitpunkt ab (oder falls in dem Beschluß ein späterer Zeitpunkt für das Inkrafttreten gesetzt ist, von letzterem) gilt für die Genossenschaft die neue Haftordnung, sowohl für die zeitigen, wie für die früheren Mitglieder, und auch allen Gläubigern gegenüber.

Vor der Anmeldung der Umwandlung muß noch die Haftsumme durch die Generalversammlung bestimmt sein, ferner ist die Aenderung der Firma zu beschließen und die Aenderung der Bestimmung des Statuts über die Haftpflicht der Genossen (§ 7 Nr. 1). Diese Statutenänderungen müssen beschlossen sein, da von dem Vorhandensein dieser Bestimmungen auch die Eintragung des Statuts einer Genossenschaft abhängig sein würde und für die Eintragung der Umwandlung müssen die gleichen Grundsätze gelten.

Weitere Statutenänderungen sind gesetzlich nicht geboten, die Bestimmungen des Statuts, welche der neuen Haftpflicht nicht entsprechen, würden ungültig werden, und an ihre Stelle würden die entsprechenden gesetzlichen Vorschriften treten, doch ist eine durchgängige Anpassung des Statuts an die neue Haftpflicht selbstverständlich wünschenswerth.

*) Die Festsetzung der Haftsumme muß durch die Generalversammlung erfolgen, dieselbe ist ebenso ein unbedingtes Erforderniß für die Eintragung der Genossenschaft mit beschränkter Haftpflicht wie für die Eintragung der Umwandlung in die beschränkte Haftpflicht. Eine Eintragung ohne Haftsumme würde nichtig sein.

wandlung sind der Anmeldung außer zwei einfachen Abschriften der betreffenden Beschlüsse beizufügen:

1) die Blätter, in welchen die vorgeschriebenen Bekanntmachungen des Beschlusses veröffentlicht sind,

2) die schriftliche Versicherung des Vorstandes, daß die Gläubiger, welche sich gemeldet haben, befriedigt und sichergestellt sind. Es braucht nicht gerade das Wort „versichern“ gebraucht zu werden, es handelt sich nur um eine rechtsverbindliche Erklärung des Vorstandes. Die Versicherung muß in der für die Willenserklärung des Vorstandes vorgeschriebenen Form, insbesondere unter Mitwirkung der hiernach erforderlichen Zahl von Mitgliedern erfolgen (A.B. § 7 Abs. 1, G.G. § 25). Haben sich auf die Aufforderung des Vorstandes hin überhaupt keine Gläubiger gemeldet, oder hat kein Gläubiger Widerspruch erhoben, so ist die Versicherung dahin abzugeben, daß sich auf die in Folge der beschlossenen Umwandlung erlassene Aufforderung hin kein Gläubiger gemeldet hat (oder: kein Gläubiger Widerspruch erhoben hat).

Unter allen Umständen aber ist die Abgabe dieser Versicherung ebenso wie die Einhaltung des Sperrjahres*) nothwendig, auch selbst dann, wenn die Genossenschaft im Stande sein sollte, nachzuweisen, daß sie überhaupt keinen Gläubiger hat, oder daß die Gläubiger der sofortigen Umwandlung zustimmen. Nimmt die Genossenschaft noch Statutenänderungen vor, so kann deren Anmeldung gleichzeitig mit der der Umwandlung erfolgen. Es finden hierauf die obigen Ausführungen in Betreff der Eintragungen von Statutenänderungen Anwendung.

Muster für eine persönliche Anmeldung.**)

[**Form. 36.**]

Königliches Amtsgericht.
Gegenwärtig Hoffmann, Amtsrichter, Xstadt, 15. Dezember 1900.
Sorgsam, Registerführer.

An Gerichtsstelle erscheinen von Person bekannt

1) Heinrich Hübner, Schlosser,
2) Karl Mettner, Maurer,
3) Franz Sauer, Lehrer,

die Mitglieder des Vorstandes des Konsumvereins Sparsamkeit, eingetragene Genossenschaft mit unbeschränkter Haftpflicht und melden zur Eintragung in das Genossenschaftsregister an:

a) den Beschluss der Generalversammlung vom 1. Oktober 1899 betreffend die Umwandlung der Genossenschaft in eine solche mit beschränkter Haftpflicht,

b) die Beschlüsse der Generalversammlung vom 15. November 1900 betreffend

---

*) Das Sperrjahr ist im Interesse der Gläubiger gesetzt und darf daher auch nicht die Meldefrist der Gläubiger Seitens der Genossenschaft gekürzt werden.

**) Vgl. A.B. § 7 Abs. 3, Vermerk genügt nicht.

α) die Aenderung der Firma in Konsumverein Sparsamkeit, eingetragene Genossenschaft mit beschränkter Haftpflicht,
β) die Bestimmung der Haftpflicht der Genossen,
γ) die Festsetzung der Haftsumme auf 30 Mark,
δ) die Festsetzung der höchsten Zahl der Geschäftsantheile, auf welche sich ein Genosse verpflichten kann, auf drei,

und überreichen zu diesem Zweck:

1. zwei Abschriften des Beschlusses der Generalversammlung vom 1. Oktober 1899 betreffend die Umwandlung,
2. zwei Abschriften der Beschlüsse der Generalversammlung vom 15. November 1890,*) betreffend die Aenderung der Firma, die Bestimmung der Haftpflicht, die Festsetzung der Haftsumme und der höchsten Zahl der zulässigen Geschäftsantheile,
3. die Blätter, in welchen die vorgeschriebenen Bekanntmachungen des Umwandlungsbeschlusses veröffentlicht sind,
4. die schriftliche Versicherung über die Befriedigung bezw. Sicherstellung der Gläubiger.**)

V. g. u.

Heinrich Hübner. Karl Mettner. Franz Sauer.

Geschlossen.

Hoffmann. Sorgsam.

§ 87. Die Prüfung durch den Richter.

Das Gericht hat vor Allem zu prüfen, ob zwischen der letzten die Aufforderung der Gläubiger betreffenden Bekanntmachung und der Anmeldung des Umwandlungsbeschlusses ein Jahr liegt, nur wenn dies der Fall ist, darf die Eintragung erfolgen.

Sodann ist zu prüfen, ob die Urkunden vollzählig und ordnungsmäßig eingereicht sind. Die Beschlüsse der Generalversammlung sind dem Gericht in einfachen unbeglaubigten Abschriften vorzulegen.*)

---

*) Es ist hier angenommen, wie es in der Mehrzahl der Fälle geschieht, daß zunächst nur die Umwandlung beschlossen worden und im Laufe des Jahres oder nach Ablauf desselben in einer zweiten Generalversammlung Firma, Haftsumme u. s. w. festgesetzt worden sind. Die Beschlüsse zu a) und b) können aber in derselben Generalversammlung vom 1. Oktober 1899 gefaßt werden. Auch ist zulässig, die Beschlüsse zu α), β), γ), δ), in lauter verschiedenen Generalversammlungen zu fassen. Danach richtet sich selbstverständlich die Zahl der einzureichenden Urkunden.

**) Die schriftliche Versicherung dürfte nach dem Wortlaut des Gesetzes in besonderer Urkunde einzureichen und nicht mündlich zu Protokoll zu geben sein. Als Muster diene:

„Wir versichern hierdurch, daß die Gläubiger, welche sich bei der Genossenschaft gemeldet und der Umwandlung nicht zugestimmt haben, befriedigt oder sichergestellt sind."

Xstadt, den 15. Dezember 1900.

Konsumverein Sparsamkeit, eingetragene Genossenschaft mit unbeschränkter Haftpflicht.

Karl Mettner. Franz Sauer.

Oder:

Wir versichern hierdurch, daß sich auf die in Folge der beschlossenen Umwandlung erlassenen Aufforderung kein Gläubiger gemeldet hat (oder der Umwandlung widersprochen hat) u. s. w.

***) Vgl. oben § 25.

Nur der Theil des Protokolls der Generalversammlung ist einzureichen, der den Wortlaut der betreffenden Beschlüsse enthält; ferner hat die Abschrift zu enthalten Ort und Datum der Generalversammlung und die (abschriftliche) Beurkundung (G.G. § 6 Pos. 3), die Form der Beurkundung ergiebt sich aus dem Statut.

Die Festsetzung der Haftsumme ist darauf zu prüfen, daß dieselbe nicht niedriger als der Geschäftsantheil ist (G.G. § 131) — die Festsetzung der Haftpflicht der Genossen darauf, ob sie den gesetzlichen Bestimmungen entspricht (G.G. § 7 Pos. 1).

Nicht zu prüfen ist dagegen, ob die Beschlüsse ordnungsmäßig zu Stande gekommen, insbesondere ob dieselben unter Beobachtung der gesetzlichen und statutarischen Bestimmungen gefaßt sind, ebensowenig auch die Richtigkeit des Inhalts.

§ 88. Die Eintragung und die Veröffentlichung.

Führt die Prüfung zu einer Beanstandung der Eintragung, so ist die Eintragung unter Angabe der Gründe abzulehnen (A.V. § 3 Abs. 3). Andernfalls verfügt der Richter, daß die Eintragung auszuführen ist.

Sodann trägt der Registerführer den Umwandlungsbeschluß, die Aenderung der Firma, und bei Genossenschaften mit beschränkter Haftpflicht die Höhe der Haftsumme, sowie, falls der Erwerb mehrerer Geschäftsantheile zugelassen ist, die höchste Zahl der Geschäftsantheile, auf die sich ein Genosse betheiligen kann — in das Genossenschaftsregister ein.

In den Akten ist bei der Verfügung die Erledigung derselben und der Tag der Erledigung zu vermerken, die Eintragung ist zu unterzeichnen (A.V. §§ 2, 14). Je eine der eingereichten Abschriften der Beschlüsse ist dem Vorstand, mit der Bescheinigung der erfolgten Eintragung versehen, zurückzugeben (G.G. § 16 Abs. 3, § 11), die andern Abschriften gehen zu den Akten, in dem Register ist auf die Stelle der Akten zu verweisen (A.V. § 16).

Nach erfolgter Eintragung hat der Gerichtsschreiber die Veröffentlichung zu veranlassen (G.G. § 156, § 134 Abs. 2, § 131 Abs. 2, § 16 Abs. 3, § 12 Pos. 2). Zu veröffentlichen sind der Umwandlungsbeschluß, die veränderte Firma, die Haftsumme und wenn eine Bestimmung über die Zulassung mehrerer Geschäftsantheile erfolgt ist, die höchste Zahl derselben. Die Bestimmung über die Haftpflicht der Genossen ist nicht zu veröffentlichen.

§ 89. Formular für die Eintragung und Veröffentlichung der Umwandlung.

[Form. 37.] Verfügung.

1. In das Genossenschaftsregister ist unter Nr. 1 einzutragen:*)

---

*) Sind bei Gelegenheit der Umwandlung Beschlüsse über andere in § 12 Abs. 2 und 4 bezeichnete Gegenstände gefaßt, so sind selbstverständlich auch die diese Beschlüsse betreffenden Eintragungen zu veröffentlichen.

Spalte 2: Konsumverein Sparsamkeit, eingetragene Genossenschaft mit beschränkter Haftpflicht.

Durch Beschluss vom 1. Oktober 1899 hat sich die Genossenschaft in eine solche mit beschränkter Haftpflicht umgewandelt.*)

Spalte 4. Die Haftsumme beträgt 30 Mark.

Die höchste Zahl der Geschäftsantheile, auf welche sich ein Genosse betheiligen kann, ist drei.

Spalte 8. Die Beschlüsse vom 1. Oktober 1899 und vom 15. November 1900 befinden sich Blatt 40 der Akten.

Eingetragen am 15. Dezember 1900 zufolge Verfügung vom selben Tage.

2. Den Expeditionen des Deutschen Reichsanzeigers zu Berlin und der Xstadter Tagespost ist folgende Bekanntmachung zu einmaliger Einrückung zu übersenden:

Bekanntmachung.

In das Genossenschaftsregister ist heute bei Nr. 1 Konsumverein Sparsamkeit, eingetragene Genossenschaft mit unbeschränkter Haftpflicht (auf Grund der Beschlüsse der Generalversammlungen vom 1. Oktober 1899 und 15. November 1900**) eingetragen: Die Genossenschaft hat sich in eine solche mit beschränkter Haftpflicht umgewandelt. Die Firma lautet Konsumverein Sparsamkeit, eingetragene Genossenschaft mit beschränkter Haftpflicht. Die Haftsumme beträgt 30 Mark. Die höchste Zahl der Geschäftsantheile, auf welche sich ein Genosse betheiligen kann, ist drei.

Xstadt, den 15. Dezember 1900. Königl. Amtsgericht.

3. Je eine der übergebenen Abschriften vom 1. Oktober 1899 und 15. November 1900 ist dem Vorstande beglaubigt und mit der Bescheinigung der erfolgten Eintragung versehen, zurückzugeben.

4. Die andern Abschriften gehen zu den Akten.

Mit den Belagnummern der Zeitungen vorzulegen, event. in 14 Tagen.

Xstadt, 15. Dezember 1900.

B. Umwandlung von der geringeren zur strengeren Haftpflicht (G.G. § 144).

§ 90. Allgemeines.

Hierher gehört die Umwandlung von der beschränkten Haftpflicht zur unbeschränkten Haftpflicht oder unbeschränkten Nachschußpflicht und von der unbeschränkten Nachschußpflicht zur unbeschränkten Haftpflicht. Für diese Fälle der Umwandlung enthält das Gesetz keine besonderen Vorschriften, da die Rechte der Gläubiger durch dieselbe

---

*) Ist in dem Umwandlungsbeschluß für das Inkrafttreten ein späterer Zeitpunkt als die Eintragung in das Genossenschaftsregister bezeichnet, so ist auch dieser einzutragen und zu veröffentlichen.

**) Die Daten der Beschlüsse zu veröffentlichen, ist zwar nicht nöthig, empfiehlt sich aber zur öffentlichen Kontrolle.

sogar erweitert werden. Die Umwandlung geht wie jede andere Statutenänderung vor sich.

§ 91. Anmeldung, Eintragung und Veröffentlichung.

Die Umwandlung ist durch den Vorstand zur Eintragung anzumelden unter Beifügung zweier Abschriften der sich auf die Umwandlung beziehenden Beschlüsse der Generalversammlung. Ueber folgende Gegenstände muß die Generalversammlung beschlossen haben:

1) die Umwandlung,
2) die Aenderung der Firma,
3) die Haftpflicht der Genossen.*)

In Betreff der Form der Anmeldung gelten dieselben Bestimmungen wie für jede andere Statutenänderung. Auch die Eintragung, Benachrichtigung und die Veröffentlichung erfolgt in der gleichen Weise. Die Bestimmung über die Haftpflicht der Genossen ist nicht zu veröffentlichen.

§ 92. Muster für die Eintragungsverfügung.

[Form. 38.] Verfügung.

1) In das Genossenschaftsregister ist bei Nr. 3 [landwirthschaftlicher Konsumverein, eingetragene Genossenschaft mit beschränkter Haftpflicht zu Wdorf] einzutragen:

Spalte 2. Landwirthschaftlicher Konsumverein mit unbeschränkter Haftpflicht (Beschluss vom 17. Juni 1899).

Die Genossenschaft hat sich in eine solche mit unbeschränkter Haftpflicht umgewandelt.

Spalte 8. Der Beschluss vom 17. Juni 1899 befindet sich Blatt 20 der Akten. Eingetragen am 1. Juli 1900 zufolge Verfügung vom selben Tage.

2) Den Expeditionen des Deutschen Reichsanzeigers zu Berlin und der Xstadter Tagespost ist folgende Bekanntmachung zu einmaliger Einrückung zu übersenden:

Bekanntmachung.

In das Genossenschaftsregister ist heute bei Nr. 3 Landwirthschaftlicher Konsumverein, eingetragene Genossenschaft mit beschränkter Haftpflicht zu Wdorf eingetragen: Die Genossenschaft hat sich in eine solche mit unbeschränkter Haftpflicht umgewandelt. Die Firma lautet: Landwirthschaftlicher Konsumverein, eingetragene Genossenschaft mit unbeschränkter Haftpflicht.

Xstadt, 1. Juli 1900. Königl. Amtsgericht.

---

*) Von diesen Beschlüssen ist die Eintragung der Umwandlung abhängig, da die Bestimmung über die Firma (§ 6 Nr. 1) und über die Haftpflicht der Genossen (§ 7 Nr. 1) zu den nothwendigen Bestandtheilen des Statuts der Genossenschaft gehören, und in dieser Beziehung für die Umwandlung das Gleiche wie für die Gründung gelten muß. Insoweit sonst die Bestimmungen des Statuts der neuen Haftpflicht nicht entsprechen, treten an ihre Stelle die gesetzlichen Vorschriften, selbstverständlich ist aber eine völlige Anpassung des Statuts durchaus wünschenswerth.

3) Der Vorstand der Genossenschaft ist von den erfolgten Eintragungen unter Rückgabe der einen zuvor zu beglaubigenden und mit der Bescheinigung der Eintragungen zu versehenden Abschrift zu benachrichtigen.

4) Die andere Abschrift geht mit den übrigen übergebenen Urkunden zu den Akten.

5) Mit den Belagnummern der Zeitungen vorzulegen, event. in 14 Tagen.

Xstadt, 1. Juli 1900.

XIII. Herabsetzung der Haftsumme.

(§ 133 G.G., § 17 A.V.)

§ 93. Allgemeines.

Für die Herabsetzung der Haftsumme ist das gleiche Verfahren maßgebend wie für die Umwandlung einer Genossenschaft aus der strengeren zur geringeren Haftpflicht. Veröffentlichung des Herabsetzungsbeschlusses durch den Vorstand zu drei Malen durch die für die Bekanntmachungen der Genossenschaft im Statut bestimmten Blätter mit der Aufforderung an die Gläubiger sich zu melden,*) Befriedigung oder Sicherstellung der Gläubiger, welche der Herabsetzung nicht zustimmen, Anmeldung des Herabsetzungsbeschlusses zur Eintragung nicht vor einem Jahr seit der dritten Aufforderung, Rechtswirksamkeit der Herabsetzung erst mit dieser Eintragung. Nach ausdrücklicher Bestimmung des § 133 G.G. sind bekannte Gläubiger von der beschlossenen Herabsetzung durch besondere Mittheilung in Kenntniß zu setzen und zur Anmeldung aufzufordern.

§ 94. Die Anmeldung.

Die Anmeldung zur Eintragung hat, wenn eine Zweigniederlassung besteht, auch bei dem Gericht der Zweigniederlassung zu erfolgen und gelten dann für die Eintragung wie für die Veröffentlichung Seitens des Gerichts der Zweigniederlassung die Grundsätze wie bei dem Gericht der Hauptniederlassung. —

Die Anmeldung muß durch sämmtliche Mitglieder des Vorstandes persönlich vor Gericht oder schriftlich in beglaubigter Form erfolgen (G.G. § 157); die Beglaubigung hat sich nur auf die Unterschriften zu beziehen und kann durch den Gemeindevorsteher oder die Polizeibehörde geschehen (A.V. § 8 Abs. 2). Der Anmeldung sind beizugeben:

---

*) Die Bekanntmachung hat etwa nach folgendem Muster zu erfolgen:

In der Generalversammlung vom . . . ist die Herabsetzung der Haftsumme von 50 auf 30 Mark beschlossen. Die Gläubiger, welche dieser Herabsetzung widersprechen, werden aufgefordert, sich bei der Genossenschaft zu melden.

Ort. Datum. Firma der Genossenschaft.
Unterschriften.

a) zwei Abschriften des Beschlusses der Generalversammlung auf Herabsetzung der Haftsumme,

b) die Blätter, in welchen die vorgeschriebenen Bekanntmachungen des Beschlusses erlassen sind,

c) die schriftliche Versicherung des Vorstandes, daß die Gläubiger, welche sich gemeldet haben, befriedigt oder sichergestellt sind.

Diese „Versicherung" hat die Bedeutung einer rechtsverbindlichen Erklärung des Vorstandes. Es braucht nicht gerade das Wort „versichern" angewandt zu werden. Die Erklärung aber muß in der für die Willenserklärungen des Vorstandes vorgeschriebenen Form, insbesondere unter Mitwirkung der hiernach erforderlichen Zahl von Mitgliedern erfolgen (A.V. § 7 Abs. 1, G.G. § 25).

Eine entsprechende Versicherung, wie die Einhaltung des Sperrjahres ist stets nothwendig, selbst dann, wenn die Genossenschaft überhaupt keine Gläubiger hat, oder alle Gläubiger der Herabsetzung der Haftsumme ausdrücklich zustimmen sollten.

§ 95. Muster des Anmeldungsprotokolls.*)

[Form. 39.] Xstadt, 1. Juni 1900.

Königliches Amtsgericht.

(Sodann Kopf und Unterschriften wie in Formular 4. Die erschienenen Vorstandsmitglieder)

überreichen

1) zwei Abschriften des Beschlusses der Generalversammlung vom 15. April 1899, betreffend die Herabsetzung der Haftsumme von 50 Mark auf 30 Mark,

2) die schriftliche Versicherung über die Befriedigung bezw. Sicherstellung der Gläubiger.**)

3) die Blätter, in denen die vorgeschriebenen Bekanntmachungen des Herabsetzungsbeschlusses veröffentlicht sind,

und melden den gedachten Beschluss zur Eintragung an u. s. w.

§ 96. Die Prüfung durch das Gericht.

Das Gericht hat zunächst zu prüfen, ob zwischen der letzten, die Aufforderung der Gläubiger betreffenden Bekanntmachung und der

---

*) Vgl. Anm. ** S. 103.

**) Diese schriftliche Versicherung dürfte nach dem Wortlaut des Gesetzes nicht mündlich zu Protokoll zu erklären, sondern in besonderer Urkunde einzureichen sein. Als Muster diene:

„Die Unterzeichneten versichern hierdurch, daß die Gläubiger, welche sich bei der Genossenschaft gemeldet und der Herabsetzung der Haftsumme von 50 Mark auf 30 Mark nicht zugestimmt haben, befriedigt oder sichergestellt sind.

Xstadt, 30. Mai 1900.

Konsumverein Sparsamkeit, eingetragene Genossenschaft mit beschränkter Haftpflicht.

Karl Mettner. Franz Sauer.

Oder:

Wir versichern hierdurch, daß sich auf die in Folge der beschlossenen Herabsetzung der Haftsumme von 50 Mark auf 30 Mark erlassene Aufforderung kein Gläubiger gemeldet (oder kein Gläubiger Widerspruch erhoben hat) u. s. w.

Anmeldung des Herabsetzungsbeschlusses ein Jahr liegt. Dies ist die wesentlichste Voraussetzung der Eintragung. Ferner ist zu prüfen, ob die Urkunden vollzählig und ordnungsmäßig vorliegen.

Der Beschluß ist in einfacher unbeglaubigter Abschrift vorzulegen; nur der Theil des Protokolls der Generalversammlung ist einzureichen, der den Wortlaut des Herabsetzungsbeschlusses enthält, aus der Abschrift muß sich ferner ergeben: Ort und Datum der Generalversammlung, sowie die Beurkundung des Beschlusses, die Form der Beurkundung ergiebt sich aus dem Statut. Das Zustandekommen des Beschlusses und die Richtigkeit des beurkundeten Inhalts ist aber nicht zu prüfen.

Zu prüfen ist durch Vergleichung mit dem Statut, ob die Haftform nicht unter dem Betrage des Geschäftsantheils festgesetzt ist (G.G. § 134). —

§ 97. Die Eintragung und Veröffentlichung.

Führt die Prüfung zu einer Beanstandung der Eintragung, so ist die Eintragung unter Angabe der Gründe abzulehnen (A.V. § 9 Abs. 3). Andernfalls verfügt der Richter, daß die Eintragung auszuführen ist. Hierauf trägt der Registerführer den Herabsetzungsbeschluß ein.

In den Akten ist bei der Verfügung die Erledigung und der Tag derselben zu vermerken. Die Eintragung ist zu unterschreiben, und es ist auf die Stelle der Registerakten zu verweisen, wo sich die zu Grunde liegende gerichtliche Verfügung befindet (A.V. §§ 2, 14, 16). Eine der eingereichten Abschriften ist dem Vorstande mit der Bescheinigung der erfolgten Eintragung versehen zurückzugeben (G.G. § 16 Abs. 3, § 11), die andere Abschrift geht zu den Akten.

Die Abänderung der Haftsumme ist zu veröffentlichen (G.G. § 131 Abs. 2).

§ 98. Muster für die Eintragungsverfügung.

[Form. 40.] Verfügung.

1) In das Genossenschaftsregister ist bei Nr. 1 [Konsumverein Sparsamkeit, eingetragene Genossenschaft mit beschränkter Haftpflicht zu Xstadt] einzutragen:

Spalte 4. Durch Beschluss vom 15. April 1899 ist die Haftpflicht von 50 Mark auf 30 Mark herabgesetzt. Der Beschluss befindet sich Blatt 12 der Akten.

Eingetragen am 1. Juni 1900 zufolge Verfügung vom selbigen Tage.

2) Den Expeditionen des Deutschen Reichsanzeigers und der Xstadter Tagespost ist folgende Bekanntmachung zu einmaliger Einrückung zu übersenden:

Bekanntmachung.

In das Genossenschaftsregister ist heute bei Nr. 1 [Konsumverein Sparsamkeit, eingetragene Genossenschaft mit beschränkter

Haftpflicht zu Xstadt] eingetragen: Durch Beschluss vom 15. April 1899 ist die Haftsumme von 50 auf 30 Mark herabgesetzt.

Xstadt, 1. Juni 1900. Königl. Amtsgericht.

3) Der Vorstand der Genossenschaft ist von der erfolgten Eintragung unter Rückgabe der einen zuvor zu beglaubigenden und mit der Bescheinigung der Eintragung zu versehenden Abschrift zu benachrichtigen.

4) Die andere Abschrift geht mit den übrigen übergebenen Urkunden zu den Akten.

5) Mit den Belagnummern der Zeitungen vorzulegen, event. in 14 Tagen.

Xstadt, 4. Juni 1899.

XIV. Herabsetzung des Geschäftsantheils. — Herabsetzung der auf den Geschäftsantheil zu leistenden Einzahlungen. — Verlängerung der für die Einzahlungen festgesetzten Fristen. (G.G. § 22.)

§ 99. Das hierbei zu beobachtende Verfahren.

Die Herabsetzung des Geschäftsantheils ist stets eine Aenderung des Statuts, da der Betrag des Geschäftsantheils im Statut bestimmt sein muß (G.G. § 7 Pos. 2); die Herabsetzung der Einzahlungen auf den Geschäftsantheil und die Verlängerung der Einzahlungsfrist hat nur insoweit im Wege der Statutenänderung zu erfolgen, als das Statut über Einzahlungen und Einzahlungsfristen Bestimmungen enthält (G.G. §§ 7 Pos. 2 und 50).

Nur die Statutenänderungen sind zur Eintragung in das Genossenschaftsregister anzumelden. Das Verfahren entspricht vollständig dem für Herabsetzung der Haftsumme. Dreimalige Bekanntmachung des Beschlusses durch den Vorstand und Aufforderung an die Gläubiger, sich zu melden, Anmeldung des Beschlusses zur Eintragung in das Genossenschaftsregister erst nach Ablauf des Sperrjahres unter schriftlicher Versicherung des Vorstandes, daß die Gläubiger befriedigt oder sicher gestellt sind, Rechtswirksamkeit des Beschlusses mit der hierauf erfolgenden Eintragung in das Genossenschaftsregister.*) Es gelten

*) Parisius und Crüger S. 160, Proebst S. 112 — anderer Ansicht Birkenbihl-Maurer S. 141, 406, Joël S. 507, diese nehmen unter Bezugnahme auf den Wortlaut des § 22 an, daß die Eintragung zu erfolgen hat, unmittelbar nachdem der Beschluß gefaßt ist und ohne Rücksicht auf das Sperrjahr. Freilich ist in § 22 nicht wie in § 133 für die Herabsetzung der Haftsumme ausdrücklich angeordnet, daß die Eintragung erst nach Ablauf des Sperrjahres erfolgen kann, und auch in der A.V. ist hiervon nicht besonders die Rede, aber die ausdrückliche Bestimmung der Aussetzung der Eintragung bei Herabsetzung der Haftsumme und Umwandlung während des Sperrjahres ist auch erst bei der Berathung des Gesetzes in der Reichstagskommission zur völligen Klarstellung aufgenommen, sie ist nur eine nothwendige Folge der Bezugnahme auf die für das Auflösungsverfahren geltenden Bestimmungen.

für Anmeldung und Eintragung dieselben Muster wie für Herabsetzung der Haftsumme. Die Veröffentlichung der Eintragung findet nicht statt, da auch die ursprünglichen den Geschäftsantheil betreffenden Eintragungen nicht veröffentlicht werden (G.G. § 12).

XV. Ordnungsstrafen.

§ 100. Die Fälle, in denen Ordnungsstrafen zulässig sind.

Durch Ordnungsstrafen hat das Registergericht den Vorstand und die Liquidatoren anzuhalten, die gesetzlich vorgeschriebenen Anmeldungen zum Genossenschaftsregister vorzunehmen und bestimmte, zur Sicherheit der Genossenschaft und ihrer Gläubiger gegebene Vorschriften einzuhalten. § 160 bringt eine Zusammenstellung dieser Obliegenheiten.

Es sind dies:

A. für den Vorstand.

1) Die Beobachtung des Verbots der Darlehnsgewährung an Nichtmitglieder in Genossenschaften, bei welchen die Gewährung von Darlehen Zweck des Unternehmens ist (§ 8 Abs. 2).

2) Die Anmeldung jeder Zweigniederlassung bei dem Gericht, in dessen Bezirk sie sich befindet (§ 14).

3) Die Anmeldung einer Aenderung in der Zusammensetzung des Vorstandes oder einer Beendigung der Vollmacht von Mitgliedern des Vorstandes. Die Zeichnung der Unterschriften durch neue Vorstandsmitglieder vor Gericht oder beglaubigte Einreichung der Zeichnung (§ 28).

4) Die Führung eines mit der Liste in Uebereinstimmung befindlichen Verzeichnisses der Genossen (§ 30).

5) Die Stellung des Antrages auf Bestellung des Revisors Seitens solcher Genossenschaften, die einem Revisionsverbande nicht angehören (§ 61 Abs. 2).

6) Die Gestattung der Einsicht der Bücher und Schriften der Genossenschaft und der Untersuchung des Bestandes der Genossenschaftskasse sowie der Bestände an Effekten, Handelspapieren und Waaren durch den Revisor; die Zuziehung des Aufsichtsraths zu der Revision.

Die Einreichung einer Bescheinigung des Revisors, daß die Revision stattgefunden hat, zu dem Genossenschaftsregister.

Die Ankündigung des Berichts über die Revision bei der Berufung der nächsten Generalversammlung als Gegenstand der Beschlußfassung (§ 63).

7) Die Anmeldung der Auflösung der Genossenschaft (§ 78 Abs. 2, § 79 Abs. 2).

8) Die Veröffentlichung der Bilanz, der Zahl der im Laufe des Geschäftsjahres eingetretenen oder ausgeschiedenen, sowie die Zahl der am Schluß des Geschäftsjahres der Genossenschaft angehörigen Genossen — bei Genossenschaften mit beschränkter Haftpflicht des Gesammtbetrags, um welchen in dem Geschäftsjahr die Geschäftsguthaben, sowie die Haftsummen der Genossen sich vermehrt oder vermindert haben und des Betrags der Haftsummen, für welche am Jahresschluß alle Genossen zusammen aufzukommen haben. —

Die Einreichung der Bekanntmachung zu dem Genossenschaftsregister (§ 33 Abs. 2, § 139).

9) Die Eintragung der Beschlüsse der Generalversammlung in ein Protokollbuch und

die Gestattung der Einsicht des Protokollbuchs jedem Genossen und der Staatsbehörde (§ 47).

10) Die Auslegung der Bilanz und einer den Gewinn und Verlust des Geschäftsjahres zusammenstellenden Berechnung nach Maßgabe des § 48 Abs. 2, die Gewährung einer Abschrift der Bilanz und Jahresrechnung an den Genossen auf dessen Kosten (§ 48 Abs. 2).

11) In dem Falle der Anfechtung eines Beschlusses der Generalversammlung die Veröffentlichung der Erhebung der Klage und des zur mündlichen Verhandlung angesetzten Termins (§ 51 Abs. 4),

die Einreichung des Urtheils behufs der Eintragung zu dem Genossenschaftsregister, falls ein bereits eingetragener Beschluß für ungiltig erklärt wird (§ 51 Abs. 5).

12) Die Anmeldung der ersten Liquidatoren (§ 84 Abs. 1, § 85 Abs. 2) und die etwaige Bestimmung der Form ihrer Willenserklärungen.

13) Die Anmeldungen, welche zu dem Genossenschaftsregister einer jeden Zweigniederlassung zu erfolgen haben (§ 157 Abs. 2, §§ 16, 28, 33 Abs. 2, 51 Abs. 5, 63 Abs. 2, §§ 84, 85).

B. für die Liquidatoren.

1) Die Eintragung der Beschlüsse der Generalversammlung in ein Protokollbuch und

die Gestattung der Einsicht des Protokollbuchs jedem Genossen und der Staatsbehörde (§ 47).

2) Die Auslegung der Bilanz und einer den Gewinn und Verlust des Jahres zusammenstellenden Berechnung nach Maßgabe des § 48 Abs. 2. — Die Liquidatoren haben für die Ziehung der Bilanz nicht mehr das statutarische Geschäftsjahr einzuhalten, es genügt die Ziehung der Bilanz am Schlusse jedes Kalenderjahres (§ 89 Abs. 1).

Die Gewährung einer Abschrift der Bilanz und Jahresrechnung an den Genossen auf dessen Kosten (§ 48 Abs. 2).

3) In dem Falle der Anfechtung eines Beschlusses der Generalversammlung die Veröffentlichung der Klage und des zur mündlichen Verhandlung angesetzten Termins (§ 51 Abs. 4).

Die Einreichung des Urtheils behufs der Eintragung zu dem

Genossenschaftsregister, falls ein bereits eingetragener Beschluß für ungiltig erklärt wird (§ 51 Abs. 5).

4) Die Anmeldung einer Aenderung in der Zusammensetzung der Liquidatoren oder einer Beendigung ihrer Vollmacht.

Die Zeichnung der Unterschriften*) vor Gericht oder beglaubigte Einreichung der Zeichnungen (§ 84).

5) Die Anmeldung der Bestimmung über die Zeichnung der Liquidatoren, falls eine solche getroffen ist**) (§ 85).

6) Die Aufstellung einer Bilanz sofort bei Beginn der Liquidation und demnächst in jedem Jahre.***)

Die Veröffentlichung der ersten Bilanz und die Einreichung der Bekanntmachung zu dem Genossenschaftsregister (§ 89 Abs. 1).

7) Die Anmeldungen, welche zu dem Genossenschaftsregister einer jeden Zweigniederlassung zu erfolgen haben (oben Nr. 13).

§ 101. Das Verfahren.

Das bei der Androhung und Festsetzung der Ordnungsstrafen zu beobachtende Verfahren richtet sich nach §§ 132 ff. des Reichsgesetzes über die Angelegenheiten der freiwilligen Gerichtsbarkeit. Es ist daran festgehalten, daß es sich um die Erzwingung von Handlungen durch Ordnungsstrafen handelt, daß also die Voraussetzung der Androhung von Ordnungsstrafen eine Verletzung des Gesetzes ist. Das Gericht ist nicht berechtigt lediglich zur Kontrolle, ob den gesetzlichen Bestimmungen nachgekommen wird, den Vorstandsmitgliedern oder den Liquidatoren den Nachweis unter Androhung von Ordnungsstrafen aufzuerlegen, daß den gesetzlichen Vorschriften entsprochen wird; das Gericht muß vielmehr bereits die Ueberzeugung haben, daß dies nicht der Fall ist. Nur das Gericht der Hauptniederlassung ist für die Androhung und Festsetzung der Ordnungsstrafen zuständig, auch in Betreff derjenigen Anmeldungen, Einreichungen und Anzeigen, die zu den Gerichten der Zweigniederlassung zu geschehen haben.

Eine besondere Bemerkung verdient die Einreichung der Bekanntmachung der Bilanz u. s. w. (§ 33 Abs. 2); das Gericht hat die Bilanz nicht auf ihre Ordnungsmäßigkeit zu prüfen; dies ist vielmehr Sache des Aufsichtsraths und des Revisors; verlangen aber kann es, daß die Aufstellung äußerlich einer kaufmännischen Bilanz entspricht.

---

*) Wird die Liquidation durch die Vorstandsmitglieder besorgt, so haben diese sich zwar als Liquidatoren anzumelden, sie brauchen aber nicht ihre Unterschriften nochmals zu zeichnen.

**) Für die Mitglieder des Vorstandes besteht eine gleiche ausdrückliche Bestimmung nicht, sie war auch nicht nothwendig, da sie entweder als Bestandtheil des Statuts eingetragen wird, oder als Statutenänderung zur Eintragung angemeldet werden muß.

***) „In jedem Jahre" bedeutet „Kalenderjahr" und nicht „Geschäftsperiode".

XVI. Ausstellung von Bescheinigungen. Ertheilung von Abschriften und Auszügen.

§ 102. Das hierbei zu beobachtende Verfahren.

Der allgemeine Grundsatz hierfür findet sich in § 9 H.G.B. § 26 A.V.

1. Bescheinigungen.

Bescheinigungen werden von dem Gerichte über die eingetragenen Mitglieder des Vorstandes ausgestellt. Die Mitglieder des Vorstandes bedürfen einer solchen Bescheinigung, um sich den Behörden gegenüber in ihrer Eigenschaft legitimiren zu können. Die Bescheinigung hat nur zu enthalten, welche Personen als Mitglieder des Vorstandes eingetragen sind.

Beispiel:

[**Form. 41.**]

In das Genossenschaftsregister sind bei dem Konsumverein Sparsamkeit, eingetragene Genossenschaft mit beschränkter Haftpflicht zu Xstadt als Vorstandsmitglieder eingetragen Heinrich Hübner, Schlosser, Karl Mettner, Maurer, Franz Sauer, Lehrer, sämmtlich zu Xstadt.

Xstadt, 1. März 1900. Königl. Amtsgericht.

Ist die Zeit eingetragen, auf welche die eingetragenen Vorstandsmitglieder bestellt sind, so ist dieselbe nicht anzugeben. Sollte bei Einholung der Bescheinigung die angegebene Wahlzeit bereits abgelaufen sein, so ist die Bescheinigung gleichwohl auszustellen, da die Zeitbeschränkung Dritten gegenüber bedeutungslos ist (G.G. § 27 Abs. 2). Die Angabe der Zeit in der Bescheinigung würde der Genossenschaft nur unnöthige Kosten verursachen, da die Genossenschaft dann häufig in die Lage kommen könnte, sich eine neue Bescheinigung ausstellen lassen zu müssen.

2. Abschriften und Auszüge.

Von den „Eintragungen in das Genossenschaftsregister" sind Abschriften auf Verlangen an Jeden — da das Genossenschaftsregister öffentlich ist — zu ertheilen (G.G. § 156 und H.G.B. § 9 Abs. 2). Auch von den Beilagen zum Genossenschaftsregister, d. h. von denjenigen Urkunden, auf Grund deren die Eintragungen stattgefunden haben, sind Abschriften zu ertheilen, sofern ein berechtigtes Interesse glaubhaft gemacht wird (H.G.B. § 9 Abs. 2). Die Liste der Genossen ist nicht ein Theil des Genossenschaftsregisters,

*) In Preußen sind nach § 15 der Instruktion vom 12. Dezember 1861 nur von den Eintragungen Abschriften und Auszüge zu ertheilen, also nicht von den Beilagen. Parisius und Crüger S. 75, 77.

sie muß vielmehr als eine besondere Beilage desselben betrachtet werden, es gilt für die Ertheilung von Abschriften der Liste der Genossen der gleiche Grundsatz (A.V. § 26).

Auf Verlangen hat das Gericht eine Bescheinigung darüber zu ertheilen, daß bezüglich des Gegenstandes einer Eintragung weitere Eintragungen nicht vorhanden sind, oder daß eine bestimmte Eintragung nicht erfolgt ist (H.G.B. § 11 Abs. 3).

XVII. Ermächtigung des Gerichts zur Berufung einer Generalversammlung und zur Stellung von Anträgen durch die Genossen.

§ 103. Die gesetzlichen Bestimmungen.

Das Gericht kann die Genossen zur Berufung einer Generalversammlung oder zur Ankündigung von Gegenständen und Beschlußfassung einer Generalversammlung ermächtigen (G.G. § 45 Abs. 3). Voraussetzung:

1) Der Antrag muß von dem zehnten Theil oder dem im Statut für die Stellung derartiger Anträge bezeichneten geringeren Theil schriftlich eingereicht sein. Für Genossen, die ihren Namen nicht schreiben können, kommen die nach den Landesgesetzen für Analphabeten geltenden Bestimmungen zur Anwendung.

2) Dem Antrag muß der Nachweis beigegeben sein, daß die im Statut hierzu berechtigten Organe oder Personen (G.G. § 44) von den Genossen vergeblich aufgefordert sind, die Generalversammlung zu berufen, bezw. die Gegenstände zur Beschlußfassung einer Generalversammlung anzukündigen.

Das Gericht ist bei der Prüfung, ob die Ermächtigung zu ertheilen sei, nicht auf die formellen Erfordernisse angewiesen, sondern ist befugt, durch Einziehung von Informationen aller Art, insbesondere Anhörung der Genossenschaftsorgane auch weiter zu prüfen, ob nicht Chikanen, Verfolgung von Sonderinteressen und sonstige Schädigung der Genossenschaft beabsichtigt sei. Das Gericht entscheidet nach freiem Ermessen. Die Ablehnung der Ermächtigung muß mit Gründen versehen sein.

Nach dem Wortlaut des § 45 G.G. werden „die Genossen, die das Verlangen gestellt haben", also diese sämmtlichen Genossen zur Berufung der Generalversammlung oder zur Ankündigung des Gegenstandes ermächtigt. „Die gerichtliche Ermächtigung" ist „mit der Berufung oder Ankündigung" bekannt zu machen. Danach könnte in großen Vereinen, welche zu der Bekanntmachung mehrere Blätter statutarisch benutzen müssen, wenn dies Verlangen mehrere hundert Mitglieder gestellt haben, die Einladung in Folge der hohen Insertionsgebühren mit fast unerschwinglichen Kosten verknüpft sein. Nach dem Wortlaut indessen dürfte nichts im Wege stehn, wenn die Antragsteller ihren Antrag darauf richten, wenigen bei Namen genannten Genossen von ihnen die Ermächtigung zu ertheilen.

Im Antrage müßte es dann etwa lauten:

Wir beantragen . . . die mitunterzeichneten . . . zu ermächtigen, in unser Aller Namen u. s. w.

§ 104. Formulare für die Ermächtigung.

[Form. 42a.]

Die Herren (folgen die Unterschriften sämmtlicher Genossen, die den Antrag stellten) werden hierdurch ermächtigt, eine Generalversammlung des Konsumvereins Sparsamkeit, eingetragene Genossenschaft mit beschränkter Haftpflicht, zum Zweck der Beschlussfassung über die beantragte Absetzung des Vorstandsmitglieds Heinrich Hübner zu berufen.

Xstadt, 15. April 1900. Königl. Amtsgericht.
Hoffmann.

Statt des Einganges könnte es auch heißen:

Die Herren Christian Frisch, Anton Frei und Josef Fromm werden hierdurch auf ihren und 81 Genossen Antrag vom 4. April 1900 ermächtigt u. s. w.

[Form. 42b.]

Die Herren (einzurücken die Namen sämmtlicher Genossen, die den Antrag stellten, oder)

Die Herren Christian Frisch, Anton Frei und Josef Fromm werden hierdurch auf ihren und 81 Genossen Antrag vom 4. April 1900 ermächtigt, folgende Gegenstände:

a) Absetzung des Vorstandsmitglieds Heinrich Hübner,
b) Klage gegen ihn auf Schadensersatz,
c) Auflösung der Genossenschaft

zur Beschlussfassung der am 1. Mai abzuhaltenden Generalversammlung des Konsumvereins Sparsamkeit, eingetragene Genossenschaft mit beschränkter Haftpflicht, anzukündigen.

Xstadt, den 15. April 1900. Königl. Amtsgericht.
Hoffmann.

XVIII. Das Gericht und die Revision.

§ 105. Der Revisionsverband.

Der Vorstand des Verbandes hat den Gerichten*) derjenigen Genossenschaften, die zu seinem Verbande gehören, einzureichen (§ 59):

---

*) Nur den Gerichten, in deren Bezirk sich eine Hauptniederlassung der Genossenschaft befindet.

a) Abschrift des Statuts des Verbandes mit einer beglaubigten Abschrift der Verleihungsurkunde, die Beglaubigung muß gerichtlich oder notariell geschehen sein (A.V. § 8 Abs. 3);

b) im Monat Januar jeden Jahres ein (unbeglaubigtes) Verzeichniß der dem Verbande angehörigen Genossenschaften.

Der Vorstand hat dem Gericht aber nicht namhaft zu machen die Personen, welche die Revisionen auszuführen haben.

Das Gericht hat keine Zwangsmaßregel, den Vorstand zur Einreichung der Urkunden anzuhalten; unterbleibt dieselbe, so gelten ihm gegenüber die Genossenschaften als keinem Revisionsverbande angehörig. Die Urkunden unterliegen nicht einer Prüfung des Gerichts.

Für jeden Revisionsverband hat das Gericht ein Aktenstück anzulegen, zu dem die Urkunden kommen.*) Im Monat Februar eines jeden Jahres hat sich der Richter die Akten vorlegen zu lassen zur Prüfung, welche Genossenschaften seines Bezirks einem Revisionsverbande angehören.

Das Gericht ist nicht berechtigt zu prüfen, ob die in seinem Bezirke liegende und ihm als einem Revisionsverbande zugehörig bezeichnete Genossenschaft auch in dem Bezirke des Revisionsverbandes liegt. So lange der Verband als Revisionsverband im Sinne des Gesetzes gilt, muß das Gericht auch die ihm durch den Vorstand dieses Verbandes aufgegebenen Genossenschaften als Mitglieder eines Revisionsverbandes betrachten. Die für die Verleihung mit dem Recht zur Bestellung des Revisors zuständige Stelle, der auch die Entziehung desselben zusteht, ist allein für die Beurtheilung des Verhaltens des Verbandsvorstandes zuständig.**)

§ 106. Die dem Revisionsverbande zugehörigen Genossenschaften.

Die Mitwirkung des Gerichts der Hauptniederlassung beschränkt sich darauf, die Vorstandsmitglieder durch Ordnungsstrafen dazu anzuhalten, daß sie eine Revision in Gemäßheit des § 63 Abs. 1 G.G. gestatten und den Bericht über die Revision bei der Berufung der nächsten Generalversammlung als Gegenstand der Beschlußfassung ankündigen (§ 63 Abs. 2 G.G.). Das Gericht kann erst dann einschreiten, wenn es davon Kenntniß erhält, daß die Revision nicht gestattet,***) bezw. der Revisionsbericht nicht als Gegenstand der Beschlußfassung für die nächste Generalversammlung angekündigt ist. Ferner hat das Gericht für die rechtzeitige Einreichung einer Bescheinigung des Revisors, daß die Revision stattgefunden hat, Sorge zu tragen, eventuell unter Androhung und Festsetzung von Ordnungsstrafen (G.G. § 160). Die Revision ist mindestens in jedem zweiten Jahre vorzunehmen (G.G. § 53); das Gericht hat also nach Ablauf des zweiten Jahres seit der

*) Vgl. unten § 111.

**) So lange der Verband der ihm obliegenden Pflicht der Revision genügt, kann deswegen, weil er außerhalb seines Bezirks liegende Genossenschaften aufnimmt, ihm das Recht zur Bestellung des Revisors nicht entzogen werden (§ 60).

***) Z. B. durch den Verbandsvorstand oder den Revisor.

Eintragung der Genossenschaft bezw. seit der letzten Revision*) den Vorstand unter Setzung einer nicht zu kurz bemessenen Frist (etwa 6 Wochen) unter Androhung einer Ordnungsstrafe aufzufordern, die Bescheinigung des Revisors einzureichen. Kommt der Vorstand dieser Auflage nicht nach, so nimmt das Verfahren behufs Festsetzung der Ordnungsstrafe seinen Fortgang. Das Gleiche gilt, wenn der Vorstand die Ausführung der Revision nicht gestattet oder den Revisionsbericht nicht für die nächste Generalversammlung als Gegenstand der Beschlußfassung ankündigt.

Diese Bescheinigung des Revisors hat nur zu enthalten, daß und wann die Revision ausgeführt, und ist von dem Revisor in dieser Eigenschaft zu unterzeichnen.**)

Eine Prüfung des Umstandes, ob der Betreffende auch thatsächlich Revisor des Verbandes ist, ist dem Gerichte entzogen. Der Vorstand haftet für die Richtigkeit der Bescheinigung in Gemäßheit des § 147 G.G.

Die Einreichung erfolgt in der für die rechtsverbindlichen Erklärungen des Vorstandes vorgeschriebenen Form, also insbesondere unter Mitwirkung der hierzu erforderlichen Anzahl Vorstandsmitglieder — entweder schriftlich oder persönlich bei dem Registergericht, in letzterem Fall ist unter Bezeichnung der erschienenen Vorstandsmitglieder von dem Gerichtsschreiber ein Vermerk aufzunehmen (A.V. § 7 Abs. 3). Die Urkunden kommen zu den Akten der Genossenschaft.

§ 107. Die einem Revisionsverbande nicht zugehörigen Genossenschaften.

Der Vorstand der Genossenschaft hat die Bestellung zu beantragen in der für die rechtsverbindlichen Erklärungen vorgeschriebenen

---

*) Das Gesetz schreibt vor, daß sich die Genossenschaft der Revision „mindestens in jedem zweiten Jahre" zu unterwerfen hat. Ueber diese Fristbestimmung können Zweifel entstehen. Bei Genossenschaften, die schon vor dem 1. Okt. 1889 eingetragen sind, lief das erste Jahr vom 1. Okt. 1889 bis 30. Sept. 1890, das zweite Jahr vom 1. Okt. 1890 bis 30. Sept. 1891. Vor dem 1. Okt. 1891 mußten sie sich revidiren lassen. — Bei einer erst nach dem 1. Okt. 1889 eingetragenen Genossenschaft beginnt das erste Jahr mit dem Tage der Eintragung und das zweite Jahr nach dem Ablauf des ersten. Eine am 10. Dez. 1890 eingetragene Genossenschaft hat sich also das erste Mal spätestens am 9. Dez. 1892 revidiren zu lassen.

Zweifelhaft wird die Berechnung der Fristen für die folgenden Revisionen. Werden bei späteren Revisionen die zwei Jahre für die Revisionspflicht jedesmal vom Tage der letzten Revision an berechnet oder sind die zwei Jahre bei den vor dem 1. Okt. 1889 eingetragenen Genossenschaften jedesmal vom 1. Okt. an und bei den nach dem 1. Okt. 1889 eingetragenen Genossenschaften stets vom Eintragungstage an zu berechnen?

Nach der Wortfassung des § 53 des G.G. würden wir geneigt sein, uns für die zweite Art der Berechnung zu entscheiden. Allein damit steht die Begründung des Gesetzentwurfs im Widerspruch, indem es darin (I 127) heißt, die Revision solle „mindestens in jedem zweiten Jahre erfolgen: sie muß also begonnen werden, bevor seit Beendigung der letzten Revision zwei Jahre verflossen sind".

**) Die Bescheinigung wird etwa lauten:

„Der Unterzeichnete bescheinigt hiermit, daß er die . . . (Firma der Genossenschaft) in den Tagen . . . revidirt hat.

Ort, Datum. N. N. Revisor des . . . (Bezeichnung des Verbandes)".

Form, entweder schriftlich oder persönlich bei dem Gericht; in diesem Falle ist von dem Gerichtsschreiber unter Anführung der erschienenen Vorstandsmitglieder ein Vermerk aufzunehmen. Der Vorstand ist berechtigt, eine Person zum Revisor vorzuschlagen (G.G. § 61).

Zur Stellung des Antrages auf Bestellung des Revisors ist der Vorstand durch Ordnungsstrafen anzuhalten (G.G. § 160).

Der Antrag muß vor Ablauf des zweiten Jahres seit der Gründung oder der letzten Revision gestellt sein, denn bei Ablauf des zweiten Jahres muß die Revision bereits vorgenommen sein. Der Richter hat daher, wenn die Revisionsbescheinigung eingereicht wird, zu verfügen, daß die Akten der Genossenschaft zwei Monate vor Ablauf des „zweiten Jahres" ihm wieder vorgelegt werden. Ist die Genossenschaft bis dahin keinem Revisionsverbande beigetreten und ist auch kein Antrag auf Bestellung des Revisors eingegangen, so sind die sämmtlichen Mitglieder des Vorstandes hierzu von dem Gericht unter Bestimmung einer Frist und Androhung einer Ordnungsstrafe aufzufordern. Kommt der Vorstand der Auflage nicht nach, so geht das Verfahren behufs Festsetzung der Ordnungsstrafe seinen Weg, und außerdem ist von Neuem dem Vorstande aufzugeben, den erforderlichen Antrag zu stellen. Dies wiederholt sich, bis der Antrag eingeht. Tritt die Genossenschaft inzwischen einem Revisionsverbande bei und das Gericht erhält durch den Vorstand des Verbandes hiervon Anzeige, so nimmt damit das auf Erzwingung eines Antrages gerichtete Verfahren sein Ende, und das Gericht hat nun abzuwarten, ob die Bescheinigung des Revisors (§ 63 Abs. 2 G.G.) rechtzeitig eingereicht wird. Bleibt dieselbe aus, so hat das Gericht den Vorstand durch Androhung bezw. Verhängung von Ordnungsstrafen zur Einreichung der Revisionsbescheinigung anzuhalten.

Wird der Antrag auf Bestellung des Revisors gestellt, so kann der Vorstand eine Person als Revisor vorschlagen oder die Ernennung des Revisors lediglich dem Gericht überlassen.

In beiden Fällen ist die „höhere Verwaltungsbehörde*) über die Person des Revisors zu hören" (§ 61 G.G.).

Der Richter hat also im ersteren Falle der höheren Verwaltungsbehörde mitzutheilen, wer von der Genossenschaft als Revisor vorgeschlagen ist; hält er die vorgeschlagene Person für ungeeignet, so wird er seine Bedenken aussprechen und der Zeitersparniß halber gleich diejenige Person benennen, die er eventuell zum Revisor zu bestellen beabsichtigt. Erklärt hierauf die Behörde sich mit der von der Genossenschaft vorgeschlagenen Person einverstanden, so muß der Richter dieselbe zum Revisor bestellen. Ist dies nicht der Fall, so ist der Richter in der Auswahl des Revisors unbeschränkt; er kann die vorgeschlagene Person dennoch bestellen oder — ebenso wie in dem Falle,

---

*) Welche Behörde als „höhere Verwaltungsbehörde" im Sinne des Gesetzes zu betrachten sei, darüber haben zufolge § 161 Abs. 2 G.G. die Zentralbehörden der Bundesstaaten Bestimmungen erlassen. Dieselben sind abgedruckt bei Parisius und Crüger S. 493 ff.

wo die Genossenschaft die Wahl dem Gericht überlassen hat, — jede andere Person, über welche zuvor die Verwaltungsbehörde gehört wurde, ohne daß ihr Gutachten für die Entscheidung maßgebend ist.

§ 108. Wer vom Gericht als Revisor zu bestellen ist.

Die Absicht des Genossenschaftsgesetzes bei Einführung der periodischen Revision ist nur zu erreichen durch tüchtige und gewissenhafte Revisoren; die Revision darf sich, wie es in der Begründung (I S. 127) heißt, „keineswegs auf eine blos kalkulatorische Kontrole der Bilanzen und Geschäftsbücher beschränken," — „die Untersuchung des Revisors muß sich wesentlich auf die materielle Seite der Geschäftsführung und die hierbei befolgten Grundsätze, sowie auf das Funktioniren der Genossenschaftsorgane und die sonstigen Einrichtungen der Genossenschaft richten." Das Gesetz stützt sich auf die Erfahrungen, welche mit dieser Art Revision als einer freiwilligen die genossenschaftlichen Verbände gemacht haben und nimmt deshalb zur Bestellung des Revisors und zur Wahrnehmung der Revisionskontrole zunächst die bestehenden Verbände in Anspruch. In der Reichstagskommission wurde die Schwierigkeit der Beschaffung tüchtiger Revisoren eingehend erörtert. Zu einem „sachverständigen Revisor" ist erforderlich, daß er kaufmännisch und genossenschaftlich geschult ist.*) So hieß es in der ersten Auflage dieses Buches. Seitdem sind zahlreiche Revisionsverbände entstanden, über deren Zusammensetzung es leider noch immer an einer Statistik fehlt. Die Leistungen dieser Verbände auf dem Gebiete der Revision sind naturgemäß sehr verschieden, vielfach werden die Aufgaben nur unvollkommen erfüllt. Es sind wesentlich die alten Verbände, die darauf dringen, daß der Revisor mit Umsicht und Strenge verfährt, und daß die von ihm gerügten Mängel abgestellt werden. Denn unter dem Zusammenbruch einer einem Verbande angehörenden Genossenschaft leidet in erster Linie der Kredit der anderen Verbandsgenossenschaften. Genossenschaften, deren Leiter der Revision am liebsten entgehen, ziehen es deshalb vor, außerhalb eines Verbandes zu bleiben und sich den Revisor bestellen zu lassen. Nach dem Regierungsentwurfe war der Richter in der Bestellung des Revisors nicht beschränkt. In der Reichstagskommission ward in erster Lesung trotz Widerspruchs der Regierungsvertreter beschlossen, daß die Bestellung nicht durch den Richter, sondern durch die Verwaltungsbehörde zu erfolgen habe. In zweiter Lesung wurde der Beschluß

*) Proebst a. a. O. (S. 291 und 194) verweist mit Recht auf die Beschlüsse des Genossenschaftstages zu Plauen (Verband Schulze-Delitzsch) von 1887, wonach als Verbandsrevisoren nur kaufmännisch gebildete, mit dem Genossenschaftswesen und den Bestimmungen des Genossenschaftsgesetzes vertraute praktische Genossenschafter berufen werden sollen. Um kaufmännisch gebildet zu sein, braucht man nicht „gelernter Kaufmann" zu sein. Kaufmännische Schulung erhält man auch als Vorstandsmitglied eingetragener Genossenschaften, die ja nach altem wie nach neuem Recht als Kaufleute im Sinne des Handelsgesetzbuches gelten. Ohne genossenschaftliche Schulung, ohne gründliche Kenntniß des Genossenschaftswesens ist Niemand zur Vornahme von Revisionen befähigt.

umgestoßen und dem Richter die Bestellung unter der oben dargelegten Beschränkung übertragen; durch letztere kann der Richter, der in der Regel die von einer Genossenschaft vorgeschlagene Person besser kennen wird, als die höhere Verwaltungsbehörde, gezwungen werden, einen Revisor zu bestellen, den er für ungeeignet hält.

Schon in der ersten Berathung des Reichstags wurde das Bedenken erhoben, woher der Amtsrichter, auch wenn er zu beurtheilen wisse, was zu einem tüchtigen Revisor nothwendig sei, tüchtige Revisoren hernehmen solle? Der Staat könne die erforderliche Anzahl nicht auftreiben. Es werde dahin kommen, daß in der Mehrzahl der Fälle einem Rechnungsverständigen, vielleicht dem Sekretär des Amtsrichters die Revision übertragen werde, obschon diese vom Wechselrecht, vom Handelsrecht, vom Genossenschaftswesen nichts verständen, und sich einfach auf eine kalkulatorische Prüfung beschränken würden. Die eine schlechte Verwaltung führenden Leiter von Genossenschaften würden den Revisor des Amtsrichters dem Verbandsrevisor vorziehen. Hiergegen erklärte der Staatssekretär des Reichsjustizamts Dr. von Schelling, er müsse bestreiten, „daß irgend ein Amtsrichter eine so geringe Einsicht von den ihm obliegenden Pflichten haben sollte, daß er seinen Sekretär für geeignet hielte, genossenschaftliche Bücher*) zu revidiren," er könne im Interesse des Richterstandes diese Unterstellung nur entschieden zurückweisen. Dieser Ausspruch kann sich selbstverständlich nur auf solche Gerichtssekretäre beziehen, welche nicht (was früher öfters vorkam) als Vorstandsmitglieder eingetragener Genossenschaften die erforderliche kaufmännische und genossenschaftliche Schulung erlangt haben. Frühere Gerichtssekretäre befinden sich unter den anerkannt tüchtigen Revisoren der bestehenden Verbände. Bald bewahrheiteten sich die gegen die Regelung der gerichtlichen Revision geäußerten Bedenken. In preußischen und nichtpreußischen Gerichtsbezirken sind außerhalb der Revisionsverbände stehenden Genossenschaften Gerichtsbeamte, die kaufmännischer und genossenschaftlicher Schulung durchaus entbehrten, zu Revisoren bestellt. Erfreulicher Weise haben die zuständigen Ministerien, insbesondere das preußische Justizministerium diesem Unfug bald gesteuert. Auch heute noch aber muß bezweifelt werden, daß die Gerichte überall über das geeignete Material zur Bestellung des Revisors verfügen.

§ 109. Thätigkeit des Richters nach der Bestellung des Revisors.

Der Richter hat die Bestellung des Revisors diesem selbst und dem Vorstande der Genossenschaft mitzutheilen und zugleich auf die Frist hinzuweisen, in welcher die Revision erfolgt sein muß. In Betreff der Durchführung der Revision und der Revisionsbescheinigung gilt das Gleiche wie für die einem Revisionsverbande zugehörigen Genossenschaften (s. oben § 106).

*) „Genossenschaftliche Bücher" steht im stenographischen Bericht; „Genossenschaften" dürfte gesagt oder gemeint sein. Die Revision genossenschaftlicher Bücher ist leichter als die Revision von Genossenschaften im Sinne des § 53 des G.G.

Der vom Gericht bestellte Revisor hat sich mit der Genossenschaft über Auslagen und Vergütung zu einigen (§ 62 Abs. 2 G.G.). In Ermangelung einer Einigung werden sie durch das Gericht festgesetzt, in Gemäßheit der Vorschriften in § 104 Abs. 2, § 105, § 794 Nr. 3 der Civilprozeßordnung. Unter Beifügung der Kostenberechnung nebst der zur Mittheilung an die Genossenschaft bestimmten Abschrift, sowie der zur Rechtfertigung der einzelnen Ansätze dienenden Beläge hat der Revisor das Gesuch um Festsetzung des zu erstattenden Betrages bei dem Gericht anzubringen. Der Festsetzungsbeschluß kann ohne vorgängige mündliche Verhandlung erfolgen. Gegen denselben findet sofortige Beschwerde statt. Doch wird dadurch die Zwangsvollstreckung nicht gehemmt.*)

§ 110. Formulare zu Verfügungen bei Bestellung des Revisors und Einreichung der Bescheinigungen.

I. Aufforderung an den Vorstand einer keinem Verbande angehörenden Genossenschaft, die Bestellung des Revisors zu beantragen.

[**Form. 43.**] Verfügung.

1) An die Vorstandsmitglieder des Vorschussvereins Sparsamkeit, eingetragene Genossenschaft mit unbeschränkter Haftpflicht zu Zburg: Rentner Georg Scherer, Kaufmann Martin Herwig und Schneider Michael Koch ist an Jeden besonders zu schreiben:

Nach §§ 53 und 61 des Genossenschaftsgesetzes hat der Vorstand des Vorschussvereins Sparsamkeit, eingetragene Genossenschaft mit unbeschränkter Haftpflicht zu Zburg, die Bestellung eines Revisors für die Revision zu beantragen, die vor dem 1. Oktober 1900 stattgefunden haben muss. Sie werden hierdurch auf Grund des § 160 jenes Gesetzes aufgefordert, binnen acht Tagen bei Vermeidung einer Ordnungsstrafe von zwanzig Mark in Gemeinschaft mit den übrigen Vorstandsmitgliedern diesen Antrag zu stellen.

2) Nach 8 Tagen mit den Behändigungsscheinen.

Zburg, 1. August 1900.

Durch den Hinweis auf den Ablauf der Zeit, in welcher die Revision stattgefunden haben muß, wird hier die Nothwendigkeit der schleunigen Erledigung begründet.

II. Verfügungen auf den Antrag zur Bestellung eines Revisors.

A. Wenn eine bestimmte Person zum Revisor vorgeschrieben ist, —

α) welche der Richter für nicht geeignet hält:

[**Form. 44.**] Verfügung.

1) An den Regierungspräsidenten Herrn XY zu P ist zu schreiben:

*) Bei Genossenschaften eines Revisionsverbandes ist das Honorar des Revisors regelmäßig durch den Anstellungsvertrag festgesetzt. Kommt es zu Streitigkeiten über das Honorar zwischen dem Revisor und der Genossenschaft, so sind dieselben im ordentlichen Prozesse zu entscheiden. Das Registergericht hat in diesem Falle nicht mitzuwirken.

Der Vorschussverein zu Zburg, eingetragene Genossenschaft mit unbeschränkter Haftpflicht, der keinem Revisionsverbande angehört, hat die Bestellung eines sachverständigen Revisors für die Revision, die vor dem 1. Oktober 1900 stattzufinden hat, beantragt und den Stadtsekretär Richtig hierselbst dazu vorgeschlagen. Indem wir dies auf Grund des § 61 des Genossenschaftsgesetzes ganz ergebenst mittheilen, erlauben wir uns zu bemerken, dass wir Herrn Richtig, der weder kaufmännisch noch genossenschaftlich geschult ist, nicht für hinreichend sachverständig halten, um „die Prüfung der Einrichtungen einer Genossenschaft und der Geschäftsführung derselben in allen Zweigen der Verwaltung" nach § 53 des Genossenschaftsgesetzes vorzunehmen, und dass wir event. den Kaufmann Streng, früher langjähriges Vorstandsmitglied des Kreditvereins zu Hburg bestellen würden.

2) Nach acht Tagen event.

Ystadt, den 1. August 1900.

Im gegebenen Falle ist der Hinweis auf den Inhalt des § 53 angemessen, um die höhere Verwaltungsbehörde (in Preußen den Regierungspräsidenten) aufmerksam zu machen, welche Eigenschaften der Revisor haben muß. Ebenso hat die Erwähnung der früheren Thätigkeit des Streng nur den Zweck, der Behörde, falls sie zweifelhaft sein sollte, dem vorgeschlagenen Herrn Richtig die Qualifikation abzusprechen, darüber Sicherheit zu gewähren, daß event. der Registerrichter in Herrn Streng einen zweifellos qualifizirten Revisor bestellen werde.

β) Der Richter hält die vorgeschlagene Person für geeignet. In diesem Fall, ebenso wie in dem Fall, wo die Genossenschaft keine Person vorgeschlagen hat und dem Richter allein die Bestellung obliegt, ist jede Begründung der Qualifikation des zu Bestellenden überflüssig, da ja der Richter, wenn die Regierung gegen die Qualifikation Bedenken erheben sollte, nicht verpflichtet ist, dieselbe zu berücksichtigen.

[**Form. 45.**] Verfügung.

1) An den Regierungspräsidenten (u. s. w. wörtlich wie zu II. A. *α*) Formular 44 bis zu den Worten) dazu vorgeschlagen. Wir theilen dies hierdurch auf Grund des § 61 des Genossenschaftsgesetzes ganz ergebenst mit.

2) Vorzulegen nach acht Tagen event.*)

Ystadt, den 1. August 1900.

B. Es ist keine Person vorgeschlagen.

[**Form. 46.**] Verfügung.

1) An den Regierungspräsidenten (u. s. w. wörtlich wie zu II. A. *α*) Formular Nr. 44 bis) beantragt, ohne eine Person vor-

---

*) Die Frist ist einzuhalten, weil die höhere Verwaltungsbehörde „über die Person des Revisors gehört" werden soll. Antwortet sie auf die Mittheilung binnen acht Tagen nichts, so ist der Richter zu der Annahme berechtigt, daß sie eine Erklärung abzugeben sich nicht veranlaßt sieht.

zuschlagen. Wir beabsichtigen den Kaufmann Streng hierselbst als Revisor zu bestellen und theilen dies hierdurch auf Grund des § 61 des Genossenschaftsgesetzes ganz ergebenst mit.

2) Vorzulegen nach acht Tagen event.*)

Ystadt, den 1. August 1900.

III. Verfügungen der Bestellung des Revisors.

[Form. 47.] Verfügung.

1) Herrn Kaufmann Streng hierselbst ist zu schreiben:

Wir bestellen Sie hierdurch zum Revisor des Vorschussvereins zu Zburg, eingetragene Genossenschaft mit unbeschränkter Haftpflicht, und ersuchen Sie ergebenst, auf Grund der §§ 53 und 63 des Genossenschaftsgesetzes „die Einrichtungen dieser Genossenschaft und die Geschäftsführung derselben in allen Zweigen der Verwaltung“ schleunigst, jedenfalls noch vor dem 1. Oktober 1900 zu prüfen und sich wegen der Zeit der Revision mit dem Vorstande der Genossenschaft in Einvernehmen zu setzen.

2) An den Vorstand des Vorschussvereins zu Zburg, eingetragene Genossenschaft mit unbeschränkter Haftpflicht ist zu schreiben:

Wir haben den Kaufmann Streng hierselbst zum Revisor Ihrer Genossenschaft bestellt und ihn aufgefordert, die Revision auf Grund der §§ 53 und 63 des Genossenschaftsgesetzes schleunig vorzunehmen und sich wegen der Zeit der Revision, die jedenfalls vor dem 1. Oktober 1900 erfolgen muss, mit Ihnen in Einvernehmen zu setzen.

3) Wieder vorzulegen event. 1. Oktober 1900.

Ystadt, 10. August 1900.

IV. Verfügung, betreffend Einreichung der Bescheinigung.

[Form. 48.] Verfügung.

1) An die Vorstandsmitglieder des Vorschussvereins, eingetragene Genossenschaft mit unbeschränkter Haftpflicht zu Zburg: Rentner Georg Scherer, Kaufmann Martin Herwig und Schneider Michael Koch ist, an jeden besonders, zu schreiben:

Sie werden hierdurch auf Grund der §§ 63 und 160 des Genossenschaftsgesetzes aufgefordert, binnen acht Tagen in Gemeinschaft mit den übrigen Vorstandsmitgliedern des Vorschussvereins, eingetragene Genossenschaft mit unbeschränkter Haftpflicht zu Zburg, die Bescheinigung des Revisors Streng über die Revision, die vor dem 1. Oktober 1900 stattgefunden haben muss, bei Vermeidung einer Ordnungsstrafe von zwanzig Mark zum Genossenschaftsregister einzureichen.

2) Nach acht Tagen mit den Behändigungsscheinen event.

Ystadt, den 3. Oktober 1900.

---

*) Siehe Anm. S. 124.

XIX. Aufsichtsrecht des Richters.

§ 111. Wann und wie das Aufsichtsrecht auszuüben ist.

Für den Fall, daß die Mitglieder des Vorstandes gewisse ihnen vom Gesetz gemachte Auflagen nicht befolgen, sind dieselben nach § 160 von dem Gerichte zur Beobachtung der gesetzlichen Vorschriften durch Ordnungsstrafen anzuhalten. Voraussetzung ist, daß das Gericht in glaubhafter Weise von der Nichtbefolgung einer gesetzlichen Anordnung Kenntniß erhält. Ist dieser Fall eingetreten, so hat das Gericht den Vorstandsmitgliedern unter Androhung der Ordnungsstrafe aufzugeben, die gesetzliche Anordnung zu befolgen oder die Unterlassung mittels Einspruchs gegen die Verfügung zu rechtfertigen (§ 132 Freiw. Ger.).

Das weiter zu beobachtende Verfahren richtet sich nach §§ 133 ff. Freiw. Ger.

Der Richter darf sein Aufsichtsrecht über die eingetragene Genossenschaft nur im Rahmen des § 160 G.G. ausüben und ist nur in den daselbst benannten Fällen berechtigt, die Ausführung gesetzlicher Obliegenheiten zu erzwingen. Dabei hat es sein Bewenden, das Gericht hat keine weitergehenden Rechte; es ist nicht befugt, den Vorstand, zur Vermeidung von Verstößen gegen das Gesetz, unter eine fortwährende Aufsicht und Kontrole zu nehmen. So kann das Gericht z. B. nicht ohne Weiteres verlangen, daß der Vorstand ihm das von ihm zu führende Verzeichniß der Genossen (§ 30) zur Prüfung vorlegt, ob dasselbe mit der gerichtlichen Mitgliederliste in Uebereinstimmung steht; es müßte zuvor Kenntniß davon erhalten haben, daß dies nicht der Fall ist und hätte dann erst unter Androhung einer Ordnungsstrafe den Vorstand dazu anzuhalten. Noch weniger ist der Richter berechtigt, regelmäßige Vorlegung des Verzeichnisses der Genossen von dem Vorstande zu verlangen. Wo der Vorstand dem Gerichte gegenüber zu regelmäßigen Nachweisungen verpflichtet ist,*) hat das Gesetz es ausdrücklich vorgeschrieben; hier muß das Gericht ohne Antrag einschreiten und zu rechter Zeit die Einreichung der erforderlichen Schriftstücke durch Ordnungsstrafen erzwingen. Es kommen dabei nur folgende Fälle in Betracht.

I. Kontrole über Veröffentlichung der Bilanzen.

a) Nach § 33 G.G. hat der Vorstand jeder Genossenschaft binnen sechs Monaten nach Ablauf jeden Geschäftsjahres die Bilanz, die Zahl der im Laufe des Jahres eingetretenen oder ausgeschiedenen, sowie die Zahl der am Jahresschlusse der Genossenschaft angehörigen Genossen

---

*) Unter das Aufsichtsrecht des Richters gehört auch das Recht, die Genossenschaft von Amtswegen aufzulösen, wenn die Zahl der Genossen weniger als sieben beträgt (§ 80 G.G.). Hier erhält das Gericht durch die zur Liste der Genossen gestellten Anträge des Vorstandes von dem Herabsinken der Mitgliederzahl so ausreichende Kenntniß, daß es von Amtswegen vorgehen muß (vgl. oben § 65 und 66).

zu veröffentlichen. Nach § 139 hat der Vorstand der Genossenschaft mit beschränkter Haftpflicht außerdem den Gesammtbetrag, um welchen sich im Laufe des Jahres die Geschäftsguthaben, sowie die Haftsummen vermehrt oder vermindert haben, und den Betrag der Haftsumme zu veröffentlichen, für welche am Jahresschluß alle Genossen zusammen aufzukommen haben. Die Bekanntmachung ist zum Genossenschaftsregister einzureichen.

b) Nach § 89 G.G. haben die Liquidatoren sofort bei Beginn der Liquidation eine Bilanz aufzustellen und zu veröffentlichen und die Bekanntmachung zum Genossenschaftsregister einzureichen.

Der Richter wird sich die Genossenschaftsakten regelmäßig sechs Monat nach Ablauf jeder Geschäftsperiode vorlegen lassen, um, falls eine Bekanntmachung zu a) noch nicht eingereicht ist, deren Einreichung durch Ordnungsstrafen zu erzwingen. Wegen des Falls zu b) wird er bei der Eintragung der Auflösuug der Genossenschaft die Vorlegung der Akten in geeigneter Frist verfügen.

II. Bestellung des Revisors und Einreichung der Revisionsbescheinigung. (Vgl. oben §§ 106 bis 109.)

1) Jede keinem Revisionsverbande angehörende Genossenschaft hat die Bestellung des Revisors rechtzeitig zu beantragen — spätestens etwa zwei Monat vor Ablauf des zweiten Jahres (§ 63 G.G.) — damit nach der Bestellung noch ausreichende Zeit zur Ausführung der Revision bleibt. Der Richter wird sich die Akten spätestens zwei Monat vor Ablauf jenes Jahres vorlegen lassen müssen, um den Antrag, falls er ausblieb, schleunig durch Ordnungsstrafen zu erzwingen.

2) Der Vorstand jeder Genossenschaft hat die Bescheinigung des Revisors über die stattgehabte Revision zu dem Genossenschaftsregister einzureichen. Der Richter wird sich deshalb die Akten jedesmal nach Ablauf des zweiten Jahres vorlegen lassen müssen.

§ 112. Das Nichtigkeitsverfahren.

Die Eintragung in das Genossenschaftsregister bietet nicht ohne Weiteres die Sicherheit, daß das Statut der Genossenschaft dem Gesetz entspricht — daß die Statutenänderung gesetzmäßig ist. Es sind Eintragungen von Statuten vorgekommen, die null und nichtig waren, weil Essentialien des Gesetzes verletzt waren. Das Gesetz von 1889 besagt nichts darüber, wie in solchen Fällen Abhilfe zu schaffen ist. Aus Veranlassung der zahlreich vorgekommenen nichtigen Eintragungen nach dem Inkrafttreten des Gesetzes hatte sich Parisius mit der Frage eingehend in Nr. 41 der Blätter für Genossenschaftswesen von 1892 beschäftigt Parisius kam zu dem Resultat:

1. Der Richter ist nicht befugt, eine zu Unrecht eingetragene Genossenschaft von Amtswegen zu löschen.
2. Der Richter ist auch nicht befugt, einen Antrag der Vorstandsmitglieder auf Löschung zu erzwingen.
3. Die Regelung der Angelegenheit kann nicht im Wege der Statutenänderung erfolgen.

Danach mußte eine nichtige Eintragung bestehen bleiben. Das Gesetz enthielt eine Lücke, ebenso wie die Gesetzgebung für Aktiengesellschaften u. s. w.*)

Die Frage der Bedeutung nichtiger Eintragungen ist nun durch die §§ 94 ff. G.G. und § 147 Frw. Ger. gelöst.

Die §§ 94 ff. G.G. setzen voraus, daß ein Genosse, ein Mitglied des Vorstandes, des Aufsichtsrathes die Nichtigkeitsklage gegen die Genossenschaft erhebt. Das Verfahren über die Klage bei Nichtigkeitserklärung und die Wirkungen des Urtheils bestimmen sich nach den Vorschriften des § 51 Abs. 3—5 und des § 52 (§ 96 G.G.). Das rechtskräftige Urtheil, durch welches die Nichtigkeit ausgesprochen ist, ist in das Genossenschaftsregister einzutragen; der Vorstand hat das Urtheil behufs der Eintragung einzureichen, er ist ev. im Wege der Verhängung von Ordnungsstrafen zur Einreichung anzuhalten (G.G. §§ 96, 51 Abs. 5, 160), die Eintragung erfolgt durch den Vermerk, der die Genossenschaft als nichtig bezeichnet (A.V. § 22 Abs. 2), im Uebrigen kommen auf die Eintragung zur Anwendung A.V. § 14, § 2 Abs. 2, § 3.

Ist die Nichtigkeit einer Genossenschaft in das Genossenschaftsregister eingetragen, so finden zum Zwecke der Abwickelung ihrer Verhältnisse die für den Fall der Auflösung geltenden Vorschriften entsprechende Anwendung. Es sind also Liquidatoren zu bestellen, das Liquidationsverfahren tritt ein. Ist der Vorstand säumig, so macht das Gericht von der Androhung der Ordnungsstrafen Gebrauch (G.G. §§ 97, 84, 160, A.V. §§ 22 Abs. 3, 20 Abs. 2).

In allen diesen Fällen handelt das Gericht nur auf Antrag.

Das Reichsgesetz über die Angelegenheiten der freiwilligen Gerichtsbarkeit sieht nun in § 147 aber auch ein Einschreiten von Amtswegen vor. § 147 Abs. 2 Frw. Ger. bestimmt:

„Eine in das Genossenschaftsregister eingetragene Genossenschaft kann gemäß den Vorschriften der §§ 142, 143 als nichtig gelöscht werden, wenn die Voraussetzungen vorliegen, unter denen nach den §§ 94, 95 des Gesetzes, betreffend die Erwerbs- und Wirthschaftsgenossenschaften die Nichtigkeitsklage erhoben werden kann."

Das Gericht hat also den Vorstand von der beabsichtigten Löschung zu benachrichtigen und ihm zugleich eine angemessene Frist zur Geltendmachung eines Widerspruchs zu bestimmen (Frw. Ger. § 142 Abs. 2). Die Frist soll mindestens 3 Monate betragen (Frw. Ger. § 147 Abs. 3). Wird Widerspruch erhoben, so entscheidet über ihn das Gericht; gegen die den Widerspruch zurückweisende Verfügung findet die sofortige Beschwerde statt (Frw. Ger. § 141 Abs. 3).**) In der Verfügung betr.

*) Vergl. das Nähere hierüber bei Parisius und Crüger S. 90 ff.

**) Gegen die einen Widerspruch zurückweisende Verfügung des Landgerichts findet die sofortige Beschwerde an das Oberlandesgericht statt (Frw. Ger. § 143 Abs. 2).

Die Löschung einer Eintragung kann gemäß den Vorschriften des § 142 auch von dem Landgericht verfügt werden, welches dem Registergericht im Instanzenzuge vorgeordnet ist (Frw. Ger. § 143 Abs. 1).

die Nachricht von der beabsichtigten Löschung ist ausdrücklich darauf hinzuweisen, „daß der Mangel bis zur Löschung durch Beschluß der Generalversammlung gemäß § 95 Abs. 2 bis 4 des Genossenschaftsgesetzes geheilt werden kann."

Wenn Widerspruch nicht erhoben oder die den Widerspruch zurückweisende Verfügung rechtskräftig geworden ist, findet die Löschung statt (Frw. Ger. § 141 Abs. 4, A.V. § 22 Abs. 2). An die Löschung schließt sich das Liquidationsverfahren an. Das Verfahren ist hierbei das gleiche wie bei der Nichtigkeitsklage (A.V. § 22 Abs. 3).

Nicht blos eine in das Genossenschaftsregister eingetragene Genossenschaft kann als nichtig gelöscht werden, es bestimmt Frw. Ger. § 147 Abs. 3 weiter:

„Ein in das Genossenschaftsregister eingetragener Beschluß der Generalversammlung einer Genossenschaft kann gemäß den Vorschriften der §§ 142, 143 als nichtig gelöscht werden, wenn er durch seinen Inhalt zwingende Vorschriften des Gesetzes verletzt und seine Beseitigung im öffentlichen Interesse erforderlich erscheint."

Es wird sich hauptsächlich dabei um Statutenänderungen handeln, nothwendig nach dem Gesetz ist dies aber nicht. Der Beschluß muß inhaltlich zwingende Vorschriften des Gesetzes verletzen, „die Löschung von Amtswegen ist daher nicht schon deshalb zulässig, weil ein Beschluß unter Verletzung der Vorschriften über die Berufung der Versammlung oder über die Abstimmung zu Stande gekommen ist, oder weil der Inhalt des Beschlusses gegen Bestimmungen des Gesellschaftsvertrages oder gegen gesetzliche Vorschriften nicht zwingender Natur verstößt." (Parisius und Crüger, Kommentar z. G.G., 3. Aufl. S. 367), in diesem Falle bleibt die Anfechtung den Betheiligten überlassen. Es soll ferner Voraussetzung der Löschung von Amtswegen auch sein, daß die Beseitigung im öffentlichen Interesse erforderlich erscheint. Im öffentlichen Interesse liegen jedenfalls die Beschlüsse der Generalversammlung, die die Bestimmungen in § 12 Abs. 2 und 4 G.G. betreffen, ferner bei Genossenschaften mit beschränkter Haftpflicht solche, die sich auf die Höhe der Haftsumme und die höchste Zahl der Geschäftsantheile beziehen. Gegen das öffentliche Interesse verstoßen würden ferner Beschlüsse, die das Gesetz verletzen bei Regelung der Angelegenheit in § 7 Pos. 1, 2.

Das Verfahren regelt sich nach §§ 142, 143. Das Gericht hat die Genossenschaft von der beabsichtigten Löschung zu benachrichtigen und zur Geltendmachung des Widerspruchs eine dreimonatliche Frist zu bestimmen. Gegen die den Widerspruch zurückweisende Verfügung findet die sofortige Beschwerde statt, gegen die Entscheidung des Landgerichts geht die sofortige Beschwerde an das Oberlandesgericht. Die Löschung darf nur erfolgen, wenn Widerspruch nicht erhoben oder wenn die den Widerspruch zurückweisende Verfügung rechtskräftig geworden ist (Frw. Ger. § 141 Abs. 4). Mit der Löschung ist wie in dem Falle zu verfahren, daß ein Beschluß durch rechtskräftiges Urtheil für nichtig erklärt ist (G.G. § 51 Abs. 5), die Löschung erfolgt durch Eintragung eines Vermerks, der den Beschluß als nichtig bezeichnet

(A.B. § 23),*) im Uebrigen gelten auch für diese Eintragung A.B. §§ 14, 2, 3.

§ 113. Anlegung von Generalakten.

Der nicht geringen Anzahl Registergerichte, in deren Genossenschaftsregister Genossenschaften eingetragen sind, von denen einige verschiedenen Revisionsverbänden, andere keinem Revisionsverbande angehören, einige mit dem Kalenderjahr, andere zu andern Zeiten abschließen, oder kürzere Geschäftsperioden haben, können wir nur anrathen, sich zur Erleichterung der Kontrole über die Bilanzen und über die Revisionen Generalakten anzulegen, in denen von jeder Genossenschaft auf besonderem Blatte die zur Prüfung dienenden Thatsachen in übersichtlicher Form fortlaufend vermerkt werden. Als Beispiel**) möge folgendes vom Amtsgericht Xburg dienen:

[Form. 49.]

Blatt 1.

1.	2.	3.	4.	5.	6.	7.
				Revision.		
№ des Gen.-Registers.		Ablauf d. Frist. zur Einreichung der Bilanz.	Fol. der Akten der eingereichten Bilanzen.	Datum der stattgefundenen.	Ende der Fristen d. Antrags a. Bestellung d. R.	Ende d. Fristen z. Einreichung der Bescheinigung.
1)	Kreditverein zu Xburg e. G. m. u. H. Gegründet vor 1. Okt. 89. Verb. der Kreditvereine der Prov. P. Geschäftsjahr Kalenderjahr.	1. Juli	1) B. für 1889 Bl. 12. 2) B. für 1890 Bl. 15.	1) 15. Juni 1890.	—	1) 1. Oktober 1891.***) 2) 15. Juni 92.

Blatt 2.

2)	Landwirthschaftlicher Konsumverein zu Hdorf e. G. m. u. H. Gegr. vor 1. Okt. 89. Geschäftsjahr 1. Februar bis 31. Jan.	1. Aug.	1) B. f. 1. Febr. 89/90 Bl. 5. 2) B. f. 1. Febr. 90/91 Bl. 10.	1)	1) 1. Aug. 91.***)	1) 1. Okt. 91.

---

*) Für das in Preußen geführte Register ist bestimmt: „Soll ein Beschluß der Generalversammlung als nichtig gelöscht werden (§ 23 A.B.) so erfolgt die Eintragung des den Beschluß als nichtig bezeichnenden Vermerks in derselben Spalte, in welcher der Beschluß eingetragen ist.

**) Wir haben das Beispiel der ersten, vor dem 1. Jan. 1892 erschienenen Auflage unverändert gelassen, weil die Unterscheidung zwischen den vor dem 1. Oktober 1889 und den später gegründeten eingetragenen Genossenschaften wesentlich erschien.

***) Spalte 7 und 6 ist unterstrichen, was erledigt ist.

Blatt 3.

1.	2.	3.	4.	5.	6.	7.
				Revision.		
№ des Gen.-Registers.		Ablauf d. Frist zur Einreichung der Bilanz.	Fol. der Akten der eingereichten Bilanzen.	Datum der stattgefundenen.	Ende der Fristen d. Antrags a. Bestellung d. R.	Ende d. Fristen z. Einreichung der Bescheinigung.
3)	Komsumverein Sparsamkeit, e. G. m. b. H. zu Ystadt. Gegr. 15. Febr. 1890. Verband der Konsumvereine der Prov. P. Geschäftsjahr 15. Febr. bis 14. Aug. 15. Aug. bis 14. Febr.	15. Aug. u. 15. Febr.	1) B. f. 15/2 bis 14/8 90 Bl. 7. 2) B. f. 15/8 90 bis 14/2 91 Bl. 13. 3) B. f. 15/2 91 bis	1) 10. Okt. 1890.	—	1) 15. Febr. 92.*) 2) 10. Okt. 92.

Blatt 4.

1.	2.	3.	4.	5.	6.	7.
4)	Molkereigenossenschaft in Wstedt, e. G. m. b. H. Gegr. 10. Jan. 90. Vom 2. Geschäftsjahr an Kalenderjahr.	1. Juli	1) B. f. 1890 Bl. 6.	1)	1) 10. November 91.	1) 10. Jan. 92.

Wir haben hier Blatt 1 und Blatt 3 in der Spalte 7 die Frist für die zweite Revision „innerhalb zweier Jahre seit der ersten Revision" berechnet. (Vgl. Anmerkung *) Seite 119). Bei der anderen Berechnungsweise würde Blatt 1 Spalte 7 einzutragen sein — statt „2) 15. Juni 1892": „2) 1. Oktober 1892", da in diesem Falle das „zweite Jahr" für die zweite Revision vom 1. Oktober 1891 bis 30. September 1892 liefe. Ebenso müßte Blatt 3 Spalte 7 — statt „2) 10. Okt. 1892": „2) 15. Februar 1893" einzutragen sein, da unter der gemachten Voraussetzung das „zweite Jahr" für die zweite Revision vom 15. Febr. 1892 bis 14. Febr. 1893 laufen würde.

*) Vgl. S. 130 Anm. ***.

Anhang.

Formulare zu Anträgen der Genossenschaft bei dem Registergericht.

1) Genossenschafts-Formular a.

Schriftliche Anmeldung des Statuts (vgl. Form. 1).

An das Königliche Amtsgericht
Xstadt. Xstadt, 12. April 1900.

Wir melden den hierselbst durch Statut vom 2. April 1900 begründeten Konsumverein Sparsamkeit, eingetragene Genossenschaft mit beschränkter Haftpflicht behufs Eintragung in das Genossenschaftsregister an. In Gemässheit des § 11 des Genossenschaftsgesetzes fügen wir bei:

1. das Statut der Genossenschaft im Original und in Abschrift,
2. eine Liste der Genossen,
3. eine Abschrift der Urkunden über die Bestellung des Vorstandes und des Aufsichtsraths.

Wir, die gewählten Vorstandsmitglieder werden unsere Unterschrift zeichnen wie hierunter geschieht

Karl Mettner. Heinrich Hübner. Franz Sauer.

Die vorstehenden vor mir vollzogenen Unterschriften beglaubige ich

(L. S.) Müller,
Am 1. April 1900. Gemeindevorsteher von Xstadt.

2) Genossenschafts-Formular b 1.

Schriftliche Anmeldung von Statutenänderungen (vgl. Form. 4).

An das Königliche Amtsgericht
Xstadt. Xstadt, 15. Mai 1900.

Unter Ueberreichung zweier Abschriften des in der ordnungsmässig berufenen Generalversammlung vom 14. Mai 1900 unter Beobachtung der Vorschriften des Statuts gefassten Beschlusses, betreffend Abänderung des Statuts melden wir hiermit diesen Beschluss zur Eintragung in das Genossenschaftsregister an.

Konsumverein Sparsamkeit, eingetragene Genossenschaft
mit beschränkter Haftpflicht.

Heinrich Hübner. Karl Mettner. Franz Sauer.

Die vorstehenden vor mir vollzogenen Unterschriften beglaubige ich.

(L. S.) Müller,

Am 15. Mai 1900. Gemeindevorsteher von Xstadt.

3) Genossenschafts-Formular b 2.

Einreichung eines Urtheils, durch welches ein eingetragener Beschluß für ungiltig erklärt ist (G.G. § 51 Abs. 4).

An das Königliche Amtsgericht
Xstadt.

Xstadt, 15. August 1900.

Unter Ueberreichung einer Ausfertigung des Urtheils des Königl. Landgerichts zu Ystadt vom 12. August 1900 beantragen wir dessen Eintragung in das Genossenschaftsregister.

Unterschrift wie bei b 1.

4) Genossenschafts-Formular c.

Einreichung der Beitrittserklärungen (vgl. Form. 7).

An das Königliche Amtsgericht
Xstadt.

Xstadt, 30. April 1900.

Anliegend überreichen wir die Beitrittserklärungen der

1. Ernst Schulz, Rentner,
2. Matthias Becker, Maurer,
3. Peter Lux, Handelsmann, sämmtlich zu Xstadt,

behufs Eintragung in die Liste der Genossen.*)

Konsumverein Sparsamkeit, eingetragene Genossenschaft
mit beschränkter Haftpflicht.
Karl Mettner. Heinrich Hübner.

5) Genossenschafts-Formular d.

Einreichung der Betheiligungserklärnng eines Genossen auf einen weiteren Geschäftsantheil (vgl. Form. 9).

An das Königliche Amtsgericht.
Xstadt.

Xstadt, 1. April 1900.

Wir überreichen die Betheiligungserklärung des Tischlers Emil Albrecht zu Xstadt, eingetragen unter Nr. 25 der Liste, auf den zweiten Geschäftsantheil behufs Eintragung in die Liste der Genossen.**) Wir geben die Versicherung ab, dass der erste Geschäftsantheil erreicht ist.

Unterschrift wie zu c.

---

*) Die Stellung eines besonderen Antrages ist nicht unbedingt erforderlich, da derselbe in der Einreichung liegt, auch die Namhaftmachung der Genossen in der Einreichung ist nicht gesetzlich vorgeschrieben, aber zweckmäßig zur Kontrole der eingereichten Beitrittserklärungen.

**) Wird die Versicherung in besonderer Urkunde abgegeben, so muß dieselbe gleichfalls in der für die Angabe von Willenserklärungen des Vorstandes maßgebenden Form ausgestellt sein.

6) Genossenschafts-Formular e.

Einreichung der Kündigungen der Genossen (vgl. Form. 11).

An das Königliche Amtsgericht
Xstadt. Xstadt, 10. Nov. 1900.

Wir überreichen die Kündigungserklärungen der unter den beigefügten Nummern in die Liste der Genossen eingetragenen Mitglieder.

Nr. 6. Landwirth Hans Neumann zu Holzhausen,
Nr. 7. Gastwirth Eduard Lehmann zu Xstadt,
behufs Eintragung in die Liste der Genossen.*)

Wir geben die Versicherung ab, dass die Aufkündigung in beiden Fällen rechtzeitig erfolgt ist.

Unterschrift wie bei c.

7) Genossenschafts-Formular f.

Einreichung des Ausschließungsbeschlusses (Form. 11).

An das Königliche Amtsgericht
Xstadt. Xstadt, 10. Nov. 1900.

Wir überreichen in Abschrift den Beschluss der Generalversammlung vom 7. Nov. 1900, durch welchen der Handelsmann Peter Lux zu Xstadt, eingetragen unter Nr. 101 der Liste, ausgeschlossen wird, behufs Eintragung des Ausscheidens in die Liste der Genossen.

Unterschrift wie bei c.

8) Genossenschafts-Formular g.

Einreichung der Urkunden betreffs Eintragung des Todes eines Genossen (vgl. Form. 11).

An das Königliche Amtsgericht
Xstadt. Xstadt, 1. April 1900.

Wir überreichen die von dem Sohne des unter Nr. 101 der Liste der Genossen eingetragenen Kaufmanns Alfred Reich zu Xstadt erstattete Anzeige von dem Tode des Letzteren behufs Eintragung in die Liste der Genossen.

oder

Wir geben behufs Eintragung in die Liste der Genossen die Erklärung ab, dass der unter Nr. 101 der Liste der Genossen eingetragene Kaufmann Alfred Reich aus Xstadt am 8. Nov. 1900 verstorben ist.

Unterschriften wie bei c.

---

*) Auch hier kann die Stellung eines besonderen Antrages unterbleiben.

9) Genossenschafts-Formular h.

Einreichung der Aufkündigung im Falle dieselbe von dem Gläubiger eines Genossen ausgeht (vgl. Form. 11).

An das Königliche Amtsgericht
Xstadt.

Xstadt, 1. November 1900.

Wir überreichen

1. die durch den Lederhändler Robert Meier zu Stettin erfolgte Aufkündigung der Mitgliedschaft des unter Nr. 101 der Liste der Genossen eingetragenen Schuhmachers Langsam zu Xstadt.

2. beglaubigte Abschrift des rechtskräftigen Urtheils vom 5. Dezember 1900 in Sachen Meier wider Langsam.

3. beglaubigte Abschrift des Beschlusses des Königlichen Amtsgerichts Ystadt vom 4. Juli 1900 betreffend Pfändung und Ueberweisung des Geschäftsguthabens des Genossen Schuhmacher Langsam an den Lederhändler Robert Meier.

4. beglaubigte Abschrift des Gerichtsvollzieherprotokolls vom 1. Juli 1900 über die fruchtlose Zwangsvollstreckung.*)

behufs Eintragung des Ausscheidens des Genossen Schuhmachers Langsam. Wir geben die Versicherung ab, dass die Aufkündigung rechtzeitig erfolgt ist.

Unterschriften wie bei c.

10) Genossenschafts-Formular i.

Einreichung der Austrittserklärung wegen Aufgabe des Wohnsitzes (vgl. Form. 11).

An das Königliche Amtsgericht
Xstadt.

Xstadt, 1. November 1900.

Wir überreichen

1. die Austrittserklärung des unter Nr. 25 in der Liste der Genossen eingetragenen Maurers Matthias Becker.**)

2. eine Bescheinigung der Polizeibehörde zu Xstadt über den Fortzug des N. N. aus dem Kreise Xstadt

behufs Eintragung des Ausscheidens des N. N.

Unterschriften wie bei c.

---

*) Diese Urkunden können selbstverständlich auch im Original eingereicht werden.

**) Bezw. Abschrift der an den Genossen gerichteten Erklärung der Genossenschaft, aus der Genossenschaft auszuscheiden (G.G. § 67).

11) Genossenschafts-Formular k.

Einreichung der Uebereinkunft wegen Uebertragung des Geschäftsguthabens an einen Nicht-Genossen (§ 76 G.G.).

An das Königliche Amtsgericht
Xstadt.

Xstadt, 1. Juli 1900.

Wir überreichen

1. die zwischen dem unter Nr. 44 der Liste der Genossen eingetragenen Korbmacher Fritz Becker zu Xstadt und dem Fleischermeister Walter Rogge zu Xstadt wegen der Uebertragung des Geschäftsguthabens an Letztern geschlossene Uebereinkunft,

2. die Beitrittserklärung des Fleischermeisters Walter Rogge zu Xstadt behufs Eintragung des Ausscheidens des Fritz Becker und des Erwerbs der Mitgliedschaft des Walter Rogge.

Unterschriften wie zu c.

12) Genossenschafts-Formular l.

Einreichung der Uebereinkunft wegen Uebertragung des Geschäftsguthabens an einen Genossen bei Zulassung von einem Geschäftsantheil (§§ 76, 134 und 138 G.G.).

An das Königliche Amtsgericht
Xstadt.

Xstadt, 1. Juli 1900.

Wir überreichen die zwischen dem unter Nr. 44 der Liste der Genossen eingetragenen Schneidermeister August Schatz zu Xstadt und dem unter Nr. 65 der Liste der Genossen eingetragenen Tischler Ernst Albrecht aus Xstadt wegen Uebertragung des Geschäftsguthabens an Letztern geschlossenen Uebereinkunft behufs Eintragung des Ausscheidens des Schneidermeisters August Schatz.

Wir geben die Versicherung ab, dass das bisherige Geschäftsguthaben des Tischlers Ernst Albrecht mit dem ihm zuzuschreibenden Betrage den Geschäftsantheil nicht übersteigt.

Unterschriften wie bei c.

13) Genossenschafts-Formular m.

Einreichung der Uebereinkunft wegen Uebertragung des Geschäftsguthabens an einen Genossen bei Zulassung von mehreren Geschäftsantheilen (§§ 76, 137 und 138 G.G.).

An das Königliche Amtsgericht
Xstadt.

Xstadt, 1. Juli 1900.

Wir überreichen

1. die zwischen dem unter Nr. 44 der Liste der Genossen eingetragenen Schneidermeister August Schatz aus Xstadt und dem unter Nr. 65 der Liste der Genossen eingetragenen Tischler Ernst Albrecht aus Xstadt wegen Uebertragung des Geschäftsguthabens an Letzteren geschlossene Uebereinkunft,

2. die Betheiligungserklärung des Tischlers Ernst Albrecht auf einen zweiten Geschäftsantheil

behufs Eintragung des Ausscheidens des Schneidermeisters August Schatz und des Erwerbs eines zweiten Geschäftsantheils bei dem Tischler Ernst Albrecht.

Wir geben die Versicherung ab, dass der erste Geschäftsantheil des Tischlers Ernst Albrecht erreicht ist und dass das bisherige Geschäftsguthaben desselben mit dem ihm zuzuschreibenden Betrage die der höchsten Zahl der Geschäftsantheile entsprechende Gesammtsumme nicht übersteigt. Unterschriften wie bei c.

14) Genossenschafts-Formular n.

(Einreichung des rechtskräftigen Urtheils*) auf Anerkennung des Ausscheidens eines Genossen (vgl. Form. 14).

An das Königliche Amtsgericht
Xstadt.
Xstadt, 1. Juli 1900.

Wir überreichen das rechtskräftige Urtheil vom 1. Mai 1900 in Sachen des Schlossers Jacob Frisch wider die unterzeichnete Genossenschaft behufs Eintragung des Ausscheidens des unter Nr. 24 der Liste der Genossen eingetragenen Schlossers Jacob Frisch aus Xstadt. Unterschriften wie bei c.

15) Genossenschafts-Formular o.

Anmeldungen von Wahlen von Vorstandsmitgliedern (vgl. Form. 16).

An das Königliche Amtsgericht
Xstadt.
Xstadt, 2. Januar 1900.

Wir melden die in der ordnungsmässig berufenen Generalversammlung vom 20. Dezember 1900 nach den Vorschriften des Statuts vollzogene Wahl der

1. Maurer Karl Mettner,
2. Schlosser Heinrich Hübner } beide von hier.

zu Vorstandsmitgliedern unter Beifügung einer Abschrift des Wahlprotokolls behufs Eintragung in das Genossenschaftsregister an.

Aus dem Vorstande ausgeschieden sind

1. Erich Rother,
2. Ferdinand Schall.

Die Gewählten werden, wie hierunter geschehen ist, zeichnen

Konsumverein Sparsamkeit, eingetragene Genossenschaft
mit beschränkter Haftpflicht.

Karl Mettner. Heinrich Hübner. Franz Sauer.

Die vorstehenden vor mir vollzogenen Unterschriften beglaubige ich.

(L. S.) Müller,
2. Januar 1900. Gemeindevorsteher zu Xstadt.

---

*) Oder des beglaubigten (A.B. § 8 Abs. 1) Anerkenntnisses des Vorstands (§ 71 Abs. 1 G.G.).

16) Genossenschafts-Formular p.

Anmeldung der Suspension von Vorstandsmitgliedern (§ 40 G.G.).

An das Königliche Amtsgericht
Xstadt.

Xstadt, 1. November 1900.

Wir melden unter Beifügung einer Abschrift des Beschlusses des Aufsichtsraths vom 31. Oktober 1900 die vorläufige Amtsentsetzung des Mitgliedes des Vorstandes Maurers Karl Mettner behufs Eintragung in das Genossenschaftsregister an.*)

Konsumverein Sparsamkeit, eingetragene Genossenschaft mit beschränkter Haftpflicht.
Heinrich Hübner. Franz Sauer.

Die vorstehenden vor mir vollzogenen Unterschriften beglaubige ich.

(L. S.) Müller,
1. November 1900. Gemeindevorsteher von Xstadt.

17) Genossenschafts-Formular q.

Anmeldung der Auflösung mit Bestellung besonderer Liquidatoren (vgl. Form. 19).

An das Königliche Amtsgericht
Xstadt.

Xstadt, 15. Mai 1900.

Wir melden behufs Eintragung in das Genossenschaftsregister an: Die unterzeichnete Genossenschaft hat in der ordnungsmässig berufenen Generalversammlung vom 14. Mai 1900 unter Beobachtung der Vorschriften des Statuts ihre Auflösung beschlossen; zu Liquidatoren sind bestellt

1. Kaufmann Karl Müller,
2. Rentier Ernst Schulz,
3. Kaufmann Hermann Ewald, sämmtlich aus Xstadt.

Zwei Liquidatoren können rechtsverbindlich für die Genossenschaft zeichnen und Erklärungen abgeben.

Eine Abschrift der Bestellungsurkunde der Liquidatoren fügen wir bei.

Konsumverein Sparsamkeit, eingetragene Genossenschaft mit beschränkter Haftpflicht in Liquidation.
Karl Mettner. Heinrich Hübner. Franz Sauer.

Die Liquidatoren werden zeichnen:
Karl Müller. Ernst Schulz. Hermann Ewald.

Die vorstehenden vor mir vollzogenen Unterschriften und Zeichnungen der Vorstandsmitglieder und Liquidatoren beglaubige ich.

(L. S.) Müller,
15. Mai 1900. Gemeindevorsteher zu Xstadt.

---

*) Ist ein Stellvertreter bestellt, so erfolgt dessen Anmeldung gleichzeitig (vgl. Genossenschafts-Form. o.).

18) Genossenschafts-Formular r.

Anmeldung der Auflösung, wenn der Vorstand die Liquidation besorgt (vgl. Form. 19).

An das Königliche Amtsgericht
Xstadt.
Xstadt, 15. Mai 1900.

Wir melden behufs Eintragung in das Genossenschaftsregister an: Die unterzeichnete Genossenschaft hat in der ordnungsmässig berufenen Generalversammlung vom 14. Mai 1900 unter Beobachtung der Vorschriften des Statuts ihre Auflösung beschlossen. Die Liquidation wird durch den Vorstand besorgt.

Konsumverein Sparsamkeit, eingetragene Genossenschaft mit beschränkter Haftpflicht in Liquidation.
Karl Mettner. Heinrich Hübner. Franz Sauer.

Die vorstehenden vor mir vollzogenen Unterschriften beglaubige ich.

(L. S.) Müller,
15. Mai 1900. Gemeindevorsteher.

19) Genossenschafts-Formular s.

Anmeldung der durch Zeitablauf erfolgten Auflösung (vgl. § 79 G.G.).

An das Königliche Amtsgericht
Xstadt.
Xstadt, 31. Dezember 1900.

Wir melden behufs Eintragung in das Genossenschaftsregister an, dass die Auflösung der unterzeichneten Genossenschaft durch Ablauf der Zeit, auf welche dieselbe gegründet war, am heutigen Tage erfolgt ist (u. s. w. wie in den andern Fällen der Auflösung).

20) Genossenschafts-Formular t.

Anmeldung der Beendigung der Vollmacht nach durchgeführter Liquidation (vgl. Form. 21).

An das Königliche Amtsgericht
Xstadt.
Xstadt, 1. Dezember 1900.

Wir melden behufs Eintragung in das Genossenschaftsregister an, dass unsere Vollmacht in Folge vollständiger Vertheilung des Genossenschaftsvermögens beendigt ist.

Karl Mettner. Heinrich Hübner. Franz Sauer.
Liquidatoren des Konsumvereins, eingetragene Genossenschaft mit beschränkter Haftpflicht in Liquidation.

Die vor mir vollzogenen Unterschriften beglaubige ich.

(L. S.) Müller,
1. Dezember 1900. Gemeindevorsteher zu Xstadt.

21) Genossenschafts-Formular u.

Antrag auf Eintragung der Unwirksamkeit einer Eintragung (vgl. Form. 27 u. 29).

An das Königliche Amtsgericht
Xstadt.
Xstadt, 1. April 1900.

Wir überreichen beglaubigtes Anerkenntniss der Unwirksamkeit der Eintragung des Ausscheidens des Genossen Maurer Hermann Müller, Nr. 15 der Liste der Genossen, und beantragen die Eintragung der Unwirksamkeit.*)

Unterschriften wie bei c.

22) Genossenschafts-Formular v.

Anmeldung der Errichtung einer Zweigniederlassung in dem Gerichtsbezirke der Hauptniederlassung (vgl. Form. 31 a).

An das Königliche Amtsgericht
Xstadt.
Xstadt, 1. Mai 1900.

Wir melden behufs Eintragung in das Genossenschaftsregister an, dass in Rstedt eine Zweigniederlassung errichtet ist.

Konsumverein Sparsamkeit, eingetragene Genossenschaft mit beschränkter Haftpflicht.

Karl Mettner. Heinrich Hübner. Franz Sauer.

Die vorstehenden vor mir vollzogenen Unterschriften beglaubige ich.

(L. S.) Müller,
1. Mai 1900. Gemeindevorsteher zu Xstadt.

23) Genossenschafts-Formular w.

Anmeldung der Errichtung einer Zweigniederlassung, die nicht in dem Gerichtsbezirk der Hauptniederlassung ihren Sitz hat (vgl. Form. 31 b).

An das Königliche Amtsgericht
Ystadt.
Xstadt, 1. Mai 1900.

Wir melden behufs Eintragung in das Genossenschaftsregister die Errichtung einer Zweigniederlassung in Ystadt an und überreichen zu diesem Zweck

zwei beglaubigte Abschriften des eingetragenen Statuts,
eine beglaubigte Abschrift der Liste der Genossen.

Das Statut der Genossenschaft datirt vom 1. Dezember 1898. Die Firma der Genossenschaft ist: „Konsumverein Sparsamkeit, eingetragene Genossenschaft mit beschränkter Haftpflicht“.

Die Genossenschaft hat ihren Sitz in Xstadt.

Gegenstand des Unternehmens ist der gemeinschaftliche Einkauf von Lebens- und Wirthschaftsbedürfnissen im Grossen und Ablass im Kleinen.

---

*) Der Antrag kann auch von dem betreffenden Genossen gestellt werden.

Die Bekanntmachungen der Genossenschaft erfolgen unter deren Firma, werden von zwei Vorstandsmitgliedern unterzeichnet und in der Xstädter Zeitung und falls diese eingeht, bis die Generalversammlung ein anderes Blatt bestimmt, durch den Deutschen Reichsanzeiger, veröffentlicht.

Die Mitglieder des Vorstands sind
1. Maurer Karl Mettner,
2. Schlosser Heinrich Hübner,
3. Lehrer Franz Sauer.

Die Mitglieder des Vorstandes zeichnen, wie es hierunter geschieht. Unterschrift und Beglaubigung wie bei v.

24) Genossenschafts-Formular x.

Anmeldung der Aufhebung der Zweigniederlassung (A.B. § 19 Abs. 4).

An das Königliche Amtsgericht
Ystadt.

Xstadt, 1. April 1900.

Wir melden behufs Eintragung in das Genossenschaftsregister an, dass die Zweigniederlassung zu Ystadt aufgehoben ist.

Unterschriften und Beglaubigung wie bei v.

25) Genossenschafts-Formular y.

Anmeldung der Umwandlung von einer Haftform zu einer andern (vgl. Form. 36).

An das Königliche Amtsgericht
Xstadt.

Xstadt, 1. Mai 1900.

Die Unterzeichneten überreichen

2 1. zwei Abschriften des nach den Vorschriften des Statuts gefassten Beschlusses der ordnungsmässig berufenen Generalversammlung vom 1. Februar 1899 betreffend die Umwandlung,

2 2. zwei Abschriften des nach den Vorschriften des Statuts gefassten Beschlusses der ordnungsmässig berufenen Generalversammlung vom 15. April 1900 betreffend die Aenderung der Firma,

2 3. zwei Abschriften des Beschlusses der ordnungsmässig berufenen Generalversammlung vom 15. Dezember 1899 betreffend die Festsetzung der Haftsumme auf 50 Mark,

2 4. zwei Abschriften des Beschlusses der ordnungsmässig berufenen Generalversammlung vom 15. Dezember 1899 betreffend die Haftpflicht der Genossen,

5. die schriftliche Versicherung über die Befriedigung bezw. Sicherstellung der Gläubiger,

3 6. die Blätter, in welchen die vorgeschriebenen Bekanntmachungen des Umwandlungsbeschlusses veröffentlicht sind,

und melden zur Eintragung an:

1. den Beschluss der Generalversammlung betreffend die Umwandlung in eine Genossenschaft mit beschränkter Haftpflicht,

2. den Beschluss der Generalversammlung betreffend die Festsetzung der Haftsumme auf 50 Mark,

3. den Beschluss der Generalversammlung betreffend die Aenderung der Firma in Konsumverein Sparsamkeit, eingetragene Genossenschaft mit beschränkter Haftpflicht,

4. den Beschluss der Generalversammlung betreffend die Aenderung der Haftpflicht der Genossen.

Unterschrift und Beglaubigung wie bei v.

26) Genossenschafts-Formular z.

Anmeldung der Herabsetzung der Haftsumme (vgl. Form. 39).

An das Königliche Amtsgericht
Xstadt.

Xstadt, 1. Mai 1900.

Wir melden zur Eintragung in das Genossenschaftsregister an: die beschlossene Herabsetzung der Haftsumme von 50 Mark auf 30 Mark. Wir überreichen:

2 1. zwei Abschriften des in der ordnungsmässig berufenen Generalversammlung vom 1. Febr. 1899 nach den Vorschriften des Statuts gefassten Beschlusses betreffend die Herabsetzung der Haftsumme,

3 2. die Blätter, in welchen die Bekanntmachungen des Herabsetzungsbeschlusses veröffentlicht sind.

Wir geben die Versicherung ab, dass die Gläubiger, welche sich bei der Genossenschaft gemeldet und der Umwandlung nicht zugestimmt haben, befriedigt oder sichergestellt sind.

Unterschrift und Beglaubigung wie bei c.

Die für die Führung des Genossenschaftsregisters in den deutschen Bundesstaaten und den Reichslanden geltenden Bestimmungen. *)

I. Preußen.

Allgemeine Verfügung vom 8. November 1899 — über die Führung des Genossenschaftsregisters.

(Justiz-Ministerial-Blatt 1899 S. 334 ff.)

In Ergänzung der vom Bundesrathe beschlossenen, vom Reichskanzler durch Bekanntmachung vom 1. Juli 1899 (Reichs-Gesetzbl. S. 347) veröffentlichten Bestimmungen über die Führung des Genossenschaftsregisters wird Folgendes angeordnet:

Artikel 1. Die Obliegenheiten des Richters und des Gerichtsschreibers bei der Führung des Genossenschaftsregisters bestimmen sich nach den Vorschriften der §§ 1, 2, des § 3 Satz 1, der §§ 6—8, des § 12 Abs. 4, des § 13 der Allgemeinen Verfügung vom 7. November 1899 über die Führung des Handelsregisters (Just.-Minist.-Bl. S. 313).

Diese Vorschriften finden auf die Führung der Liste der Genossen entsprechende Anwendung.

Artikel 2. Das Genossenschaftsregister wird nach dem nachstehend abgedruckten Formulare geführt. Als Blatt (§ 12 Abs. 2 der Bekanntmachung vom 1. Juli 1899) gelten zwei gegenüberstehende Seiten des Registers.

Auf die Führung finden die §§ 18—21, der § 22 Abs. 2 und die §§ 23, 25, 28 der Allgemeinen Verfügung vom 7. November 1899 entsprechende Anwendung.

---

*) Zum Abdruck gelangen nur die in Ergänzung der Bekanntmachung vom 1. Juli 1899 (Reichs-Gesetzbl. S. 347) ergangenen Bestimmungen, es mußte mit Rücksicht auf den Umfang des Buchs abgesehen werden von einem Abdruck der für die Führung des Genossenschaftsregisters geltenden älteren Bestimmungen, insoweit sie nicht in die neuen Verordnungen aufgenommen sind, ebenso mußte aus dem gleichen Grunde darauf verzichtet werden, die für die Führung des Handelsregisters maßgebenden Vorschriften, auf die in den Verordnungen betreffend die Führung des Genossenschaftsregisters vielfach Bezug genommen wird, hier wiederzugeben.

Artikel 3. 1. In Spalte 1 ist die laufende Nummer der die Genossenschaft betreffenden Eintragungen anzugeben.

2. In Spalte 2 sind die Firma (einschließlich der voll auszuschreibenden zusätzlichen Bezeichnung über die Art der Haftung), der Sitz der Genossenschaft und die darauf sich beziehenden Aenderungen einzutragen. Ebendort finden die Vermerke über Zweigniederlassungen sowie die Vermerke über das Vorhandensein einer Hauptniederlassung (§ 19 der Bekanntmachung vom 1. Juli 1899) ihren Platz.

3. In Spalte 3 sind der Gegenstand des Unternehmens und die darauf sich beziehenden Aenderungen anzugeben.

4. In Spalte 4, die nur bei Genossenschaften mit beschränkter Haftpflicht zur Ausfüllung kommen kann, sind die Höhe der Haftsumme und im Falle des § 134 des Genossenschaftsgesetzes die höchste Zahl der Geschäftsantheile aufzunehmen, auf welche ein Genosse sich betheiligen kann. Eine Erhöhung oder Herabsetzung der Haftsumme ist gleichfalls hier einzutragen.

5. In Spalte 5 sind die Mitglieder des Vorstandes und deren Stellvertreter unter Angabe des Familiennamens, Vornamens, Berufs und Wohnorts einzutragen. Ebendort und in gleicher Weise sind die Liquidatoren unter der Bezeichnung als solche einzutragen.

6. In Spalte 6 sind einzutragen:

a) das Datum des Statuts;

b) die Form, in welcher die von der Genossenschaft ausgehenden Bekanntmachungen erfolgen, sowie die öffentlichen Blätter, in welche dieselben aufzunehmen sind;

c) die Zeitdauer der Genossenschaft, falls dieselbe auf eine bestimmte Zeit beschränkt ist;

d) das Geschäftsjahr, falls es, abgesehen von dem ersten, auf ein mit dem Kalenderjahre nicht zusammenfallendes Jahr oder auf eine kürzere Dauer als auf ein Jahr, bemessen ist;

e) die etwaige Bestimmung des Statuts über die Form, in welcher der Vorstand seine Willenserklärung kund giebt und für die Genossenschaft zeichnet, sowie die bei der Bestellung von Liquidatoren getroffene Bestimmung über die Form der Willenserklärung und die Zeichnung (§ 20 Abs. 3 der Bekanntmachung vom 1. Juli 1899), desgleichen etwaige Aenderungen dieser Bestimmungen;

f) jede Aenderung in den Personen des Vorstandes oder der Liquidatoren sowie die Beendigung der Vertretungsbefugniß des Vorstandes oder der Liquidatoren.

Ferner ist in Spalte 6 einzutragen jede Aenderung des Statuts (§§ 16, 17 der Bekanntmachung vom 1. Juli 1899), soweit sie nicht die in den Spalten 2 bis 4 eingetragenen Angaben betrifft.

Jeder Eintragung in Spalte 6 ist derjenige kleine lateinische Buchstabe voranzustellen, mit welchem vorstehend sowie in der Ueberschrift der Spalte der Gegenstand bezeichnet ist, auf den die Aenderung sich bezieht.

7. In Spalte 7 sind einzutragen:

die Auflösung;

die Eröffnung, Einstellung und Aufhebung des Konkursverfahrens sowie die Aufhebung des Eröffnungsbeschlusses;

die Fortsetzung der Genossenschaft;

die Nichtigkeit der Genossenschaft;

8. Die Spalte 8 ist zur Aufnahme der Verweisung auf die Registerakten, zur Angabe des Tages der Eintragung und für die Unterschrift des Gerichtsschreibers bestimmt (§ 14 der Bekanntmachung vom 1. Juli 1899).

9. Die Spalte 9 dient auch zu etwaigen Verweisungen auf spätere Eintragungen. Den Vermerken in dieser Spalte ist, wenn in keiner anderen Spalte gleichzeitig eine Eintragung erfolgt, das Datum sowie die Unterschrift des Gerichtsschreibers beizufügen.

10. Soll ein Beschluß der Generalversammlung als nichtig gelöscht werden (§ 23 der Bekanntmachung vom 1. Juli 1899), so erfolgt die Eintragung des den Beschluß als nichtig bezeichnenden Vermerkes in derselben Spalte, in welcher der Beschluß eingetragen ist.

Artikel 4. Von der Bestimmung der Blätter für die Bekanntmachungen aus dem Genossenschaftsregister (§ 5 der Bekanntmachung vom 1. Juli 1889) ist dem Reichs-Justizamt in der im § 10 der Allgemeinen Verfügung vom 7. Nov. 1899 bezeichneten Weise Mittheilung zu machen.

Artikel 5. Bei der Fassung der Bekanntmachungen sind die im § 12 Abs. 1 bis 3 der Allgemeinen Verfügung vom 7. November 1899 gegebenen Anweisungen zu beachten.

Artikel 6. Gehört ein Ort oder eine Gemeinde (§ 3 Abs. 2 des Genossenschaftsgesetzes) zu den Bezirken verschiedener Registergerichte, so hat jedes Registergericht die Firmen der an dem Orte oder in der Gemeinde bestehenden eingetragenen Genossenschaften, soweit dies noch nicht geschehen ist, den anderen betheiligten Registergerichten mitzutheilen und diese von jeder entsprechenden neuen Eintragung sowie von jeder Aenderung und Löschung der Genossenschaften unverzüglich zu benachrichtigen. Dies gilt auch dann, wenn der betreffende Ort zu mehreren Bundesstaaten gehört.

Artikel 7. Für die Genossenschaften, welche vor dem 1. Januar 1900 eingetragen sind, werden die bisherigen Register bis auf Weiteres fortgeführt. Neue Eintragungen bei diesen Genossenschaften erhalten, wenn sie in den bisherigen Registern erfolgen, an der nach den bisherigen Vorschriften dafür bestimmten Stelle ihren Platz.

Die Uebertragung der vor dem 1. Januar 1900 eingetragenen Genossenschaften in die neuen Register erfolgt unter entsprechender Anwendung der §§ 37 bis 40 der Allgemeinen Verfügung vom 7. November 1899.

Artikel 8. Diese Verfügung tritt am 1. Januar 1900 in Kraft.

Berlin, 8. November 1899.

Der Justizminister.
Schönstedt.

Genossenschaftsregister

des

Königlichen Amtsgerichts in Buchhain.

Band I.

Nummer der Genossenschaft 4.

1.	2.	3.	4.	5.	6.	7.	8.	9.
Nummer der Eintragung.	Firma und Sitz.	Gegenstand des Unternehmens	Bei Genossensch. mit beschränkter Haftpflicht: Haftsumme; höchste Zahl der Geschäftsantheile.	Vorstand; Liquidatoren.	a) Statut; b) Form der Bekanntmachungen; c) Zeitdauer; d) Geschäftsjahr; e) Form f. d. Willenserklärungen des Vorst. u. d. Liquidatoren; f) Vertretungsbefugniß.	Auflösung; Konkurs; Fortsetzung; Nichtigkeit.	Geschäftsnum.; Tag der Eintragung Unterschrift des Gerichtsschreibers.	Bemerkungen.
1.	Vorschußverein, eingetragene Genossenschaft mit beschränkter Haftpflicht, Hermannsdorf.	Betrieb v. Bankgeschäften zum Zwecke der Beschaffung der im Gewerbe und in der Wirthschaft der Mitglieder nöthigen Geldmittel.	300 Mark. 10 Geschäftsantheile.	Karl Schulze, Bauer, Wilhelm Müller, Gastwirth, Friedrich Schmidt, Lehrer, } Hermannsdorf.	a) Statut vom 17. Juli 1900. b) Bekanntm. erfolgen unter der Firma im Buchhainer Kreisbl. und der Schlesischen Zeitung. e) Die Willenserkl. des Vorstandes erfolgen durch mindestens zwei Mitgl.; die Zeichnung geschieht, indem zwei Mitglieder d. Firma ihre Namensunterschr. beifügen.		2 Gn R 4. 1. 20. Juli 1900 N. N.	Das Statut befindet sich Bl. 2 der Registerakten.
2.			Die Haftsumme ist auf 600 Mk. erhöht durch Beschluß der Generalversamml. vom 20. Dez. 1900.				2 Gn R 4. 7. 27. Dezemb. 1900. N. N.	Der Generalversammlungsbeschluß befindet sich Bl. 6 der Registerakten.
3.				Friedrich Braun, Bauer, Hermannsdorf.	f) Der Bauer Karl Schulze ist aus dem Vorst. ausgetr. u. an seine Stelle d. Bauer Friedrich Braun in den Vorstand gewählt.		2 Gn R 4. 8. 5. Januar 1901 N. N.	
4.			Der Generalvers.-Beschl. v. 20. Dez. 1900 ist d. rechtskr. Urtheil des Landgerichts in Brieg v. 15. Juli 1901 für nichtig erklärt; die Haftsumme beträgt sonach nur 300 Mk.				2 Gn R 4. 17. 1. August 1901. N. N.	
5.				Die bisherigen Vorstandsmitglieder sind Liquidatoren.		Die Genossensch. ist durch Beschluß der Generalvers. v. 1. September 1901 aufgelöst.	2 Gn R 4. 21. 3. Sept. 1901. N. N.	Der Beschluß befindet sich Bl. 15 der Registerakten.
6.				Friedrich Weiß, Schmiedemeister, Hermannsdorf, ist Liquidator.	f) Der Gastwirth Wilhelm Müller ist durch Verfüg. des Amtsger. in Buchhain v. 10. Dez. 1901 abberufen u. an s. Stelle d. Schmiedemeister Friedrich Weiß zum Liquidator bestellt.		2 Gn R 4. 25. 12. Dezemb. 1901. N. N.	

II. Bayern.

Bekanntmachung.

Königliches Staatsministerium der Justiz.
(Justizministerialblatt 1899 S. 959 ff.)

Zur Ausführung und Ergänzung der vom Reichskanzler am 1. Juli 1899 veröffentlichten Bestimmungen des Bundesraths erläßt das Staatsministerium der Justiz unter Aufhebung seiner bisherigen Vorschriften mit Wirkung vom 1. Januar 1900 an folgende

Vorschriften über die Führung des Genossenschaftsregisters.

Zu § 1 der Bestimmungen des Bundesraths.

§ 1. Die Führung des Genossenschaftsregisters obliegt denjenigen Amtsgerichten, welchen die Führung des Handelsregisters übertragen ist.

Für jedes Amtsgericht des Registerbezirks wird ein besonderes Genossenschaftsregister geführt.

Der erste Bedarf wird aus Zentralfonds geliefert.

§ 2. Zu jedem Genossenschaftsregister wird ein Nachschlagregister geführt, in welches die eingetragenen Genossenschaften in alphabetischer Reihenfolge mit Angabe der Nummer des Bandes und des Registerblatts eingetragen werden.

§ 3. Auf die Führung des Genossenschaftsregisters und auf die Führung der Liste der Genossen finden die Vorschriften über die Führung des Handelsregisters entsprechende Anwendung, soweit nicht ein Anderes bestimmt ist.

Das Gleiche gilt für die sonstigen dem Registergericht in Genossenschaftssachen obliegenden Verrichtungen (zu vergleichen § 160 Abs. 2 des Genossenschaftsgesetzes, §§ 147, 148 G.F.G.).

Zu § 3 der Bestimmungen.

§ 4. Für die Benachrichtigungen sind die Formulare der Anlage A zu benützen, und zwar das Formular I für die Fälle des § 15 Abs. 4, das Formular II für die Fälle des § 72 Abs. 1, § 76 Abs. 3, § 77 Abs. 3, § 137 Abs. 4 des Gesetzes.

Bei der Benützung des Formulars II ist der Wortlaut der Eintragung unter Wiederholung der Spaltenüberschrift aus der Liste in die Benachrichtigung zu übernehmen. Die Anlage B enthält Beispiele der Ausfüllung des Formulars II.

Die Formulare sind für die Benachrichtigung sowohl des Vorstandes als auch der Genossen, ferner des Gläubigers im Falle des § 66, § 72 Abs. 2 und des Erben im Falle des § 77 des Gesetzes zu verwenden. Sie können auch zu den Mittheilungen an das Gericht der Zweigniederlassung (§ 158 Abs. 1 des Gesetzes) benützt werden.

Jedes Formular ist in zweifacher Weise herzustellen, nämlich

a) auf einem halben Bogen Kanzleiformat,
b) auf der Rückseite einer Postkarte.

Bei den ersteren ist auf der freien Seite die Adresse so anzubringen, daß sich das Papier in Briefform zusammenfalten läßt. Für die Benachrichtigung von Eintragungen in die Liste der Genossen sind in der Regel Postkarten zu verwenden.

§ 5. Die Ausfüllung der Formulare obliegt dem Gerichtsschreiber, kann indes auch von dem Registerrichter vorgenommen werden.

Schreibgebühren dürfen für die Benachrichtigungen nicht in Ansatz gebracht werden; dies gilt auch, wenn ausnahmsweise, etwa wegen des größeren Umfanges einer Benachrichtigung, von der Benützung eines Formulars abgesehen wird.

Die vorhandenen Formulare können aufgebraucht werden; der Vordruck ist den neuen Formularen entsprechend zu ändern.

Zu § 5 der Bestimmungen.

§ 6. Die für die Bekanntmachungen aus dem Genossenschaftsregister bestimmten Blätter sind dem Reichs-Justizamt in der gleichen Weise mitzutheilen wie die für die Bekanntmachungen aus dem Handelsregister bestimmten Blätter. Sie sind in das für die Mittheilung der letzeren vorgeschriebene Formular aufzunehmen.

§ 7. Die Bekanntmachungen in den Blättern sollen in möglichst knapper Form abgefaßt sein; sie dürfen nur dasjenige enthalten, was nach dem Gesetze veröffentlicht werden muß (§§ 12, 131, 134 des Gesetzes).

In der äußeren Anordnung der Bekanntmachungen sind neue Absätze thunlichst zu vermeiden.

Zu § 8 der Bestimmungen.

§ 8. Zur Beglaubigung der Unterschriften im Falle des § 6 und § 36 der Bundesrathsbestimmungen und im Falle des § 71 Abs. 2 des Gesetzes sind auch die Bürgermeister zuständig.

Die Beglaubigung von Abschriften, welche in beglaubigter Form zum Genossenschaftsregister einzureichen sind, steht den Bürgermeistern nicht zu.

Zu § 10 der Bestimmungen.

§ 9. Eine Eintragung in das Genossenschaftsregister oder in die Liste der Genossen, die durch eine spätere Eintragung ihre Bedeutung verloren hat, ist nicht zu durchstreichen, sondern zu unterstreichen.

Zu § 12 der Bestimmungen.

§ 10. Das Genossenschaftsregister wird nach dem Formular III (Anlage C) geführt.

Jede Genossenschaft erhält ein besonderes Registerblatt. Das Registerblatt soll fünf Doppelseiten umfassen; der Registerrichter kann eine andere Anordnung treffen.

Für die Eintragung in die einzelnen Spalten ist der Vordruck maßgebend im Uebrigen finden die für die Eintragung in das Gesellschaftsregister geltenden Vorschriften entsprechende Anwendung. Die zusätzliche Bezeichnung über die Art der Haftung ist in der Spalte 3 voll auszuschreiben. Bei Genossenschaften mit beschränkter Haftpflicht sind die Worte: „mit beschränkter Haftpflicht" zu unterstreichen.

Zu § 13 der Bestimmungen.

§ 11. Die Registerakten sind in einem Umschlage von starkem Papier aufzubewahren.

Zu § 14 der Bestimmungen.

§ 12. Die Eintragungen in das Genossenschaftsregister sind von dem Registerrichter zu unterschreiben. Die Verweisung auf die Stelle der Registerakten geschieht in der Art, daß die fortlaufende Nummer, welche das die Verfügung enthaltende Aktenstück in den Registerakten trägt, in der Spalte 7 des Registerblatts mit arabischen Ziffern eingetragen wird.

Zu § 19 der Bestimmungen.

§ 13. Befindet sich die Zweigniederlassung in einem anderen Amtsgerichtsbezirk als die Hauptniederlassung, aber in dem Bezirke des gleichen Registergerichts, so unterbleiben die im § 19 Abs. 2 der Bestimmungen bezeichneten Mittheilungen. Das Registergericht hat, nachdem es die auf die Zweigniederlassung sich beziehende Eintragung vorgenommen hat, den erforderlichen Vermerk zum Register der Hauptniederlassung zu machen.

Zu §§ 20, 21 der Bestimmungen.

§ 14. Ist nach der Beendigung der Liquidation die Beendigung der Vertretungsbefugniß der Liquidatoren eingetragen, so wird das Registerblatt im ganzen gelöscht.

Ist der Konkurs über das Vermögen einer Genossenschaft eröffnet, so wird das Registerblatt im ganzen erst gelöscht, nachdem die Aufhebung oder Einstellung des Verfahrens (§§ 163, 205 K.O., § 116 des Gesetzes) im Register vermerkt ist.

§ 15. Wird eine Genossenschaft in eine Genossenschaft mit anderer Haftpflicht umgewandelt, so wird das bisherige Registerblatt fortgeführt.

Zu § 22 der Bestimmungen.

§ 16. Eine Genossenschaft kann als nichtig von Amtswegen gelöscht werden, wenn das Statut nicht die für dasselbe wesentlichen Bestimmungen enthält oder wenn eine wesentliche Bestimmung nichtig ist. Als wesentlich gelten die in den §§ 6, 7, 131 des Gesetzes bezeichneten Bestimmungen des Statuts mit Ausnahme derjenigen über die Beurkundung der Beschlüsse der Generalversammlung und den Vorsitz in dieser sowie über die Grundsätze für die Aufstellung und Prüfung der Bilanz (§ 95 Abs. 1 des Gesetzes).

Zu § 27 der Bestimmungen.

§ 17. Die Liste der Genossen und die im § 27 Abs. 4 der Bestimmungen bezeichneten Beilagen werden in einem Umschlage von starkem Papier verwahrt, auf dessen Außenseite rechts unten das Registerblatt der Genossenschaft nach Nummer und Band vermerkt wird.

Zu § 28 der Bestimmungen.

§ 18. Für die im § 28 der Bestimmungen bezeichnete Mittheilung an das Gericht der Zweigniederlassung gilt die Vorschrift im § 13.

Uebergangsbestimmungen.

§ 19. Die Landgerichte haben die bisherigen Genossenschaftsregister, die dazu gehörenden Akten, Nachschlagregister und Listen der Genossen rechtzeitig an die mit der Führung des Handelsregisters beauftragten Amtsgerichte abzugeben.

Die bisherigen Genossenschaftsregister sollen als Register für den Bezirk derjenigen Amtsgerichte weitergeführt werden, die mit der Führung des Handelsregisters beauftragt sind. Das bisherige Genossenschaftsregister des Landgerichts München I soll als Genossenschaftsregister für das Amtsgericht München I, das bisherige Genossenschaftsregister des Landgerichts München II als Genossenschaftsregister für das Amtsgericht Freising bei dem Amtsgerichte München I fortgeführt werden. Der Registerrichter kann die sofortige Benützung eines neuen Bandes anordnen, wenn im einzelnen Falle das bisherige Genossenschaftsregister nicht mehr viele freie Blätter enthält.

Wird das bisherige Register fortgeführt, so finden auf die Eintragung die neuen Bestimmungen Anwendung, soweit nicht die bisherige Spalteneintheilung ein Anderes verlangt.

§ 20. Die Eintragungen, die sich auf die am 1. Januar 1900 schon eingetragenen Genossenschaften beziehen, erfolgen in den bisherigen Registern nach Maßgabe der neuen Vorschriften, soweit nicht die bisherige Spalteneintheilung ein Anderes verlangt.

§ 21. Das auf Grund des Gesetzes vom 29. April 1869, die privatrechtliche Stellung der Erwerbs- und Wirthschaftsgesellschaften betreffend, zu führende Register für die registrirten Gesellschaften wird von den Amtsgerichten, denen die Führung des Handelsregisters obliegt, für die sämmtlichen Amtsgerichte des Registerbezirkes geführt. Für die Führung bleiben die bisherigen Bestimmungen maßgebend.

Die Landgerichte haben die Register sammt den dazu gehörenden Verzeichnissen und Akten rechtzeitig an die zuständigen Amtsgerichte abzugeben.

München, den 14. Dezember 1899. Dr. Freiherr von Leonrod.

Die Führung des Genossenschaftsregisters betr.

Anlage A. **Formular I.**

Kgl. Amtsgericht ....

.... den .... ten .... 19 ....

In die Liste der Genossen für die Genossenschaft ....

....

in .... ist — sind — am .... ten .... 19 ....

als neue..... Genosse..... eingetragen worden:

unter Nr. ....

unter Nr. ....

K. Amtsgericht.

Formular II.

Kgl. Amtsgericht ....

.... den ....ten.............................. 19..........

In die Liste der Genossen für die Genossenschaft ....

....

in .... ist bei den Genossen ....

.... in ....

(Nr. .... der Liste) am ....ten.............................. 19..........

Folgendes eingetragen — vorgemerkt — worden:

....

....

K. Amtsgericht

Anlage B.

Beispiele für die Ausfüllung des Formulars II.

1. Fall des § 72 verb. m. § 70 des Genossenschaftsgesetzes (vergl. das Formular zur Liste der Genossen im Reichs-Gesetzblatte von 1899 S. 361 ff. unter Nr. 1):

In die Liste der Genossen für die Genossenschaft Merseburger Konsum-Verein e. G. m. b. H. in Merseburg ist bei dem Genossen Schlossermeister Wilhelm Meier in Merseburg (Nr. 1 der Liste) am 18. November 1902 Folgendes eingetragen — vorgemerkt*) — worden:

Grund des Ausscheidens: Aufkündigung zum 31. Dezember 1902.

Tag der Ausscheidens: 31. Dezember 1902.

2. Fall des § 72 verb. m. § 71 des Gesetzes (vergl. das Formular im Reichs-Gesetzblatte von 1899 S. 361 ff. unter Nr. 6):

In die Liste der Genossen für die Genossenschaft Merseburger Konsum-Verein e. G. m. b. H. in Merseburg ist bei dem Genossen Landwirth Hans Müller in Bolzhausen (Nr. 6 der Liste) am 20. Dezember 1903 Folgendes eingetragen*) — vorgemerkt — worden:

Grund des Ausscheidens: Vorgemerkt Kündigung zum 31. Dezemb. 1903.

3. Fall des § 76 des Gesetzes (vergl. das Formular im Reichs-Gesetzblatte von 1899 S. 361 ff. unter Nr. 4):

In die Liste der Genossen für die Genossenschaft Merseburger Konsum-Vereine e. G. m. b. H. in Merseburg ist bei dem Genossen Klempnermeister Anton Himmelreich in Merseburg (Nr. 4 der Liste) am 5. Juni 1901 Folgendes eingetragen — vorgemerkt*) — worden:

Grund des Ausscheidens: Uebertragung des Guthabens an den Gastwirth Eduard Schulz in Merseburg (Nr. 7 der Liste).

Tag des Ausscheidens: 5. Juni 1901.

4. Fall des § 77 des Gesetzes (vergl. das Formular im Reichs-Gesetzblatte von 1889 (S. 361 ff. unter Nr. 3):

In die Liste der Genossen für die Genossenschaft Merseburger Konsum-Verein e. G. m. b. H. in Merseburg ist bei dem Genossen Kaufmann Philipp Kraus in Merseburg (Nr. 3 der Liste) am 7. August 1902 Folgendes eingetragen — vorgemerkt*) — worden:

Grund des Ausscheidens: Verstorben am 30. Juli 1902.

Tag des Ausscheidens: 31. Dezember 1902.

5. Fall des § 137 Abs. 4 des Gesetzes (vergl. das Formular im Reichs-Gesetzblatte von 1899 (S. 361 ff. unter Nr. 6):

In die Liste der Genossen für die Genossenschaft Merseburger Konsum-Verein e. G. m. b. H. in Merseburg ist bei dem Genossen Landwirth Hans Müller in Bolzhausen (Nr. 6 der Liste) am 1. Mai 1901 Folgendes eingetragen — vorgemerkt*) — worden:

Zahl der weiteren Geschäftsantheile: 1.

---

*) Bei der Ausfüllung zu durchstreichen.

Anlage C. **Formular III.**

Genossenschaftsregister
des
K. Amtsgerichts.
Band I.

Nummer des Genossenschaftsregisters:

Laufende Nummer.	Tag der Eintragung.	Bezeichnung der Firma.	Sitz der Genossenschaft, Zweigniederlassungen.	Vorstandsmitglieder, Liquidatoren.	Rechtsverhältnisse der Genossenschaft.	Nummer der Reg.-Akten.	Bemerkungen.

III. Sachsen.

Verordnung

über das Registerwesen bei den Amtsgerichten, vom 8. November 1899. (19. Stück des Sächsischen Gesetz- und Verordnungsblattes für das Jahr 1899 S. 515 ff., S. 527 ff.).

Mit Allerhöchster Genehmigung wird verordnet was folgt:

pp. pp.

III. Genossenschaftsregister.

§ 59. Die Verordnung zur Ausführung des Reichsgesetzes vom 1. Mai 1889, die Erwerbs- und Wirthschaftsgenossenschaften betreffend, vom 14. August 1889 (G.- u. V.-Bl. S. 78 ff.) wird dahin geändert:

1. An Stelle des § 5 tritt folgende Vorschrift:

Im Uebrigen sind die Vorschriften der §§ 2, 4 bis 6, 8, 11 bis 14, 20 bis 24, 26 Abs. 1, §§ 30, 33, 35 der Verordnung über das Registerwesen bei den Amtsgerichten vom 8. November 1899 bei Führung des Genossenschaftsregisters und die Vorschriften des § 32 Abs. 1 derselben Verordnung sowie des § 9 Abs. 3 des Handelsgesetzbuchs bezüglich der Eintragungen in die Listen der Genossen entsprechend anzuwenden.

2. In dem beigefügten Muster (G.- u. V.-Bl. 1889 S. 81—83) ist

a) die gegen das Ende der Eintragungen in der mittleren Spalte befindliche Bemerkung: „Verfügung vom . . . ." zu streichen:

b) auf der letzten Zeile der Eintragungen in der mittleren Spalte links die Aktenstelle, an der sich die gerichtliche Verfügung befindet, anzugeben und rechts die Unterschrift des Registerführers ohne Bezeichnung der amtlichen Eigenschaft beizufügen, z. B.:

Reg. Akt. Bl. 46. „Fischer."

pp. pp.

Dresden, am 8. November 1899. Ministerium der Justiz.
Schurig. Kurth.

IV. Württemberg.

Verfügung des Justizministeriums,

betreffend die Führung des Genossenschaftsregisters. Vom 9. November 1899. (Regierungsblatt 1899 S. 844 ff.)

Zum Vollzug der gesetzlichen Bestimmungen über die Führung des Genossenschaftsregisters und unter Bezugnahme auf die Bekanntmachung des Reichskanzlers vom 1. Juli 1899, betreffend die Führung des Genossenschaftsregisters und die Anmeldungen zu diesem Register (Reichs-Gesetzblatt S. 347), wird mit Wirkung vom 1. Januar 1900 ab hiermit Nachstehendes verfügt:

§ 1. Die Vorschriften der §§ 2, 3, 5 der Verfügung des Justizministeriums vom 14. September 1889, betreffend den Vollzug des Reichsgesetzes vom 1. Mai 1889 über die Erwerbs- und Wirthschaftsgenossenschaften (Reg.-Blatt S. 283), über die Fortführung der alten Register hinsichtlich der am 1. Oktober 1889 bereits bestehenden Genossenschaften und über die Führung des neuen Genossenschaftsregisters nach dem jener Verfügung anliegenden Formular bleiben auch ferner maßgebend.

§ 2. Für die Bekanntmachungen aus dem Genossenschaftsregister wird bei kleineren Genossenschaften, für welche gemäß § 156 des Gesetzes betreffend die Erwerbs- und Wirthschaftsgenossenschaften, neben dem Reichsanzeiger nur ein anderes

Blatt zu bestimmen ist, in der Regel das für bezirksamtliche Bekanntmachungen dienende Amtsblatt auszuwählen sein (vergl. die Verfügung des Justizministeriums vom 19. Oktober 1889, betreffend die Bekanntmachungen aus dem Genossenschaftsregister, Amtsblatt S. 45).

Ob bei größeren Genossenschaften die Veröffentlichung auch in dem Württembergischen Centralblatt für gerichtliche Bekanntmachungen, Beilage des Staatsanzeigers für Württemberg, erfolgen soll, bleibt der Bestimmung der Registergerichte vorbehalten. Im Uebrigen ist hinsichtlich der Veröffentlichungen aus dem Genossenschaftsregister auf die §§ 4, 5 der vom Reichskanzler bekannt gemachten bundesräthlichen Vorschriften und auf die §§ 17, 18 der Verfügung des Justizministeriums vom heutigen Tage, betreffend die Führung des Handelsregisters, zu verweisen.

§ 3. Die Bestimmungen in den §§ 4, 5, 9, 11 Abs. 1 und 3, 15, 19 Abs. 1, 20, 21 der Verfügung des Justizministeriums, betreffend die Führung des Handelsregisters, sind auch hierher zu beachten (vgl. dazu § 156 Satz 1 des Gesetzes, betreffend die Erwerbs- und Wirthschaftsgenossenschaften, § 147 des Gesetzes über die Angelegenheiten der freiwilligen Gerichtsbarkeit und § 1 der bundesräthlichen Vorschriften).

Stuttgart, den 9. November 1899. Breitling.

V. Baden.

Abschnitt V aus der Verordnung, die amtsgerichtlichen öffentlichen Register betreffend.

Vom 2. Januar 1900. (Gesetz- und Verordnungsblatt 1900 S. 22 ff.)

V. Genossenschaftsregister.

Einrichtung und Führung des Registers.

§ 100. Für die Einrichtung und Führung des Genossenschaftsregisters und der Liste der Genossen sind außer der Bekanntmachung des Reichskanzlers vom 1. Juli 1899 (Reichsgesetzblatt S. 347) die nachstehenden weiteren Bestimmungen maßgebend.

§ 101. 1. Das Genossenschaftsregister ist nach dem anliegenden Formular zu führen.

2. Die §§ 65—67 und § 71 Abs. 2 finden entsprechende Anwendung.

Inhalt der einzelnen Spalten.

§ 102. In Spalte 1 des Genossenschaftsregisters ist die laufende Nummer der die Genossenschaft betreffenden Eintragungen anzugeben.

§ 103. 1. In Spalte 2 sind die Firma (einschließlich der voll auszuschreibenden zusätzlichen Bezeichnung über die Art der Haftung), der Sitz der Genossenschaft und die darauf sich beziehenden Aenderungen einzutragen.

2. Ebendort finden die Vermerke über die Zweigniederlassungen sowie die Vermerke über das Vorhandensein einer Hauptniederlassung (§ 19 der Bekanntmachung vom 1. Juli 1899) ihren Platz.

§ 104. In Spalte 3 sind der Gegenstand des Unternehmens und die darauf sich beziehenden Aenderungen anzugeben.

§ 105. 1. In Spalte 4, die nur bei Genossenschaften mit beschränkter Haftpflicht zur Ausfüllung kommen kann, sind die Höhe der Haftsumme und im Falle des § 134 des Genossenschaftsgesetzes die höchste Zahl der Geschäftsantheile aufzunehmen, auf welche ein Genosse sich betheiligen kann.

2. Eine Erhöhung oder Herabsetzung der Haftsumme ist gleichfalls hier einzutragen.

§ 106. 1. In Spalte 5 sind die Mitglieder des Vorstandes und deren Stellvertreter unter Angabe des Familiennamens, Vornamens, Berufs und Wohnorts einzutragen.

2. Ebendort und in gleicher Weise sind die Liquidatoren unter der Bezeichnung als solche einzutragen.

§ 107. 1. In Spalte 6 sind einzutragen:

a) das Datum des Statuts;
b) die Form, in welcher die von der Genossenschaft ausgehenden Bekanntmachungen erfolgen, sowie die öffentlichen Blätter, in welche dieselben aufzunehmen sind;
c) die Zeitdauer der Genossenschaft, falls dieselbe auf eine bestimmte Zeit beschränkt ist;
d) das Geschäftsjahr, falls es, abgesehen von dem ersten, auf ein mit dem Kalenderjahre nicht zusammenfallendes Jahr oder auf eine kürzere Dauer als auf ein Jahr, bemessen ist;
e) die etwaige Bestimmung des Statuts über die Form, in welcher der Vorstand seine Willenserklärung kund giebt und für die Genossenschaft zeichnet, sowie die bei der Bestellung von Liquidatoren getroffene Bestimmung über die Form der Willenserklärung und die Zeichnung (§ 20 Abs. 3 der Bekanntmachung vom 1. Juli 1899), desgleichen etwaige Aenderungen dieser Bestimmungen;
f) jede Aenderung in den Personen des Vorstandes oder der Liquidatoren sowie die Beendigung der Vertretungsbefugniß des Vorstandes oder der Liquidatoren.

2. Ferner ist in Spalte 6 einzutragen jede Aenderung des Statuts (§§ 16, 17 der Bekanntmachung vom 1. Juli 1899), soweit sie nicht die in den Spalten 2 bis 4 eingetragenen Angaben betrifft.

3. Jeder Eintragung in Spalte 6 ist derjenige kleine lateinische Buchstabe voranzustellen, mit welchem vorstehend sowie in der Ueberschrift der Spalte der Gegenstand bezeichnet ist, auf den die Aenderung sich bezieht.

§ 108. In Spalte 7 sind einzutragen:

die Auflösung;
die Eröffnung, Einstellung und Aufhebung des Konkursverfahrens sowie die Aufhebung des Eröffnungsbeschlusses;
die Fortsetzung der Genossenschaft;
die Nichtigkeit der Genossenschaft.

§ 109. Die Spalte 8 ist zur Aufnahme der Verweisung auf die Registerakten, zur Angabe des Tages der Eintragung und für die Unterschrift des Gerichtsschreibers bestimmt (§ 14 der Bekanntmachung vom 1. Juli 1899).

§ 110. Die Spalte 9 dient auch zu etwaigen Verweisungen auf spätere Eintragungen. Den Vermerken in dieser Spalte ist, wenn in keiner anderen Spalte gleichzeitig eine Eintragung erfolgt, das Datum sowie die Unterschrift des Gerichtsschreibers beizufügen.

Eintragung bei Nichtigkeit von Beschlüssen der Generalversammlung.

§ 111. Soll ein Beschluß der Generalversammlung als nichtig gelöscht werden (§ 23 der Bekanntmachung vom 1. Juli 1899), so erfolgt die Eintragung des den Beschluß als nichtig bezeichnenden Vermerkes in derselben Spalte, in welcher der Beschluß eingetragen ist.

Namensverzeichnisse.

§ 112. 1. Das alphabetische Namensverzeichniß zum Genossenschaftsregister erhält so viele Abtheilungen, als Gemeinden mit dem Sitze einer Genossenschaft im Gerichtsbezirke vorhanden sind.

2. Zu jeder über 100 Namen enthaltenden Genossenliste ist ein alphabetisches Namensverzeichniß nach dem anliegenden Formular zu führen.

Benachrichtigung der Betheiligten.

§ 113. 1. Im Falle des § 77 in Verbindung mit § 72 des Genossenschaftsgesetzes[1]) erfolgt die Benachrichtigung von der Eintragung des Todes und des

[1]) Reichsgesetzblatt von 1898 S. 810.

hierdurch bewirkten Ausscheidens des Genossen an dessen Erben, insoweit diese dem Amtsgerichte von dem Genossenschaftsvorstand bezeichnet werden oder sonst bekannt sind oder durch einfache Nachfrage ermittelt werden können.

2. Jeder von mehreren Erben ist besonders von der Eintragung in Kenntniß zu setzen.

§ 114. 1. Die Benachrichtigungen von Eintragungen in die Liste der Genossen erfolgen unter Benützung der in den Anlagen abgedruckten Formulare.

2. Formular 19 ist für die Fälle des § 15 Abs. 4, Formular 20 für die Fälle der §§ 72 Abs. 1, 76 Abs. 3, 77 Abs. 3, 137 Abs. 4 des Genossenschaftsgesetzes bestimmt.

3. Bei Benützung des Formulars 20 ist der Wortlaut der Eintragung und zwar unter Wiederholung der Spaltenüberschriften aus der Liste in die Benachrichtigung zu übernehmen.

4. Die Formulare sind für die Benachrichtigung sowohl des Vorstandes als auch des Genossen, im Falle des § 66 des Gesetzes auch für die Benachrichtigung des Gläubigers (vergl. Gesetz § 72 Absatz 1) zu verwenden.

5. Bei den Benachrichtigungen sind die Vorschriften der §§ 3 Absatz 2, 29 Absatz 5 der Bekanntmachung vom 1. Juli 1899 zu beachten.

6. Die Formulare können auch zu den Mittheilungen benützt werden, welche von Eintragungen in die Liste der Genossen dem Gerichte der Zweigniederlassung zu machen sind (§ 158 Absatz 1 des Gesetzes).

§ 115. 1. Jedes der beiden Formulare (§ 114) ist in zwei Sorten, nämlich
a. auf einem Viertelbogen Konzeptpapier,
b. auf der Rückseite einer Postkarte
herzustellen.

2. Letztere Sorte ist anzuwenden, wenn die Uebermittelung durch die Post bewirkt wird, erstere Sorte in den anderen Fällen.

3. Schreibgebühren kommen für die Benachrichtigungen nicht in Ansatz.

Ueberwachung der Befolgung gesetzlicher Vorschriften.

§ 116. 1. Die Amtsgerichte haben von Amtswegen darüber zu wachen, daß die in § 160 des Gesetzes bezeichneten Vorschriften sowie diejenige des § 58 des Gesetzes über Mittheilung des Verbandsstatuts und der Verzeichnisse der dem Verbande [1]) angehörigen Genossenschaften an das Gericht befolgt werden.

2. Die Vorschriften des § 99 finden entsprechende Anwendung.

Zuständigkeit der Verwaltungsbehörden.

§ 117. Die in den §§ 31, 47, 58, 59, 61 des Genossenschaftsgesetzes vorgeschriebenen behördlichen Befugnisse kommen den nachstehenden Behörden zu [2]):

1. diejenigen der Staatsbehörde im Sinne des § 47 und der höheren Verwaltungsbehörde im Sinne der §§ 31 und 61 Absatz 3 den Bezirksämtern, in deren Bezirk die Genossenschaft ihren Sitz hat;
2. diejenigen der höheren Verwaltungsbehörde im Sinne der §§ 58 und 59 den Landeskommissären bezw. dem Ministerium des Innern, falls der Bezirk des Genossenschaftsverbandes sich über den Dienstkreis eines Landeskommissärs hinaus erstreckt.

Bezeichnung der Blätter.

§ 118. Hinsichtlich der Bezeichnung der Blätter für die Bekanntmachungen

---

[1]) Vom Ministerium des Innern ist das Recht zur Bestellung des Revisors (Gesetz §§ 53 ff.) folgenden Verbänden verliehen worden:
dem Verbande der badischen landwirthschaftlichen Konsumvereine,
dem Verbande der landwirthschaftlichen Kreditgenossenschaften im Großherzogthum Baden,
dem Verbande der oberbadischen Erwerbs- und Wirthschaftsgenossenschaften,
dem Verbande der unterbadischen Kreditgenossenschaften.

[2]) Verordnung des Ministeriums des Innern vom 19. Oktober 1896 (Gesetzes- und Verordnungsblatt 1896 Seite 368).

aus dem Genossenschaftsregister (§ 5 der Bekanntmachung vom 1. Juli 1899) ist die Vorschrift des § 73 zu beachten.

VI. Berichtigung und Vervollständigung der Handels- und Genossenschaftsregister.

Nothwendigkeit und Zweck der Durchgehung.

§ 119. 1. Die Amtsgerichte haben alljährlich unter Mitwirkung von drei bis sieben sachkundigen Beisitzern die bei ihnen geführten Handels- und Genossenschaftsregister zu durchgehen.

2. Zweck der Durchgehung ist die Herbeiführung einer Berichtigung und Vervollständigung der Register.

Anlage 17
zu § 101 der Registerverordnung.

Großh. Amtsgericht Weinheim.

Genossenschafts-Register.

Band I.

Gegenwärtiger Band enthält . . . . . Seiten

Weinheim, den . . ten . . . . . . 19 . .

Großh. Amtsgericht.

Ordnungszahl der Genossenschaft 4.

1.	2.	3.	4.	5.	6.	7.	8.	9.
Nummer der Eintragung.	Firma und Sitz.	Gegenstand des Unternehmens.	Bei Genossensch. mit beschränkter Haftpflicht: Haftsumme; höchste Zahl der Geschäftsantheile.	Vorstand; Liquidatoren.	a) Statut. b) Form der Bekanntmachungen. c) Zeitdauer. d) Geschäftsjahr. e) Form für Willenserklärungen des Vorst. u. d. Liquidatoren; f) Vertretungsbefugniß.	Auflösung; Konkurs; Fortsetzung; Nichtigkeit.	Registerakten; Tag der Eintragung; Unterschrift des Gerichtsschreibers.	Bemerkungen.
1.	Vorschußverein, eingetragene Genossenschaft mit beschränkter Haftpflicht, Weinheim.	Betrieb v. Bankgeschäften zum Zwecke der Beschaffung der im Gewerbe und in der Wirthschaft der Mitglieder nöthigen Geldmittel.	300 Mark. 10 Geschäftsantheile.	Karl Schulz, Landwirth, Wilhelm Müller, Gastwirth, Friedrich Schmidt, Hauptlehrer, Weinheim.	a) Statut vom 17. Juli 1902. b) Bekanntm. erfolgen unter der Firma im Weinheimer Anzeiger und im Landwirthschaftlichen Wochenblatt. e) Die Willenserkl. des Vorstandes erfolgen durch mindestens zwei Mitgl.; die Zeichnung geschieht, indem zwei Mitglieder d. Firma ihre Namensunterschr. beifügen.		Bd. 1 S. 71. 20. Juli 1902. N. N.	Das Statut befindet sich S. 9 ff. der Registerakten.
2.			Die Haftsumme ist auf 600 Mk. erhöht durch Beschluß der Generalversamml. vom 20. Dez. 1902.				Bd. 1 S. 135. 27. Dezemb. 1902. N. N.	Der Generalversammlungsbeschluß befindet sich S. 123 ff. der Registerakten.
3.				Friedrich Braun, Landwirth, Weinheim.	f) Der Landw. Karl Schulz ist aus dem Vorst. ausgetr. u. an seine Stelle d. Landw. Friedrich Braun in den Vorstand gewählt.		Bd. 1 S. 147. 5. Januar 1903. N. N.	
4.			Der Generalvers.-Beschl. v. 20. Dez. 1902 ist d. rechtskr. Urtheil d. Landger. in Mannheim vom 15. Juli 1903 für nichtig erklärt; die Haftsumme beträgt sonach nur 300 Mk.				Bd. 1 S. 192. 1. August 1903. N. N.	
5.				Die bisherigen Vorstandsmitglieder sind Liquidatoren.		Die Genossensch. ist durch Beschluß der Generalvers. v. 1. September 1903 aufgelöst.	Bd. 1 S. 289. 3. Septemb. 1903. N. N.	Der Beschluß befindet sich S. 243 ff. der Registerakten.
6.				Friedrich Weiß, Schmiedemeister in Weinheim, ist Liquidator.	f) Der Gastwirth Wilhelm Müller ist durch Verfüg. des Amtsger. in Weinheim v. 10. Dez. 1903 abberufen u. an s. Stelle d. Schmiedemeister Friedrich Weiß zum Liquidator bestellt.		Bd. 1 S. 315. 12. Dezemb. 1903. N. N.	

Anlage 18
zu § 112 der Registerverordnung.

Großherzoglich Badisches Amtsgericht ....

Namensverzeichniß zur Liste der Genossen

für

....

A.

Des Genossen				Genossenliste Nr.	Bemerkungen
Zuname	Vorname	Beruf	Wohnort		

Anlage 19
zu § 114 der Registerverordnung.

Großherzogliches Amtsgericht.

.............................., den .... ten .... 19.........

In die Liste der Genossen für die Genossenschaft ....

....

in .... — ist — sind — am .... ten .... 19.........

als neue .... Genosse .... eingetragen worden

unter Nr. ....

unter Nr. ....

....

Gerichtsschreiber des Großherzoglichen Amtsgerichts.

Anlage 20
zu § 114 der Registerordnung.

Großherzogliches Amtsgericht.

.... den ....ten .... 19 ....

In die Liste der Genossen für die Genossenschaft ....

....

in .... ist bei den Genossen ....

.... in ....

(Nr. .... der Liste) am ....ten .... 19 ....

Folgendes — eingetragen — vorgemerkt — worden:

....

....

....

Gerichtsschreiber des Großherzoglichen Amtsgerichts.

Beispiele für die Ausfüllung des Formulars 20.

1. Fall des § 72 verbunden mit § 70 des Genossenschaftsgesetzes (vergl. das Formular zur Liste der Genossen im Reichs-Gesetzblatt von 1899 S. 361 ff. unter Nr. 1):

In die Liste der Genossen für die Genossenschaft *Merseburger Konsum-Verein e. G. m. b. H.* in *Merseburg* ist bei dem Genossen *Schlossermeister Wilhelm Meier* in *Merseburg* (Nr. *1* der Liste) am *18. November 1902* Folgendes — eingetragen [— vorgemerkt —*)] worden:

Grund des Ausscheidens: Aufkündigung zum 31. Dezember 1902.
Tag des Ausscheidens: 31. Dezember 1902.

2. Fall des § 72 verbunden mit § 71 des Gesetzes (vergl. das Formular im Reichs-Gesetzblatt von 1899 S. 361 ff. unter Nr. 6):

In die Liste der Genossen für die Genossenschaft *Merseburger Konsum-Verein e. G. m. b. H.* in *Merseburg* ist bei dem Genossen *Landwirth Hans Müller* in *Bolzhausen* (Nr. *6* der Liste) am *20. Dezember 1903* Folgendes [— eingetragen —*)] vorgemerkt worden:

Grund des Ausscheidens: Vorgemerkt Kündigung zum 31. Dezember 1903.

3. Fall des § 76 des Gesetzes (vergl. das Formular im Reichs-Gesetzblatt von 1899 S. 361 ff. unter Nr. 4):

In die Liste der Genossen für die Genossenschaft *Merseburger Konsum-Verein e. G. m. b. H.* in *Merseburg* ist bei dem Genossen *Klempnermeister Anton Himmelreich* in *Merseburg* (Nr. *4* der Liste) am *5. Juni 1901* Folgendes — eingetragen [— vorgemerkt —*)] worden:

Grund des Ausscheidens: Uebertragung des Guthabens an den Gastwirth Eduard Schulz in Merseburg (Nr. 7 der Liste).
Tag des Ausscheidens: 5. Juni 1901.

4. Fall des § 77 des Gesetzes (vergl. das Formular im Reichs-Gesetzblatt von 1899 S. 361 ff. unter Nr. 3):

In die Liste der Genossen für die Genossenschaft *Merseburger Konsum-Verein e. G. m. b. H.* in *Merseburg* ist bei dem Genossen *Kaufmann Philipp Kraus* in *Merseburg* (Nr. *3* der Liste) am *7. August 1902* Folgendes — eingetragen [— vorgemerkt —*)] worden:

Grund des Ausscheidens: Verstorben am 30. Juli 1902.
Tag des Ausscheidens: 31. Dezember 1902.

---

*) Bei der Ausfüllung zu durchstreichen.

5. Fall des § 137 Absatz 4 des Gesetzes (vergl. das Formular im Reichs-Gesetzblatt von 1899 S. 361 ff. unter Nr. 6):

In die Liste der Genossen für die Genossenschaft *Merseburger Konsum-Verein e. G. m. b. H.* in *Merseburg* ist bei dem Genossen *Landwirth Hans Müller* in *Bolzhausen* (Nr. *6* der Liste) am *1. Mai 1901* Folgendes — eingetragen [— vorgemerkt —*)] worden:
Zahl der weiteren Geschäftsantheile: 1.

VI. Hessen.

Anordnungen,

die Einrichtung und Führung des Vereinsregisters, des Güterrechtsregisters, des Handelsregisters und des Genossenschaftsregisters betreffend.

Aus dem Regierungsblatt Nr. 73 vom 29. Dezember 1899.

Auf Grund des Artikel 54 des Gesetzes, die Ausführung des Gesetzes über die Angelegenheiten der freiwilligen Gerichtsbarkeit betreffend, vom 18. Juli 1899 werden über die Einrichtung und Führung des Vereinsregisters und des Güterrechtsregisters (Bestimmungen des Bundesraths über das Vereinsregister und das Güterrechtsregister, veröffentlicht durch Bekanntmachung des Reichskanzlers vom 12. November 1898 im Centralblatte für das Deutsche Reich Nr. 47 von 1898 und durch Bekanntmachung des Ministeriums der Justiz im Regierungsblatte Nr. 35 von 1899), über die Einrichtung und Führung des Handelsregisters sowie über die Einrichtung und Führung des Genossenschaftsregisters (Bestimmungen des Bundesraths über die Führung des Genossenschaftsregisters und die Anmeldungen zu demselben, veröffentlicht durch Bekanntmachung des Reichskanzlers vom 1. Juli 1899 im Reichs-Gesetzblatte Nr. 28 von 1899) folgende Anordnungen getroffen:

III. Genossenschaftsregister.

§ 81. Die Obliegenheiten des Richters und des Gerichtsschreibers bei der Führung des Genossenschaftsregisters bestimmen sich nach den Vorschriften der §§ 22, 23, des § 24 Satz 1, der §§ 27 bis 29, des § 32 Abs. 4, des § 33.

Diese Vorschriften finden auf die Führung der Liste der Genossen entsprechende Anwendung.

§ 82. Das Genossenschaftsregister wird nach dem anliegenden Formulare geführt. Als Blatt (§ 12 Abs. 2 der Bekanntmachung des Reichskanzlers vom 1. Juli 1899) gelten zwei gegenüberstehende Seiten des Registers.

Auf die Führung finden die §§ 37 bis 40, der § 41 Abs. 2 und die §§ 42, 44, 47, 56 bis 58 entsprechende Anwendung. Mit der Durchsicht des Handelsregisters ist eine Durchsicht des Genossenschaftsregisters zu verbinden.

§ 83. 1. In Spalte 1 ist die laufende Nummer der die Genossenschaft betreffenden Eintragungen anzugeben.

2. In Spalte 2 sind die Firma (einschließlich der voll auszuschreibenden zusätzlichen Bezeichnung über die Art der Haftung), der Sitz der Genossenschaft und die darauf sich beziehenden Aenderungen einzutragen; an derselben Stelle finden die Vermerke über Zweigniederlassungen sowie die Vermerke über das Vorhandensein einer Hauptniederlassung (§ 19 der Bekanntmachung des Reichskanzlers vom 1. Juli 1899) ihren Platz.

3. In Spalte 3 sind der Gegenstand des Unternehmens und die darauf sich beziehenden Aenderungen anzugeben.

4. In Spalte 4, die nur bei Genossenschaften mit beschränkter Haftpflicht zur Ausfüllung kommen kann, sind die Höhe der Haftsumme und im Falle des

*) Bei der Ausfüllung zu durchstreichen.

§ 134 des Genossenschaftsgesetzes die höchste Zahl der Geschäftsantheile aufzunehmen, auf welche ein Genosse sich betheiligen kann. Eine Erhöhung oder Herabsetzung der Haftsumme ist gleichfalls hier einzutragen.

5. In Spalte 5 sind die Mitglieder des Vorstandes und deren Stellvertreter unter Angabe des Familiennamens, Vornamens, Berufs und Wohnorts einzutragen; an derselben Stelle und in gleicher Weise sind die Liquidatoren unter der Bezeichnung als solche einzutragen.

6. In Spalte 6 sind einzutragen:

a. das Datum des Statuts;

b. die Form, in welcher die von der Genossenschaft ausgehenden Bekanntmachungen erfolgen, sowie die öffentlichen Blätter, in welche dieselben aufzunehmen sind;

c. die Zeitdauer der Genossenschaft, falls dieselbe auf eine bestimmte Zeit beschränkt ist;

d. das Geschäftsjahr, falls es, abgesehen von dem ersten, auf ein mit dem Kalenderjahre nicht zusammenfallendes Jahr oder auf eine kürzere Dauer als auf ein Jahr, bemessen ist;

e. die etwaige Bestimmung des Statuts über die Form, in welcher der Vorstand seine Willenserklärung kund giebt und für die Genossenschaft zeichnet, sowie die bei der Bestellung von Liquidatoren getroffene Bestimmung über die Form der Willenserklärung und die Zeichnung (§ 20 Abs. 3 der Bekanntmachung des Reichskanzlers vom 1. Juli 1899), desgleichen etwaige Aenderungen dieser Bestimmungen;

f. jede Aenderung in den Personen des Vorstandes oder der Liquidatoren sowie die Beendigung der Vertretungsbefugniß des Vorstandes oder der Liquidatoren.

Ferner ist in Spalte 6 einzutragen jede Aenderung des Statuts (§§ 16, 17 der Bekanntmachung des Reichskanzlers vom 1. Juli 1899), soweit sie nicht die in den Spalten 2 bis 4 eingetragenen Angaben betrifft.

Jeder Eintragung in Spalte 6 ist derjenige kleine lateinische Buchstabe voranzustellen, mit welchem vorstehend sowie in der Ueberschrift der Spalte der Gegenstand bezeichnet ist, auf den die Aenderung sich bezieht.

7. In Spalte 7 sind einzutragen:

die Auflösung;

die Eröffnung, Einstellung und Aufhebung des Konkursverfahrens sowie die Aufhebung des Eröffnungsbeschlusses;

die Fortsetzung der Genossenschaft;

die Nichtigkeit der Genossenschaft.

8. Die Spalte 8 ist zur Aufnahme der Verweisung auf die Registerakten, zur Angabe des Tages der Eintragung und für die Unterschrift des Gerichtsschreibers bestimmt (§ 14 der Bekanntmachung des Reichskanzlers vom 1. Juli 1899).

9. Die Spalte 9 dient auch zu etwaigen Verweisungen auf spätere Eintragungen. Den Vermerken in dieser Spalte ist, wenn in keiner anderen Spalte gleichzeitig eine Eintragung erfolgt, das Datum sowie die Unterschrift des Gerichtsschreibers beizufügen.

10. Soll ein Beschluß der Generalversammlung als nichtig gelöscht werden (§ 23 der Bekanntmachung des Reichskanzlers vom 1. Juli 1899), so erfolgt die Eintragung des den Beschluß als nichtig bezeichnenden Vermerks in derselben Spalte, in welcher der Beschluß eingetragen ist.

§ 84. Von der Bestimmung der Blätter für die Bekanntmachungen aus dem Genossenschaftsregister (§ 5 der Bekanntmachung des Reichskanzlers vom 1. Juli 1899) ist dem Reichs-Justizamt in der im § 30 bezeichneten Weise Mittheilung zu machen.

§ 85. Bei der Fassung der Bekanntmachungen sind die Vorschriften des § 32 Abs. 1 bis 3 zu beachten.

§ 86. Für die Genossenschaften, welche vor dem 1. Januar 1900 eingetragen sind, werden die bisherigen Register bis auf Weiteres fortgeführt. Neue Eintragungen bei diesen Genossenschaften erhalten, wenn sie in den bisherigen Registern erfolgen, an der Stelle ihren Platz, die nach den bisherigen Vorschriften dafür bestimmt oder in Ermangelung einer besonderen Spalte dafür benutzt worden ist.

Die Uebertragung der vor dem 1. Januar 1900 eingetragenen Genossenschaften in die neuen Register erfolgt unter entsprechender Anwendung der §§ 74 bis 77.

IV. Schlußbestimmung.

§ 87. Die vorstehenden Anordnungen treten, soweit nicht ein Anderes bestimmt ist, gleichzeitig mit dem Bürgerlichen Gesetzbuch in Kraft.

Darmstadt, den 15. Dezember 1899.

Großherzogliches Ministerium der Justiz.
Dittmar.
Lorbacher.

Anlage 1.

Oberlandesgericht Darmstadt. Amtsgericht.	Blätter, die neben dem Reichsanzeiger bestimmt sind, für die Bekanntmachungen		
	aus dem Handelsregister.	aus dem Genossenschaftsregister	
		bei kleineren Genossenschaften. [1])	bei anderen Genossenschaften.

[1]) Bei kleineren Genossenschaften finden die Bekanntmachungen nur in einem einzigen Blatte neben dem Reichsanzeiger statt (Genossenschaftsgesetz § 156).

Anlage 7.

Genossenschaftsregister des Großherzoglichen Amtsgerichts Darmstadt I.

Band I.

Nummer der Genossenschaft: 4.

1.	2.	3.	4.	5.	6.	7.	8.	9.
Nummer der Eintragung.	Firma und Sitz.	Gegenstand des Unternehmens.	Bei Genossensch. mit beschränkter Haftpflicht: Haftsumme; höchste Zahl der Geschäftsantheile.	Vorstand; Liquidatoren.	a) Statut; b) Form der Bekanntmachungen; c) Zeitdauer; d) Geschäftsjahr; e) Form f. d. Willenserklärungen des Vorst. u. d. Liquidatoren; f) Vertretungsbefugniß.	Auflösung; Konkurs; Fortsetzung; Nichtigkeit.	Aktennummer; Tag der Eintragung; Unterschrift des Gerichtsschreibers.	Bemerkungen.
1.	Vorschußverein, eingetragene Genossenschaft mit beschränkter Haftpflicht, Darmstadt.	Betrieb v. Bankgeschäften zum Zwecke der Beschaffung der im Gewerbe und in der Wirthschaft der Mitglieder nöthigen Geldmittel.	300 Mark. 10 Geschäftsantheile.	Karl Schulz, Landwirth, Wilhelm Müller, Gastwirth, Friedrich Schmidt, Lehrer, } Darmstadt.	a) Statut vom 17. Juli 1900. b) Bekanntm. erfolgen unter der Firma in d. Darmstädt. Zeitung u. in d. Hessisch. Volksblättern. e) Die Willenserkl. des Vorstandes erfolgen durch mindestens zwei Mitgl.; die Zeichnung geschieht, indem zwei Mitglieder d. Firma ihre Namensunterschr. beifügen.		Gn R. 1. 20. Juli 1900. N. N.	Das Statut befindet sich Nr. 2 der Registerakten.
2.			Die Haftsumme ist auf 600 Mk. erhöht durch Beschluß der Generalversamml. vom 20. Dez. 1900.				Gn R. 7. 27. Dezemb. 1900. N. N.	Der Generalversammlungsbeschluß befindet sich Nr. 6 der Registerakten.
3.				Friedrich Braun, Landwirth, Darmstadt.	f) Der Bauer Karl Schulz ist aus dem Vorst. ausgetr. u. an seine Stelle d. Landwirth Friedrich Braun in d. Vorstand gewählt.		Gn R. 8. 5. Januar 1901. N. N.	
4.			Der Generalvers.-Beschl. v. 20. Dez. 1900 ist d. rechtskr. Urtheil d. Landger. in Darmstadt vom 15. Juli 1901 für nichtig erklärt; die Haftsumme beträgt sonach nur 300 Mk.				Gn R. 17. 1. August 1901. N. N.	
5.				Die bisherigen Vorstandsmitglieder sind Liquidatoren.		Die Genossensch. ist durch Beschluß der Generalvers. v. 1. September 1901 aufgelöst.	Gn R. 21. 3. Septemb. 1901. N. N.	Der Beschluß befindet sich Bl. 15 der Registerakten.
6.				Friedrich Weiß, Schmiedemeister, Darmstadt, ist Liquidator.	f) Der Gastwirth Wilhelm Müller ist durch Verfüg. des Amtsger. Darmstadt I vom 10. Dez. 1901 abberufen und an s. Stelle der Schmiedemstr. Friedrich Weiß zum Liquidator bestellt.		Gn R. 25. 12. Dezemb. 1901. N. N.	

VII. Mecklenburg-Schwerin.

Verordnung zur Ausführung des Reichsgesetzes vom 1. Mai 1889, betreffend die Erwerbs- und Wirthschaftsgenossenschaften.
(Regierungs-Blatt 1889 S. 149 ff.)

(Nr. 17.) Friedrich Franz, von Gottes Gnaden Großherzog von Mecklenburg, Fürst zu Wenden, Schwerin und Ratzeburg, auch Graf zu Schwerin, der Lande Rostock und Stargard Herr ꝛc.

Wir verordnen nach hausvertragsmäßiger Communication mit Seiner Königlichen Hoheit dem Großherzoge von Mecklenburg-Strelitz und nach verfassungsmäßiger Berathung mit Unseren getreuen Ständen zur Ausführung des Reichsgesetzes vom 1sten Mai 1889, betreffend die Erwerbs- und Wirthschaftsgenossenschaften, was folgt:

I. Einrichtung des Genossenschaftsregisters.

§ 1. Zu dem Genossenschaftsregister ist dauerhaftes Papier in Großfolio zu verwenden. Es ist mit einem haltbaren Einbande zu versehen und so zu paginiren, daß zwei neben einander stehende Seiten ein Blatt bilden.

Der Gerichtsschreiber hat die Zahl dieser Blätter auf dem Titelblatte des Registers unter seiner Unterschrift zu bemerken.

Wächst das Genossenschaftsregister auf mehrere Bände, so ist die in dem ersten Bande begonnene Zählung der Blätter in den folgenden Bänden fortzuführen und die Zahl der in jedem späteren Bande enthaltenen Blätter ebenfalls auf dem Titelblatte wie vorstehend in den betreffenden Ziffern zu vermerken. Zugleich ist auf dem Titelblatte des ersten Bandes die Zahl der Blätter jedes folgenden Bandes in gleicher Weise nachzutragen.

§ 2. Das Genossenschaftsregister wird nach dem beigedruckten Formular in Anlage A geführt.

§ 3. Die Firma der Genossenschaft wird in die zweite Columne, der Sitz derselben in die dritte Columne, die übrigen einzutragenden Bestimmungen des Statuts in die vierte Columne des für die betreffende Genossenschaft bestimmten Blattes eingetragen.

§ 4. In die vierte Columne sind ferner einzutragen:

1) die jeweiligen Mitglieder des Vorstandes der Genossenschaft;
2) die Errichtung und Aufhebung einer Zweigniederlassung;
3) die Auflösung der Genossenschaft;
4) die Eröffnung des Concurses über die Genossenschaft, sowie die Aufhebung oder Einstellung desselben;
5) die nach der Auflösung eintretenden Liquidatoren, sowie die Bestimmung über die Form ihrer Willenserklärungen.

§ 5. Nach erfolgter Eintragung eintretende Veränderungen sind in der Columne nachzutragen, in welche sie ihrem Gegenstande nach gehören.

§ 6. Ist im Laufe der Zeit der für die Eintragungen einer Genossenschaft gelassene Raum so erschöpft worden, daß er keine weiteren Nachtragungen mehr gestattet, so wird der noch gültige Inhalt der gesammten Eintragungen mit einer neuen Firmen-Nummer, unter Verweisung auf das alte Blatt, auf ein neues Blatt übertragen, daß dies geschehen, unter Verweisung auf das letztere, auf dem alten Blatt und die neue Nummer in dem von dem Gerichtsschreiber nach Maßgabe des § 7 zu führenden alphabetischen Verzeichnisse bemerkt und die alte Nummer roth unterstrichen.

§ 7. Der Gerichtsschreiber hat zu dem Genossenschaftsregister ein nach den Firmen geordnetes alphabetisches Verzeichniß der darin eingetragenen Genossenschaften unter Bezugnahme auf die Nummer im Register zu führen.

Ist das Erlöschen einer Genossenschaft in das Register eingetragen, so ist in dem alphabetischen Verzeichnisse die erloschene Firma roth zu unterstreichen.

II. Gerichtskosten.

§ 8. Insoweit nicht der § 151 des Gesetzes vom 1sten Mai 1889 und die revidirte Verordnung zur Ausführung des Gerichtskostengesetzes vom 14ten Januar 1886 (Reg.-Bl. von 1886, Nr. 2) Abschnitt 2 und 3, abweichende Bestimmungen enthalten, sind für das gerichtliche Verfahren auf Grund des Gesetzes vom 1sten Mai 1889 Gebühren nach Maßgabe der für die Amtsgerichte in Sachen der nichtstreitigen Gerichtsbarkeit normirenden Gebührentaxe zu erheben, jedoch mit folgenden Abweichungen:

1) Keine Gebühren werden erhoben für die Aufnahme der zum Zwecke der Eintragung in das Genossenschaftsregister beziehungsweise in die Liste der Genossen persönlich erklärten Anmeldungen, sowie der vor dem Gerichte persönlich vollzogenen Zeichnungen und Unterschriften.
2) Keine Gebühren werden erhoben für die Gestattung der Einsicht des Registers, der Liste der Genossen und der bezüglichen Actenstücke.
3) Für die Ertheilung einer Bescheinigung aus dem Genossenschaftsregister und der Liste der Genossen wird eine Gebühr von 2 Mark erhoben.
4) Auf das Verfahren nach Maßgabe des § 60, Absatz 2 des Gesetzes findet die Vorschrift des § 38, Nr. 1 des Gerichtskostengesetzes Anwendung.

III. Allgemeine Bestimmungen.

§ 9. In Betreff des Erwerbes von Eigenthum und anderen dinglichen Rechten an Grundstücken durch eine Genossenschaft, sowie in Betreff der Eintragungen auf den Namen einer Genossenschaft in die Grund- und Hypothekenbücher normiren die Bestimmungen der Verordnung zur Publication des Allgemeinen Deutschen Handelsgesetzbuches vom 28sten December 1863 (Reg.-Bl. 1864, Nr. 4) § 26, Abs. 1 und 2 und § 27, Abs. 1 bis 3, sowie der Verordnung vom 22sten Mai 1876 (Reg.-Bl. von 1876, Nr. 14).

§ 10. Unter der Bezeichnung „Centralbehörde“ — § 55 des Gesetzes —, „Staatsbehörde“ — § 45 daselbst — und „höhere Verwaltungsbehörde“ — §§ 56, 57, 59 und 79 daselbst — ist das Ministerium des Innern zu verstehen. In dem Falle des § 79 des Gesetzes hat bis auf Weiteres das Ministerium des Innern die Sache der von ihm committirten Gewerbe-Commission als einer collegialen Behörde zur Behandlung in erster Instanz zu überweisen und seinerseits eventuell den Recursbescheid zu erlassen.

§ 11. Die gegenwärtige Verordnung tritt mit dem Gesetz vom 1sten Mai 1889, betreffend die Erwerbs- und Wirthschaftsgenossenschaften, in Kraft. Gleichzeitig treten die Verordnung vom 2ten Januar 1869 zur Ausführung des Gesetzes, betreffend die privatrechtliche Stellung der Erwerbs- und Wirthschaftsgenossenschaften (Reg.-Bl. von 1869, Nr. 2), sowie die Verordnung vom 18ten April 1874, betreffend die Eintragung der Gesellschaftsverträge ꝛc. (Reg.-Bl. von 1874, Nr. 13), insoweit sie sich auf Genossenschaften bezieht, außer Kraft. Die nach Maßgabe der Vorschriften der erstgedachten Verordnung angelegten Register sind jedoch fortzuführen.

Gegeben durch Unser Staats-Ministerium, Schwerin am 25sten September 1889.

Friedrich Franz.

A. v. Bülow. Buchka. v. Bülow.

Verordnung
zur
Ausführung des Reichsgesetzes vom 1sten Mai 1889, betreffend die Erwerbs- und Wirthschaftsgenossenschaften.

Anlage A.

1.	2.	3.	4.
Laufende Nummer.	Firma der Genossenschaft.	Sitz der Genossenschaft.	Rechtsverhältnisse der Genossenschaft.

Rundschreiben an die Amtsgerichte.

Justiz=Ministerium. Schwerin i. M., den 18. Juli 1899.
G.=Nr. 13790.

Um die wünschenswerthe Einheitlichkeit in der Führung des Handelsregisters und des Genossenschaftsregisters nach Möglichkeit zu wahren, wird hierdurch im Anschluß an die Bekanntmachung des Reichskanzlers vom 1. Juli d. J., betreffend die Führung des Genossenschaftsregisters ꝛc., (R. G. B. S. 347) und unter Bezugnahme auf die §§ 1 bis 7 der Verordnung vom 25. September 1889 zur Ausführung des Reichsgesetzes vom 1. Mai 1889, betreffend die Erwerbs= und Wirthschaftsgenossenschaften, (Regierungsblatt Nr. 25) angeordnet, daß

1. der Tag der Eintragung in das Genossenschaftsregister (§ 14) vor der Eintragung vermerkt werden und daß
2. eine Eintragung in das Genossenschaftsregister oder in die Liste der Genossen, die durch eine spätere Eintragung ihre Bedeutung verloren hat (§ 10) der Regel nach roth unterstrichen werden, eine Durchstreichung dagegen nur dann zur Anwendung kommen soll, wenn eine der im § 21 der cit. Bekanntmachung bezeichneten Thatsachen eingetragen ist. Im letzteren Falle finden die Vorschriften unter 18 Abs. 1 Satz 1, Abs. 2 der Bestimmungen über die Einrichtung und Führung des Handelsregisters vom 4. Juli d. J. (Regierungsblatt Nr. 37) entsprechende Anwendung.

Großherzoglich Mecklenburgsches Justiz=Ministerium.
v. Amsberg.

VIII. Mecklenburg-Strelitz.

Siehe die vorstehend mitgetheilte Verordnung vom 25. September 1889.

IX. Sachsen-Weimar-Eisenach.

Ministerial=Verordnung

über die Führung des Genossenschaftsregisters vom 5. Dezember 1899.

(Regierungsblatt für das Großherzogthum Sachsen=Weimar=Eisenach S. 781 ff.)

In Ergänzung der vom Bundesrathe beschlossenen, vom Reichskanzler durch Bekanntmachung vom 1. Juli 1899 (Reichs=Gesetzblatt S. 347) veröffentlichten Bestimmungen über die Führung des Genossenschaftsregisters wird Folgendes verordnet:

Artikel 1. Die Obliegenheiten des Richters und des Gerichtsschreibers bei der Führung des Genossenschaftsregisters bestimmen sich nach den Vorschriften der §§ 1, 2, des § 3 Satz 1, der §§ 6 bis 8, des § 12 Abs. 4 und des § 13 der Verordnung vom 4. Dezember 1899 über die Führung des Handelsregisters.

Diese Vorschriften finden auf die Führung der Liste der Genossen entsprechende Anwendung.

Artikel 2. Das Genossenschaftsregister wird nach dem nachstehend abgedruckten Formulare geführt. Als Blatt (§ 12 Abs. 2 der Bekanntmachung vom 1. Juli 1899) gelten zwei gegenüberstehende Seiten des Registers.

Auf die Führung finden die §§ 18 bis 22, der § 23 Abs. 2 und die §§ 24 bis 26, 28, 31 der Verordnung vom 4. Dezember 1899 entsprechende Anwendung.

Artikel 3. 1. In Spalte 1 ist die laufende Nummer der die Genossenschaft betreffenden Eintragungen anzugeben.

2. In Spalte 2 sind die Firma (einschließlich der voll auszuschreibenden zusätzlichen Bezeichnung über die Art der Haftung), der Sitz der Genossenschaft und die darauf sich beziehenden Aenderungen einzutragen. Ebendort finden die Vermerke über Zweigniederlassungen sowie die Vermerke über das Vorhandensein einer Hauptniederlassung (§ 19 der Bekanntmachung vom 1. Juli 1899) ihren Platz.

3. In Spalte 3 sind der Gegenstand des Unternehmens und die darauf sich beziehenden Aenderungen anzugeben.

4. In Spalte 4, die nur bei Genossenschaften mit beschränkter Haftpflicht zur Ausfüllung kommen kann, sind die Höhe der Haftsumme und im Falle des § 134 des Genossenschaftsgesetzes die höchste Zahl der Geschäftsantheile aufzunehmen, auf welche ein Genosse sich betheiligen kann. Eine Erhöhung oder Herabsetzung der Haftsumme ist gleichfalls hier einzutragen.

5. In Spalte 5 sind die Mitglieder des Vorstandes und deren Stellvertreter unter Angabe des Familiennamens, Vornamens, Berufs und Wohnorts einzutragen. Ebendort und in gleicher Weise sind die Liquidatoren unter der Bezeichnung als solche einzutragen.

6. In Spalte 6 sind einzutragen:

a. das Datum des Statuts;

b. die Form, in welcher die von der Genossenschaft ausgehenden Bekanntmachungen erfolgen, sowie die öffentlichen Blätter, in welche dieselben aufzunehmen sind;

c. die Zeitdauer der Genossenschaft, falls dieselbe auf eine bestimmte Zeit beschränkt ist;

d. das Geschäftsjahr, falls es, abgesehen von dem ersten, auf ein mit dem Kalenderjahre nicht zusammenfallendes Jahr oder auf eine kürzere Dauer als auf ein Jahr, bemessen ist;

e. die etwaige Bestimmung des Statuts über die Form, in welcher der Vorstand seine Willenserklärung kund giebt und für die Genossenschaft zeichnet, sowie die bei der Bestellung von Liquidatoren getroffene Bestimmung über die Form der Willenserklärung und die Zeichnung (§ 20 Abs. 3 der Bekanntmachung vom 1. Juli 1899), desgleichen etwaige Aenderungen dieser Bestimmungen;

f. jede Aenderung in den Personen des Vorstandes oder der Liquidatoren sowie die Beendigung der Vertretungsbefugniß des Vorstandes oder der Liquidatoren.

Ferner ist in Spalte 6 einzutragen jede Aenderung des Statuts (§§ 16, 17 der Bekanntmachung vom 1. Juli 1899), soweit sie nicht die in den Spalten 2 bis 4 eingetragenen Angaben betrifft.

Jeder Eintragung in Spalte 6 ist derjenige kleine lateinische Buchstabe voranzustellen, mit welchem vorstehend sowie in der Ueberschrift der Spalte der Gegenstand bezeichnet ist, auf den die Aenderung sich bezieht.

7. In Spalte 7 sind einzutragen:

die Auflösung;

die Eröffnung, Einstellung und Aufhebung des Konkursverfahrens sowie die Aufhebung des Eröffnungsbeschlusses;

die Fortsetzung der Genossenschaft;

die Nichtigkeit der Genossenschaft.

8. Die Spalte 8 ist zur Aufnahme der Verweisung auf die Registerakten, zur Angabe des Tages der Eintragung und für die Unterschrift des Richters oder Gerichtsschreibers bestimmt (§ 14 der Bekanntmachung vom 1. Juli 1899).

9. Die Spalte 9 dient auch zu etwaigen Verweisungen auf spätere Eintragungen oder auf andere Blätter. Den Vermerken in dieser Spalte ist, wenn in keiner anderen Spalte gleichzeitig eine Eintragung erfolgt, das Datum sowie die Unterschrift des Richters oder Gerichtsschreibers beizufügen.

10. Soll ein Beschluß der Generalversammlung als nichtig gelöscht werden (§ 23 der Bekanntmachung vom 1. Juli 1899), so erfolgt die Eintragung des den Beschluß als nichtig bezeichnenden Vermerkes in derselben Spalte, in welcher der Beschluß eingetragen ist.

Artikel 4. Zu dem Genossenschaftsregister wird ein alphabetisches Verzeichniß unter entsprechender Anwendung der Vorschriften des § 32 der Verordnung vom 4. Dezember 1899 geführt.

Artikel 5. Von der Bestimmung der Blätter für die Bekanntmachungen aus dem Genossenschaftsregister (§ 5 der Bekanntmachung vom 1. Juli 1899) ist dem Reichs-Justizamt und dem Staatsministerium in der im § 10 der Verordnung vom 4. Dezember 1899 bezeichneten Weise Mittheilung zu machen.

Artikel 6. Bei der Fassung der Bekanntmachungen sind die im § 12 Abs. 1 bis 3 der Verordnung vom 4. Dezember 1890 gegebenen Anweisungen zu beachten.

Artikel 7. Gehört ein Ort (§ 3 Abs. 2 des Genossenschaftsgesetzes) zu verschiedenen Bundesstaaten, so hat das Registergericht die Firmen der an dem Orte bestehenden eingetragenen Genossenschaften, soweit dies noch nicht geschehen ist, dem anderen betheiligten Registergerichte mitzutheilen und dieses von jeder entsprechenden neuen Eintragung sowie von jeder Aenderung und Löschung der Genossenschaften unverzüglich zu benachrichtigen.

Artikel 8. Für die Genossenschaften, welche vor dem 1. Januar 1900 eingetragen sind, werden die bisherigen Register bis auf Weiteres beibehalten.

Die Uebertragung der vor dem 1. Januar 1900 eingetragenen Genossenschaften in die neuen Register erfolgt unter entsprechender Anwendung des § 40 Abs. 2 und der §§ 41 bis 43, 45 der Verordnung vom 4. Dezember 1899. Die Vorschrift des § 44 dieser Verordnung findet Anwendung.

Artikel 9. Diese Verordnung tritt am 1. Januar 1900 in Kraft.

Alle bisherigen Vorschriften über die Einrichtung und die Führung des Genossenschaftsregisters sind, jedoch vorbehältlich der Vorschrift des Artikel 8 Abs. 2 Satz 2, aufgehoben.

Weimar, den 5. Dezember 1899.

Großherzoglich Sächsisches Staatsministerium,
Departement der Justiz.
Rothe.

Genossenschaftsregister

des

Großherzoglichen Amtsgerichts in ....Jena..........

Band I.

Nummer der Genossenschaft 4.

1.	2.	3.	3.	5.	6.	6.	8.	9.
Nummer der Eintragung	Firma und Sitz.	Gegenstand des Unternehmens.	Bei Genossenschaft. mit beschränkter Haftpflicht: Haftsumme; höchste Zahl der Geschäftsantheile.	Vorstand; Liquidatoren.	a) Statut; b) Form der Bekanntmachungen; c) Zeitdauer; d) Geschäftsjahr; e) Form f. d. Willenserklärungen des Vorst. u. d. Liquidatoren; f) Vertretungsbefugniß.	Auflösung; Konkurs; Fortsetzung; Nichtigkeit.	Aktenstelle; Tag der Eintragung. Unterschrift des Gerichtsschreibers.	Bemerkungen.
1.	Vorschußverein, eingetragene Genossenschaft mit beschränkter Haftpflicht, Wetzdorf.	Betrieb v. Bankgeschäften zum Zwecke der Beschaffung der im Gewerbe und in der Wirthschaft der Mitglieder nöthigen Geldmittel.	300 Mark. 10 Geschäftsantheile.	Karl Schulze, Bauer, Wilhelm Müller, Gastwirth, Friedrich Schmidt, Lehrer, } Wetzdorf.	a) Statut vom 17. Juli 1900. b) Bekanntm. erfolgen unter der Firma im Naumburger Tageblatt u. d. Jenaischen Zeitung. e) Die Willenserkl. des Vorstandes erfolgen durch mindestens zwei Mitgl.; die Zeichnung geschieht, indem zwei Mitglieder d. Firma ihre Namensunterschr. beifügen.		.... 20. Juli 1900. N. N.	Das Statut befindet sich Bl. 2 der Registerakten.
2.			Die Haftsumme ist auf 600 Mk. erhöht durch Beschluß der Generalversamml. vom 20. Dez. 1900.				.... 27. Dezemb. 1900 N. N.	Der Generalversammlungsbeschluß befindet sich Bl. 6 der Registerakten.
3.				Friedrich Braun, Bauer, Wetzdorf.	f) Der Bauer Karl Schulze ist aus dem Vorstande ausgetreten und an seine Stelle der Bauer Friedrch Braun in den Vorstand gewählt.		.... 5. Januar 1901. N. N.	
4.			Der Generalvers.-Beschl. v. 20. Dez. 1900 ist d. rechtskr. Urtheil d. Landger. in Weimar vom 15. Juli 1901 für nichtig erklärt; die Haftsumme beträgt sonach nur 300 Mk.				.... 1. August 1901. N. N.	
5.				Die bisherigen Vorstandsmitglieder sind Liquidatoren.		Die Genossensch. ist durch Beschluß der Generalvers. v. 1. September 1901 aufgelöst.	.... 3. Septemb. 1901. N. N.	Der Beschluß befindet sich Bl. 15 der Registerakten.
6.				Friedrich Weiß, Schmiedemeister, Wetzdorf, ist Liquidator.	f) Der Gastwirth Wilhelm Müller ist durch Verfüg. des Amtsger. v. 10. Dez. 1901 abberufen und an seiner Stelle der Schmiedemeister Friedrich Weiß zum Liquidator bestellt.		.... 12. Dezemb. 1901. N. N.	

X. Oldenburg.

Nr. 118.

Bekanntmachung des Staatsministeriums, Departements der Justiz, betreffend die Führung des Genossenschaftsregisters. Oldenburg, den 7. Dezember 1899.

(Aus Gesetzblatt für das Herzogthum Oldenburg. XXXII. Band. Ausgegeben den 24. Dezember 1899. 65. Stück. S. 792 ff.)

In Ergänzung der vom Bundesrathe beschlossenen, vom Reichskanzler durch Bekanntmachung vom 1. Juli 1899 (Reichs-Gesetzblatt S. 347) veröffentlichten Bestimmungen, betreffend die Führung des Genossenschaftsregisters und die Anmeldungen zu demselben, werden die nachstehenden

Vorschriften über die Führung des Genossenschaftsregisters

bekannt gemacht.

Oldenburg, den 7. December 1899.

Staatsministerium, Departement der Justiz
Flor. Becker.

Vorschriften
über die Führung des Genossenschaftsregisters.

Artikel 1. Die Obliegenheiten des Richters und des Gerichtsschreibers bei der Führung des Genossenschaftsregisters bestimmen sich nach den Vorschriften der §§ 1, 2, des § 3 Satz 1, der §§ 6 bis 8, des § 12 Abs. 4, des § 13 der Ministerialbekanntmachung vom heutigen Tage, betr. die Führung des Handelsregisters.

Diese Vorschriften finden auf die Führung der Liste der Genossen entsprechende Anwendung.

Artikel 2. Das Genossenschaftsregister wird nach dem nachstehend abgedruckten Formulare geführt. Als Blatt (§ 12 Abs. 2 der Bekanntmachung vom 1. Juli 1899) gelten zwei gegenüberstehende Seiten des Registers.

Auf die Führung finden die §§ 17 bis 20, der § 21 Abs. 2 und die §§ 22, 24, 27 der Ministerialbekanntmachung vom heutigen Tage, betr. die Führung des Handelsregisters, entsprechende Anwendung.

Artikel 3. 1. In Spalte 1 ist die laufende Nummer der die Genossenschaft betreffenden Eintragungen anzugeben.

2. In Spalte 2 sind die Firma (einschl. der voll auszuschreibenden zusätzlichen Bezeichnung über die Art der Haftung), der Sitz der Genossenschaft und die darauf sich beziehenden Aenderungen einzutragen. Ebendort finden die Vermerke über Zweigniederlassungen sowie die Vermerke über das Vorhandensein einer Hauptniederlassung (§ 19 der Bekanntmachung vom 1. Juli 1899) ihren Platz.

3. In Spalte 3 sind der Gegenstand des Unternehmens und die darauf sich beziehenden Aenderungen anzugeben.

4. In Spalte 4, die nur bei Genossenschaften mit beschränkter Haftpflicht zur Ausfüllung kommen kann, sind die Höhe der Haftsumme und im Falle des § 134 des Genossenschaftsgesetzes die höchste Zahl der Geschäftsantheile aufzunehmen, auf welche ein Genosse sich betheiligen kann. Eine Erhöhung oder Herabsetzung der Haftsumme ist gleichfalls hier einzutragen.

5. In Spalte 5 sind die Mitglieder des Vorstandes und deren Stellvertreter unter Angabe des Familiennamens, Vornamens, Berufs und Wohnorts einzutragen. Ebendort und in gleicher Weise sind die Liquidatoren unter der Bezeichnung als solche einzutragen.

6. In Spalte 6 sind einzutragen:

a) das Datum des Statuts;

b) die Form, in welcher die von der Genossenschaft ausgehenden Bekanntmachungen erfolgen, sowie die öffentlichen Blätter, in welche dieselben aufzunehmen sind;

c) die Zeitdauer der Genossenschaft, falls dieselbe auf eine bestimmte Zeit beschränkt ist;
d) das Geschäftsjahr, falls es, abgesehen von dem ersten, auf ein mit dem Kalenderjahre nicht zusammenfallendes Jahr oder auf eine kürzere Dauer als auf ein Jahr, bemessen ist;
e) die etwaige Bestimmung des Statuts über die Form, in welcher der Vorstand seine Willenserklärung kund giebt und für die Genossenschaft zeichnet, sowie die bei der Bestellung von Liquidatoren getroffene Bestimmung über die Form der Willenserklärung und die Zeichnung (§ 20 Abs. 3 der Bekanntmachung vom 1. Juli 1899), desgleichen etwaige Aenderungen dieser Bestimmungen;
f) jede Aenderung in den Personen des Vorstandes oder der Liquidatoren sowie die Beendigung der Vertretungsbefugniß des Vorstandes oder der Liquidatoren.

Ferner ist in Spalte 6 einzutragen jede Aenderung des Statuts (§§ 16, 17 der Bekanntmachung vom 1. Juli 1899), soweit sie nicht die in den Spalten 2 bis 4 eingetragenen Angaben betrifft.

Jeder Eintragung in Spalte 6 ist derjenige kleine lateinische Buchstabe voranzustellen, mit welchem vorstehend sowie in der Ueberschrift der Spalte der Gegenstand bezeichnet ist, auf den die Aenderung sich bezieht.

7. In Spalte 7 sind einzutragen:
die Auflösung;
die Eröffnung, Einstellung und Aufhebung des Konkursverfahrens sowie die Aufhebung des Eröffnungsbeschlusses;
die Fortsetzung der Genossenschaft;
die Nichtigkeit der Genossenschaft.

8. Die Spalte 8 ist zur Aufnahme der Verweisung auf die Registerakten, zur Angabe des Tages der Eintragung und für die Unterschrift des Gerichtsschreibers bestimmt (§ 14 der Bekanntmachung vom 1. Juli 1899).

9. Die Spalte 9 dient auch zu etwaigen Verweisungen auf spätere Eintragungen. Den Vermerken in dieser Spalte ist, wenn in keiner anderen Spalte gleichzeitig eine Eintragung erfolgt, das Datum sowie die Unterschrift des Gerichtsschreibers beizufügen.

10. Soll ein Beschluß der Generalversammlung als nichtig gelöscht werden (§ 23 der Bekanntmachung vom 1. Juli 1899), so erfolgt die Eintragung des den Beschluß als nichtig bezeichnenden Vermerkes in derselben Spalte, in welcher der Beschluß eingetragen ist.

Artikel 4. Von der Bestimmung der Blätter für die Bekanntmachungen aus dem Genossenschaftsregister (§ 5 der Bekanntmachung vom 1. Juli 1899) ist dem Reichs-Justizamt in der im § 10 der im Artikel 1 genannten Ministerialbekanntmachung bezeichneten Weise Mittheilung zu machen.

Artikel 5. Bei der Fassung der Bekanntmachungen sind die im § 12 Abs. 1 bis 3 der im Artikel 1 genannten Ministerialbekanntmachung gegebenen Anweisungen zu beachten.

Artikel 6. Für die Genossenschaften, welche vor dem 1. Januar 1900 eingetragen sind, werden die bisherigen Register bis auf Weiteres fortgeführt. Neue Eintragungen bei diesen Genossenschaften erhalten, wenn sie in den bisherigen Registern erfolgen, an der nach den bisherigen Vorschriften dafür bestimmten Stelle ihren Platz.

Die Uebertragung der vor dem 1. Januar 1900 eingetragenen Genossenschaften in die neuen Register erfolgt unter entsprechender Anwendung der §§ 37 bis 40 der im Artikel 1 genannten Ministerialbekanntmachung.

Artikel 7. Diese Verfügung tritt am 1. Januar 1900 in Kraft.

Genossenschaftsregister

des

Großherzoglichen Amtsgerichts in ....

Band I.

Nummer der Genossenschaft 4

1.	2.	3.	4.	5.	6.	7.	8.	9.
Nummer der Eintragung.	Firma und Sitz.	Gegenstand des Unternehmens.	Bei Genossensch. mit beschränkter Haftpflicht: Haftsumme; höchste Zahl der Geschäftsantheile.	Vorstand; Liquidatoren.	a) Statut; b) Form der Bekanntmachungen; c) Zeitdauer; d) Geschäftsjahr; e) Form f. d. Willenserklärungen des Vorst. u. d. Liquidatoren; f) Vertretungsbefugniß.	Auflösung; Konkurs; Fortsetzung; Nichtigkeit.	Aktennummer; Tag der Eintragung: Unterschrift des Gerichtsschreibers.	Bemerkungen.
1.	Vorschußverein, eingetragene Genossenschaft mit beschränkter Haftpflicht, ... (Sitz).	Betrieb v. Bankgeschäften zum Zwecke der Beschaffung der im Gewerbe und in der Wirthschaft der Mitglieder nöthigen Geldmittel.	300 Mark 10 Geschäftsantheile.	Karl Schulze, Landmann, Wilhelm Müller, Gastwirth, Friedr. Schmidt, Lehrer, (Wohnort).	a) Statut vom 17. Juli 1900. b) Bekanntm. erfolgen unter der Firma im .... Wochenblatt und in der .... Zeitung. e) Die Willenserkl. des Vorstandes erfolgen durch mindestens zwei Mitgl.; die Zeichnung geschieht, indem zwei Mitglieder d. Firma ihre Namensunterschr. beifügen.		n. a. 1. 20. Juli 1900. N. N.	Das Statut befindet sich Bl. 2 der Registerakten.
2.			Die Haftsumme ist auf 600 Mk. erhöht durch Beschluß der Generalversamml. vom 20. Dez. 1900.				n. a. 7. 27. Dezemb. 1900. N. N.	Der Generalversammlungsbeschluß befindet sich Bl. 6 der Registerakten.
3.				Friedr. Braun, Landmann in	f) Der Landm. Karl Schulze ist aus dem Vorst. ausgetr. u. an seine Stelle d. Landm. Friedr. Braun in den Vorstand gewählt.		n. a. 8. 5. Januar 1901. N. N.	
4.			Der Generalvers.-Beschl. v. 20. Dez. 1900 ist d. rechtskr. Urtheil d. Landger. in Brieg vom 15. Juli 1901 f. nichtig erklärt; die Haftsumme beträgt sonach nur 300 Mk.				n. a. 17. 1. August 1901. N. N.	
5.				Die bisherigen Vorstandsmitglieder sind Liquidatoren.		Die Genossensch. ist durch Beschluß der Generalvers. v. 1. September 1901 aufgelöst.	n. a. 21. 3. Septbr. 1901. N. N.	Der Beschluß befindet sich Bl. 15 der Registerakten.
6.				Friedrich Weiß, Schmiedemeister, in ...., ist Liquidator.	f) Der Gastwirth Wilhelm Müller ist durch Verfüg. des Amtsger. in .... v. 10. Dez. 1901 abberufen u. an s. Stelle der Schmiedemeister Friedrich Weiß zum Liquidator bestellt.		n. a. 25. 12. Dezbr. 1901. N. N.	

XI. Braunschweig.

Verordnung zur Ausführung des Reichsgesetzes, betreffend die Erwerbs- und Wirthschafts-Genossenschaften.

d. d. Camenz, den 20. Oktober 1899.
(Gesetz- und Verordnungs-Sammlung. Nr. 93.)

Von Gottes Gnaden, Wir, Albrecht, Prinz von Preußen 2c., Regent des Herzogthums Braunschweig,
verordnen zur Ausführung des Reichsgesetzes, betreffend die Erwerbs- und Wirthschafts-Genossenschaften (Bekanntmachung des Reichskanzlers vom 20. Mai 1898), was folgt:

I. Unter der Bezeichnung „Staatsbehörde" (§ 47 des Gesetzes) und „höhere Verwaltungsbehörde" (§§ 31, 58, 59, 61 des Gesetzes) ist die betreffende Herzogliche Kreisdirektion und für die Stadt Braunschweig die Herzogliche Polizeidirektion zu verstehen.

II. Für das Genossenschaftsregister bleibt das durch § 7 der Verordnung Nr. 7 vom 15. Januar 1869 festgestellte und hierneben wieder zum Abdruck gebrachte Formular A in Geltung.

III. Im Uebrigen werden die Verordnungen Nr. 7 vom 15. Januar 1869, Nr. 39 vom 29. August 1889 und Nr. 61 vom 26. November 1896 aufgehoben.

IV. Diese Verordnung tritt am 1. Januar 1900 in Kraft.

Alle, die es angeht, haben sich hiernach zu achten.

Urkundlich Unserer Unterschrift und beigedruckten Herzoglichen Geheime-Kanzlei-Siegels.

Camenz, den 20. October 1899.

(L. S.) Albrecht, Prinz von Preußen.
von Otto. Spies. Hartwieg.

Formular A.

Genossenschafts-Register.

1. Laufende Nr.	2. Firma der Genossenschaft	3. Sitz der Genossenschaft	4. Rechtsverhältnisse der Genossenschaft

XII. Sachsen-Meiningen.

Ausschreiben

des Herzoglichen Staatsministeriums, Abtheilung der Justiz, vom 13. Dezember 1899

die Führung des Genossenschaftsregisters.

(Sammlung der Ausschreiben der landesherrlichen Oberbehörden. Nr. 56.)

In Ergänzung der vom Bundesrathe beschlossenen, vom Reichskanzler durch Bekanntmachung vom 1. Juli 1899 (Reichs-Gesetzbl. S. 347) veröffentlichten Bestimmungen über die Führung des Genossenschaftsregisters wird Folgendes angeordnet:

§ 1. Die Obliegenheiten des Richters und des Gerichtsschreibers bei der Führung des Genossenschaftsregisters bestimmen sich nach den Vorschriften der §§ 1, 2, des § 3 Satz 1, der §§ 6 bis 8, des § 12 Abs. 4, des § 13 des Ausschreibens vom 13. Dezember 1899 über die Führung des Handelsregisters.

Diese Vorschriften finden auf die Führung der Liste der Genossen entsprechende Anwendung.

§ 2. Das Genossenschaftsregister wird nach dem nachstehend abgedruckten Formulare geführt. Als Blatt (§ 12 Abs. 2 der Bekanntmachung vom 1. Juli 1899) gelten zwei gegenüberstehende Seiten des Registers.

Auf die Führung finden die §§ 18 bis 21, der § 22 Abs. 2 und die §§ 23, 25, 28 des Ausschreibens vom 13. Dezember 1899 entsprechende Anwendung.

§ 3. 1. In Spalte 1 ist die laufende Nummer der die Genossenschaft betreffenden Eintragungen anzugeben.

2. In Spalte 2 sind die Firma (einschließlich der voll auszuschreibenden zusätzlichen Bezeichnung über die Art der Haftung), der Sitz der Genossenschaft und die darauf sich beziehenden Aenderungen einzutragen. Ebendort finden die Vermerke über Zweigniederlassungen sowie die Vermerke über das Vorhandensein einer Hauptniederlassung (§ 19 der Bekanntmachung vom 1. Juli 1899) ihren Platz.

3. In Spalte 3 sind der Gegenstand des Unternehmens und die darauf sich beziehenden Aenderungen anzugeben.

4. In Spalte 4, die nur bei Genossenschaften mit beschränkter Haftpflicht zur Ausfüllung kommen kann, sind die Höhe der Haftsumme und im Falle des §. 134 des Genossenschaftsgesetzes die höchste Zahl der Geschäftsantheile aufzunehmen, auf welche ein Genosse sich betheiligen kann. Eine Erhöhung oder Herabsetzung der Haftsumme ist gleichfalls hier einzutragen.

5. In Spalte 5 sind die Mitglieder des Vorstandes und deren Stellvertreter unter Angabe des Familiennamens, Vornamens, Berufs und Wohnorts einzutragen. Ebendort und in gleicher Weise sind die Liquidatoren unter der Bezeichnung als solche einzutragen.

6. In Spalte 6 sind einzutragen:

a) das Datum des Statuts;

b) die Form, in welcher die von der Genossenschaft ausgehenden Bekanntmachungen erfolgen, sowie die öffentlichen Blätter, in welche dieselben aufzunehmen sind;

c) die Zeitdauer der Genossenschaft, falls dieselbe auf eine bestimmte Zeit beschränkt ist;

d) das Geschäftsjahr, falls es, abgesehen von dem ersten, auf ein mit dem Kalenderjahre nicht zusammenfallendes Jahr oder auf eine kürzere Dauer als auf ein Jahr, bemessen ist;

e) die etwaige Bestimmung des Statuts über die Form, in welcher der Vorstand seine Willenserklärung kund giebt und für die Genossenschaft zeichnet, sowie die bei der Bestellung von Liquidatoren getroffene Bestimmung über die Form der Willenserklärung und die Zeichnung (§ 20 Abs. 3 der Bekanntmachung vom 1. Juli 1899), desgleichen etwaige Aenderungen dieser Bestimmungen;

f) jede Aenderung in den Personen des Vorstandes oder der Liquidatoren sowie die Beendigung der Vertretungsbefugniß des Vorstandes oder der Liquidatoren;

Ferner ist in Spalte 6 einzutragen jede Aenderung des Statuts (§§ 16, 17 der Bekanntmachung vom 1. Juli 1899), soweit sie nicht die in den Spalten 2 bis 4 eingetragenen Angaben betrifft.

Jeder Eintragung in Spalte 6 ist derjenige kleine lateinische Buchstabe voranzustellen, mit welchem vorstehend sowie in der Ueberschrift der Spalte der Gegenstand bezeichnet ist, auf den die Aenderung sich bezieht.

7. In Spalte 7 sind einzutragen:
die Auflösung;
die Eröffnung, Einstellung und Aufhebung des Konkursverfahrens sowie die Aufhebung des Eröffnungsbeschlusses;
die Fortsetzung der Genossenschaft;
die Nichtigkeit der Genossenschaft.

8. Die Spalte 8 ist zur Aufnahme der Verweisung auf die Registerakten, zur Angabe des Tages der Eintragung und für die Unterschrift des Gerichtsschreibers bestimmt (§ 14 der Bekanntmachung vom 1. Juli 1899).

9. Die Spalte 9 dient auch zu etwaigen Verweisungen auf spätere Eintragungen. Den Vermerken in dieser Spalte ist, wenn in keiner anderen Spalte gleichzeitig eine Eintragung erfolgt, das Datum sowie die Unterschrift des Gerichtsschreibers beizufügen.

10. Soll ein Beschluß der Generalversammlung als nichtig gelöscht werden (§ 23 der Bekanntmachung vom 1. Juli 1899), so erfolgt die Eintragung des den Beschluß als nichtig bezeichnenden Vermerkes in derselben Spalte, in welcher der Beschluß eingetragen ist.

§ 4. Von der Bestimmung der Blätter für die Bekanntmachungen aus dem Genossenschaftsregister (§ 5 der Bekanntmachung vom 1. Juli 1899) ist dem Reichs-Justizamt in der im § 10 des Ausschreibens vom 13. Dezember 1899 bezeichneten Weise Mittheilung zu machen.

§ 5. Bei der Fassung der Bekanntmachungen sind die im § 12 Abs. 1 bis 3 des Ausschreibens vom 13. Dezember 1899 gegebenen Anweisungen zu beachten.

§ 6. Gehört ein Ort oder eine Gemeinde (§ 3 Abs. 2 des Genossenschaftsgesetzes) zu den Bezirken verschiedener Registergerichte, so hat das Registergericht die Firmen der an dem Orte oder in der Gemeinde bestehenden eingetragenen Genossenschaften, soweit dies noch nicht geschehen ist, dem betheiligten Registergerichte mitzutheilen und dieses von jeder entsprechenden neuen Eintragung sowie von jeder Aenderung und Löschung der Genossenschaften unverzüglich zu benachrichtigen. Dies gilt auch dann, wenn der betreffende Ort zu mehreren Bundesstaaten gehört.

§ 7. Für die Genossenschaften, welche vor dem 1. Januar 1900 eingetragen sind, werden die bisherigen Register bis auf Weiteres fortgeführt. Neue Eintragungen bei diesen Genossenschaften erhalten, wenn sie in den bisherigen Registern erfolgen, an der nach den bisherigen Vorschriften dafür bestimmten Stelle ihren Platz.

Die Uebertragung der vor dem 1. Januar 1900 eingetragenen Genossenschaften in die neuen Register erfolgt unter entsprechender Anwendung der §§. 37 bis 40 des Ausschreibens vom 13. Dezember 1899.

§ 8. Dieses Ausschreiben tritt am 1. Januar 1900 in Kraft.

Meiningen, den 13. Dezember 1899.

Herzogliches Staatsministerium,
Abtheilung der Justiz.
v. Heim.

Genossenschaftsregister

des

Amtsgerichts in Meiningen.

Band I.

Nummer der Genossenschaft 4.

1.	2.	3.	4.	5.	6.	7.	8.	9.
Nummer der Eintragung.	Firma und Sitz.	Gegenstand des Unternehmens	Bei Genossensch. mit beschränkter Haftpflicht: Haftsumme; höchste Zahl der Geschäftsantheile.	Vorstand; Liquidatoren.	a) Statut; b) Form der Bekanntmachungen; c) Zeitdauer; d) Geschäftsjahr; e) Form f. d. Willenserklärungen des Vorst. u. d. Liquidatoren; f) Vertretungsbefugniß.	Auflösung; Konkurs; Fortsetzung; Nichtigkeit.	Geschäftsnum.; Tag der Eintragung Unterschrift des Gerichtsschreibers.	Bemerkungen.
1.	Vorschußverein, eingetragene Genossenschaft mit beschränkter Haftpflicht, Hermannsfeld.	Betrieb v. Bankgeschäften zum Zwecke der Beschaffung der im Gewerbe und in der Wirthschaft der Mitglieder nöthigen Geldmittel.	300 Mark. 10 Geschäftsantheile.	Karl Schulze, Bauer, Wilhelm Müller, Gastwirth, Friedrich Schmidt, Lehrer, } Hermannsfeld.	a) Statut vom 17. Juli 1900. b) Bekanntm. erfolgen unter der Firma im Regierungsblatt und Meininger Tageblatt. e) Die Willenserkl. des Vorstandes erfolgen durch mindestens zwei Mitgl.; die Zeichnung geschieht, indem zwei Mitglieder d. Firma ihre Namensunterschr. beifügen.		2 Gn R 4. 1. 20. Juli 1900 N. N.	Das Statut befindet sich Bl. 2 der Registerakten.
2.			Die Haftsumme ist auf 600 Mk. erhöht durch Beschluß der Generalversamml. vom 20. Dez. 1900.				2 Gn R 4. 7. 27. Dezemb. 1900. N. N.	Der Generalversammlungsbeschluß befindet sich Bl. 6 der Registerakten.
3.				Friedrich Braun, Bauer, Hermannsfeld.	) Der Bauer Karl Schulze ist aus dem Vorst. ausgetr. u. an seine Stelle d. Bauer Friedrich Braun in den Vorstand gewählt.		2 Gn R 4. 8. 5. Januar 1901 N. N.	
4.			Der Generalversf.-Beschl. v. 20. Dez. 1900 ist d. rechtskr. Urtheil d. Landger. in Meiningen vom 15. Juli 1901 für nichtig erklärt; die Haftsumme beträgt sonach nur 300 Mk.				2 Gn R 4. 17. 1. August 1901. N. N.	
5.				Die bisherigen Vorstandsmitglieder sind Liquidatoren.		Die Genossensch. ist durch Beschluß der Generalversf. v. 1. September 1901 aufgelöst.	2 Gn R 4. 21. 3. Sept. 1901. N. N.	Der Beschluß befindet sich Bl. 15 der Registerakten.
6.				Friedrich Weiß, Schmiedemeister, Hermannsfeld, ist Liquidator.	f) Der Gastwirth Wilhelm Müller ist durch Verfüg. des Amtsger. in Meiningen v. 10. Dez. 1901 abberufen u. an s. Stelle d. Schmiedemeister Friedrich Weiß zum Liquidator bestellt.		2 Gn R 4. 25. 12. Dezemb. 1901. N. N.	

XIII. Sachsen-Altenburg.

Verordnung des Herzoglichen Ministeriums, Abtheilung für Justizangelegenheiten,

die Führung des Genossenschaftsregisters betreffend.
Vom 23. November 1899. (G.-S. 1899. St. XV. Nr. 64.)

In Ergänzung der vom Bundesrathe beschlossenen, vom Reichskanzler durch Bekanntmachung vom 1 Juli 1899 (Reichs-Gesetzblatt S. 347) veröffentlichten Bestimmungen über die Führung des Genossenschaftsregisters wird Folgendes angeordnet:

Artikel 1. Die Obliegenheiten des Richters und des Gerichtsschreibers bei der Führung des Genossenschaftsregisters bestimmen sich nach den Vorschriften der §§ 1, 2, 3, 6 bis 8, des § 12 Abs 4, des § 13 der Justiz-Ministerial-Verordnung, die Führung des Handelsregisters betreffend, vom 21. November 1899.

Diese Vorschriften finden auf die Führung der Liste der Genossen entsprechende Anwendung. Wegen der Benutzung von Formularen bei Benachrichtigungen von Eintragungen in die Liste der Genossen bewendet es bei den bestehenden Vorschriften.

Artikel 2 Das Genossenschaftsregister wird nach dem nachstehend abgedruckten Formulare geführt. Als Blatt (§ 12 Abs. 2 der Bekanntmachung vom 1. Juli 1899) gelten zwei gegenüberstehende Seiten des Registers.

Auf die Führung finden die §§ 17 bis 22 und die §§ 24, 27 der Justiz-Ministerial-Verordnung vom 21. November 1899 entsprechende Anwendung.

Artikel 3. 1. In Spalte 1 ist die laufende Nummer der die Genossenschaft betreffenden Eintragungen anzugeben.

2. In Spalte 2 sind die Firma (einschließlich der voll auszuschreibenden zusätzlichen Bezeichnung über die Art der Haftung), der Sitz der Genossenschaft und die darauf sich beziehenden Aenderungen einzutragen. Ebendort finden die Vermerke über Zweigniederlassungen sowie die Vermerke über das Vorhandensein einer Hauptniederlassung (§ 19 der Bekanntmachung vom 1. Juli 1899) ihren Platz.

3. In Spalte 3 sind der Gegenstand des Unternehmens und die darauf sich beziehenden Aenderungen anzugeben.

4. In Spalte 4, die nur bei Genossenschaften mit beschränkter Haftpflicht zur Ausfüllung kommen kann, sind die Höhe der Haftsumme und im Falle des § 134 des Genossenschaftsgesetzes die höchste Zahl der Geschäftsantheile aufzunehmen, auf welche ein Genosse sich betheiligen kann. Eine Erhöhung oder Herabsetzung der Haftsumme ist gleichfalls hier einzutragen.

5. In Spalte 5 sind die Mitglieder des Vorstandes und deren Stellvertreter unter Angabe des Familiennamens, Vornamens, Berufs und Wohnorts sowie alle Aenderungen in deren Person einzutragen. Ebendort und in gleicher Weise sind die Liquidatoren unter der Bezeichnung als solche sowie alle Aenderungen in deren Person einzutragen.

6. In Spalte 6 sind einzutragen:

a) das Datum des Statuts;
b) die Form, in welcher die von der Genossenschaft ausgehenden Bekanntmachungen erfolgen, sowie die öffentlichen Blätter, in welche dieselben aufzunehmen sind;
c) die Zeitdauer der Genossenschaft, falls dieselbe auf eine bestimmte Zeit beschränkt ist;
d) das Geschäftsjahr, falls es, abgesehen von dem ersten, auf ein mit dem Kalenderjahre nicht zusammenfallendes Jahr oder auf eine kürzere Dauer als auf ein Jahr bemessen ist;
e) die etwaige Bestimmung des Statuts über die Form, in welcher der Vorstand seine Willenserklärung kund giebt und für die Genossenschaft zeichnet, sowie die bei der Bestellung von Liquidatoren getroffene Bestimmung über die Form der Willenserklärung und die Zeichnung

(§ 20 Abs. 3 der Bekanntmachung vom 1. Juli 1899), desgleichen etwaige Aenderungen dieser Bestimmungen;

f) die Beendigung der Vertretungsbefugniß des Vorstandes oder der Liquidatoren.

Ferner ist in Spalte 6 einzutragen jede Aenderung des Statuts (§§ 16, 17 der Bekanntmachung vom 1. Juli 1899), soweit sie nicht die in den Spalten 2 bis 4 eingetragenen Angaben betrifft.

Jeder Eintragung in Spalte 6 ist derjenige kleine lateinische Buchstabe voranzustellen, mit welchem vorstehend sowie in der Ueberschrift der Spalte der Gegenstand bezeichnet ist, auf den die Aenderung sich bezieht.

7. In Spalte 7 sind einzutragen:
die Auflösung;
die Eröffnung, Einstellung und Aufhebung des Konkursverfahrens sowie die Aufhebung des Eröffnungsbeschlusses;
die Fortsetzung der Genossenschaft;
die Nichtigkeit der Genossenschaft.

8. Die Spalte 8 ist zur Aufnahme der Verweisung auf die Geschäftsnummer der Registerakten, zur Angabe des Tages der Eintragung und für die Unterschrift des Gerichtsschreibers bestimmt (§ 14 der Bekanntmachung vom 1. Juli 1899). Daneben soll bei wichtigen Eintragungen in der Spalte „Bemerkungen" auf das Blatt der Registerakten verwiesen werden, wo sich die in den Eintragungen in Bezug genommenen Urkunden befinden.

9. Die Spalte 9 dient auch zu etwaigen Verweisungen auf spätere Eintragungen, insbesondere für den Fall, daß der Inhalt einer Eintragung durch eine spätere Eintragung nur theilweise geändert wird und deßhalb seine Bedeutung nicht verliert. Den Vermerken in dieser Spalte ist, wenn in keiner anderen Spalte gleichzeitig eine Eintragung erfolgt, das Datum sowie die Unterschrift des Gerichtsschreibers beizufügen.

10. Soll ein Beschluß der Generalversammlung als nichtig gelöscht werden (§ 23 der Bekanntmachung vom 1. Juli 1899), so erfolgt die Eintragung des den Beschluß als nichtig bezeichnenden Vermerkes in derselben Spalte, in welcher der Beschluß eingetragen ist.

Artikel 4. Von der Bestimmung der Blätter für die Bekanntmachungen aus dem Genossenschaftsregister (§ 5 der Bekanntmachung vom 1. Juli 1899) ist dem Reichs-Justizamt in der im § 10 der Justiz-Ministerial-Verordnung vom 21. November 1899 bezeichneten Weise Mittheilung zu machen.

Artikel 5. Bei der Fassung der Bekanntmachungen sind die im § 12 Abs. 1 bis 3 der Justiz-Ministerial-Verordnung vom 21. November 1899 gegebenen Anweisungen zu beachten.

Artikel 6. Gehört ein Ort oder eine Gemeinde zu mehreren Bundesstaaten und demnach zu den Bezirken verschiedener Registergerichte, so hat jedes Registergericht die Firmen der an dem Orte oder in der Gemeinde bestehenden eingetragenen Genossenschaften, soweit dies noch nicht geschehen ist, den anderen betheiligten Registergerichten mitzutheilen und diese von jeder entsprechenden neuen Eintragung sowie von jeder Aenderung und Löschung der Genossenschaften unverzüglich zu benachrichtigen (vgl. § 3 Abs. 2 des Genossenschaftsgesetzes).

Artikel 7. Für die Genossenschaften, welche vor dem 1. Januar 1900 eingetragen sind, werden die bisherigen Register bis auf Weiteres fortgeführt. Bei einer Anführung dieser Genossenschaften sind stets der Nummer des Foliums die Worte anzufügen: „des alten Genossenschaftsregisters". Neue Eintragungen bei diesen Genossenschaften erhalten, wenn sie in den bisherigen Registern erfolgen, an der nach den bisherigen Vorschriften dafür bestimmten Stelle ihren Platz.

Die Uebertragung der vor dem 1. Januar 1900 eingetragenen Genossenschaften in die neuen Register erfolgt unter entsprechender Anwendung der §§ 36 bis 39 der Justiz-Ministerial-Verordnung vom 21. November 1899.

Artikel 8. Diese Verfügung tritt am 1. Januar 1900 in Kraft. Alle entgegenstehenden Vorschriften treten außer Kraft.

Altenburg, am 23. November 1899.

Herzoglich Sächsisches Ministerium, Abtheilung für Justizangelegenheiten.

von Borries.

Genossenschaftsregister des Herzoglichen Amtsgerichts in Ronneburg.

Band I. Nummer der Genossenschaft 4.

1.	2.	3.	4.	5.	6.	7.	8.	9.
Nummer der Eintragung.	Firma und Sitz.	Gegenstand des Unternehmens.	Bei Genossensch. mit beschränkter Haftpflicht: Haftsumme; höchste Zahl der Geschäftsantheile.	Vorstand; Liquidatoren.	a) Statut; b) Form der Bekanntmachungen; c) Zeitdauer; d) Geschäftsjahr; e) Form f. d. Willenserklärungen des Vorst. u. d. Liquidatoren; f) Vertretungsbefugniß.	Auflösung; Konkurs; Fortsetzung; Nichtigkeit.	Geschäftsnummer; Tag der Eintragung; Unterschrift des Gerichtsschreibers.	Bemerkungen.
1.	Vorschußverein, eingetragene Genossenschaft mit beschränkter Haftpflicht, Ronneburg.	Betrieb v. Bankgeschäften zum Zwecke der Beschaffung der im Gewerbe und in der Wirthschaft der Mitglieder nöthigen Geldmittel.	300 Mark 10 Geschäftsantheile.	Karl Schulze, Gutsbesitzer, Wilhelm Müller, Gastwirth, Friedr. Schmidt, Lehrer, } Ronneburg.	a) Statut vom 17. Juli 1900. b) Bekanntm. erf. unter d. Firma im Ronneburger Anzeiger und der Altenburger Zeitung. c) Die Willenserkl. des Vorstandes erfolgen durch mindestens zwei Mitgl.; die Zeichnung geschieht, indem zwei Mitglieder d. Firma ihre Namensunterschr. beifügen.		VI Gn 4. 1. 20. Juli 1900. N. N.	Das Statut befindet sich Bl. 2 der Registerakten.
2.			Die Haftsumme ist auf 600 Mk. erhöht durch Beschluß der Generalversamml. vom 20. Dez. 1900.				VI Gn 4. 7. 27. Dezbr. 1900. N. N.	Der Generalversammlungsbeschluß befindet sich Bl. 6 der Registerakten.
3.				Der Gutsbesitzer Karl Schulze ist a. d. Vorst. ausgetr. u. a. s. Stelle d. Materialwaarenhdlr. Friedrich Braun in Ronneburg in den Vorst. gewählt.			VI Gn 4. 8. 5. Januar 1901. N. N.	
4.			Der Generalvers.-Beschl. v. 20. Dez. 1900 ist d. rechtskr. Urtheil d. Landger. in Altenburg vom 15. Juli 1901 für nichtig erklärt; die Haftsumme beträgt sonach nur 300 Mk.				VI Gn 4. 17. 1. August 1901. N. N.	
5.				Die bisherigen Vorstandsmitglieder sind Liquidatoren.		Die Genossensch. ist durch Beschluß der Generalvers. v. 1. September 1901 aufgelöst.	VI Gn 4. 21. 3. Septbr. 1901. N. N.	Der Beschluß befindet sich Bl. 15 der Registerakten.
6.				An Stelle des abberuf. Liquidators Müller ist d. Schmiedemeister Friedrich Weiß in Ronneburg zum Liquidator bestellt.	Die Vertretungsbefugniß d. Liquidators Müller ist in Folge Abberufung durch Verfügung des Amtsgerichts vom 10. Dezember 1901 beendigt.		VI Gn 4. 25. 12. Dezbr. 1901. N. N.	

XIV. Coburg-Gotha.

Ministerial-Verfügung

vom 14. Dezember 1899 über die Führung des Genossenschafts-registers.

(Gesetzsammlung für das Herzogthum Gotha, Nr. 40.)

In Ergänzung der vom Bundesrathe beschlossenen, vom Reichskanzler durch Bekanntmachung vom 1. Juli 1899 (Reichs-Gesetzblatt S. 347) veröffentlichten Bestimmungen über die Führung des Genossenschaftsregisters wird Folgendes angeordnet:

Artikel 1. Die Obliegenheiten des Richters und des Gerichtsschreibers bei der Führung des Genossenschaftsregisters bestimmen sich nach den Vorschriften der §§ 1, 2, des § 3 Satz 1, der §§ 6 bis 8, des § 12 Abs. 4, des § 13 der Ministerial-Verfügung vom 13. Dezember 1899 über die Führung des Handelsregisters

Diese Vorschriften finden auf die Führung der Liste der Genossen entsprechende Anwendung.

Artikel 2. Das Genossenschaftsregister wird nach dem vom Staatsministerium ausgegebenen Formulare geführt. Als Blatt (§ 12 Abs. 2 der Bekanntmachung vom 1. Juli 1899) gelten zwei gegenüberstehende Seiten des Registers

Auf die Führung finden die §§ 18 bis 21, der § 22 Abs. 2 und die §§ 23, 25, 28 der Ministerial-Verfügung vom 13. Dezember 1899 über die Führung des Handelsregisters entsprechende Anwendung

Artikel 3. 1. In Spalte 1 ist die laufende Nummer der die Genossenschaft betreffenden Eintragungen anzugeben.

2. In Spalte 2 sind die Firma (einschließlich der voll auszuschreibenden zusätzlichen Bezeichnung über die Art der Haftung), der Sitz der Genossenschaft und die darauf sich beziehenden Aenderungen einzutragen Ebendort finden die Vermerke über Zweigniederlassungen sowie die Vermerke über das Vorhandensein einer Hauptniederlassung (§ 19 der Bekanntmachung vom 1. Juli 1899) ihren Platz.

3 In Spalte 3 sind der Gegenstand des Unternehmens und die darauf sich beziehenden Aenderungen anzugeben.

4. In Spalte 4, die nur bei Genossenschaften mit beschränkter Haftpflicht zur Ausfüllung kommen kann, sind die Höhe der Haftsumme und im Falle des § 134 des Genossenschaftsgesetzes die höchste Zahl der Geschäftsantheile aufzunehmen, auf welche ein Genosse sich betheiligen kann. Eine Erhöhung oder Herabsetzung der Haftsumme ist gleichfalls hier einzutragen.

5. In Spalte 5 sind die Mitglieder des Vorstandes und deren Stellvertreter unter Angabe des Familiennamens, Vornamens, Berufs und Wohnorts einzutragen. Ebendort und in gleicher Weise sind die Liquidatoren unter der Bezeichnung als solche einzutragen.

6. In Spalte 6 sind einzutragen:

a) das Datum des Statuts;
b) die Form, in welcher die von der Genossenschaft ausgehenden Bekanntmachungen erfolgen, sowie die öffentlichen Blätter, in welche dieselben aufzunehmen sind;
c) die Zeitdauer der Genossenschaft, falls dieselbe auf eine bestimmte Zeit beschränkt ist;
d) das Geschäftsjahr, falls es, abgesehen von dem ersten, auf ein mit dem Kalenderjahre nicht zusammenfallendes Jahr oder auf eine kürzere Dauer als auf ein Jahr, bemessen ist;
e) die etwaige Bestimmung des Statuts über die Form, in welcher der Vorstand seine Willenserklärung kund giebt und für die Genossenschaft zeichnet, sowie die bei der Bestellung von Liquidatoren getroffene Bestimmung über die Form der Willenserklärung und die Zeichnung (§ 20 Abs. 3 der Bekanntmachung vom 1. Juli 1899), desgleichen etwaige Aenderungen dieser Bestimmungen;

f) jede Aenderung in den Personen des Vorstandes oder der Liquidatoren sowie die Beendigung der Vertretungsbefugniß des Vorstandes oder der Liquidatoren.

Ferner ist in Spalte 6 einzutragen jede Aenderung des Statuts (§§ 16, 17 der Bekanntmachung vom 1. Juli 1899), soweit sie nicht die in den Spalten 2 bis 4 eingetragenen Angaben betrifft.

Jeder Eintragung in Spalte 6 ist derjenige kleine lateinische Buchstabe voranzustellen, mit welchem vorstehend sowie in der Ueberschrift der Spalte der Gegenstand bezeichnet ist, auf den die Aenderung sich bezieht.

7. In Spalte 7 sind einzutragen:

die Auflösung;

die Eröffnung, Einstellung und Aufhebung des Konkursverfahrens sowie die Aufhebung des Eröffnungsbeschlusses;

die Fortsetzung der Genossenschaft;

die Nichtigkeit der Genossenschaft.

8. Die Spalte 8 ist zur Aufnahme der Verweisung auf die Registerakten, zur Angabe des Tages der Eintragung und für die Unterschrift des Gerichtsschreibers bestimmt (§ 14 der Bekanntmachung vom 1. Juli 1899).

9. Die Spalte 9 dient auch zu etwaigen Verweisungen auf spätere Eintragungen. Den Vermerken in dieser Spalte ist, wenn in keiner anderen Spalte gleichzeitig eine Eintragung erfolgt, das Datum sowie die Unterschrift des Gerichtsschreibers beizufügen.

10. Soll ein Beschluß der Generalversammlung als nichtig gelöscht werden (§ 23 der Bekanntmachung vom 1 Juli 1899), so erfolgt die Eintragung des den Beschluß als nichtig bezeichnenden Vermerkes in derselben Spalte, in welcher der Beschluß eingetragen ist.

Artikel 4. Von der Bestimmung der Blätter für die Bekanntmachungen aus dem Genossenschaftsregister (§ 5 der Bekanntmachung vom 1 Juli 1899) ist der Gerichtsschreiberei des Oberlandesgerichts in der im § 10 der Ministerial-Verfügung vom 13. Dezember 1899 über die Führung des Handelsregisters bezeichneten Weise Mittheilung zu machen.

Artikel 5. Bei der Fassung der Bekanntmachungen sind die im § 12 Abs. 1 bis 3 der Ministerial-Verfügung vom 13. Dezember 1899 über die Führung des Handelsregisters gegebenen Anweisungen zu beachten.

Artikel 6. Gehört ein Ort oder eine Gemeinde (§ 3 Abs. 2 des Genossenschaftsgesetzes, z. B. Ruhla, Kleinschmalkalden, zu den Bezirken verschiedener Registergerichte, so hat das Registergericht die Firmen der an dem Orte oder in der Gemeinde bestehenden eingetragenen Genossenschaften, soweit dies noch nicht geschehen ist, dem anderen betheiligten Registergerichte mitzutheilen und dieses von jeder entsprechenden neuen Eintragung sowie von jeder Aenderung und Löschung der Genossenschaften unverzüglich zu benachrichtigen.

Artikel 7. Für die Genossenschaften, welche vor dem 1. Januar 1900 eingetragen sind, werden die bisherigen Register bis auf Weiteres fortgeführt. Neue Eintragungen bei diesen Genossenschaften erhalten, wenn sie in den bisherigen Registern erfolgen, an der nach den bisherigen Vorschriften dafür bestimmten Stelle ihren Platz.

Die Uebertragung der vor dem 1. Januar 1900 eingetragenen Genossenschaften in die neuen Register erfolgt unter entsprechender Anwendung der §§ 37 bis 40 der Ministerial-Verfügung vom 13. Dezember 1899 über die Führung des Handelsregisters.

Artikel 8. Diese Verfügung tritt am 1. Januar 1900 in Kraft.

Gotha, den 14. Dezember 1899.

Herzoglich Sächsisches Staatsministerium.
v. Strenge.

XV. Anhalt.

Allgemeine Verfügung vom 5. Dezember 1899 über die Führung des Genossenschaftsregisters (Nr. 8606 I).

In Ergänzung der vom Bundesrathe beschlossenen, vom Reichskanzler durch Bekanntmachung vom 1. Juli 1899 (Reichs-Gesetzblatt S. 347) veröffentlichten Bestimmungen über die Führung des Genossenschaftsregisters wird Folgendes angeordnet.

Artikel 1. Die Obliegenheiten des Richters und des Gerichtsschreibers bei der Führung des Genossenschaftsregisters bestimmen sich nach den Vorschriften der §§ 1, 2, des § 3 Satz 1, der §§ 6 bis 8, des § 12 Abs. 4, des § 13 der Allgemeinen Verfügung vom 4. Dezember 1899 über die Führung des Handelsregisters.

Diese Vorschriften finden auf die Führung der Liste der Genossen entsprechende Anwendung.

Artikel 2. Das Genossenschaftsregister wird nach dem nachstehend abgedruckten Formular geführt. Als Blatt (§ 12 Abs. 2 der Bekanntmachung vom 1. Juli 1899) gelten zwei gegenüberstehende Seiten des Registers.

Auf die Führung finden die §§ 17 bis 20, der § 21 Abs. 2 und die §§ 22, 24, 27 der Allgemeinen Verfügung vom 4. Dezember 1899 über die Führung des Handelsregisters entsprechende Anwendung.

Artikel 3. 1. In Spalte 1 ist die laufende Nummer der die Genossenschaft betreffenden Eintragungen anzugeben.

2. In Spalte 2 sind die Firma (einschließlich der voll auszuschreibenden zusätzlichen Bezeichnung über die Art der Haftung), der Sitz der Genossenschaft und die darauf sich beziehenden Aenderungen einzutragen. Ebendort finden die Vermerke über Zweigniederlassungen sowie die Vermerke über das Vorhandensein einer Hauptniederlassung (§ 19 der Bekanntmachung vom 1. Juli 1899) ihren Platz.

3. In Spalte 3 sind der Gegenstand des Unternehmens und die darauf sich beziehenden Aenderungen anzugeben.

4. In Spalte 4, die nur bei Genossenschaften mit beschränkter Haftpflicht zur Ausfüllung kommen kann, sind die Höhe der Haftsumme und im Falle des § 134 des Genossenschaftsgesetzes die höchste Zahl der Geschäftsantheile aufzunehmen, auf welche ein Genosse sich betheiligen kann. Eine Erhöhung oder Herabsetzung der Haftsumme ist gleichfalls hier einzutragen.

5. In Spalte 5 sind die Mitglieder des Vorstandes und deren Stellvertreter unter Angabe des Vornamens, Familiennamens, Berufs und Wohnorts einzutragen. Ebendort und in gleicher Weise sind die Liquidatoren unter Bezeichnung als solche einzutragen.

6. In Spalte 6 sind einzutragen:

a) das Datum des Statuts;
b) die Form, in welcher die von der Genossenschaft ausgehenden Bekanntmachungen erfolgen, sowie die öffentlichen Blätter, in welche dieselben aufzunehmen sind;
c) die Zeitdauer der Genossenschaft, falls dieselbe auf eine bestimmte Zeit beschränkt ist
d) das Geschäftsjahr, falls es, abgesehen von dem ersten, auf ein mit dem Kalenderjahre nicht zusammenfallendes Jahr oder auf eine kürzere Dauer, als auf ein Jahr bemessen ist;
e) die etwaige Bestimmung des Statuts über die Form, in welcher der Vorstand seine Willenserklärung kund giebt und für die Genossenschaft zeichnet, sowie die bei der Bestellung von Liquidatoren getroffene Bestimmung über die Form der Willenserklärung und die Zeichnung (§ 20 Abs. 3 der Bekanntmachung vom 1. Juli 1899), desgleichen etwaige Aenderungen dieser Bestimmungen;
f) jede Aenderung in den Personen des Vorstandes oder der Liquidatoren sowie die Beendigung der Vertretungsbefugniß des Vorstandes oder der Liquidatoren.

Ferner ist in Spalte 6 einzutragen jede Aenderung des Statuts (§§ 16, 17 der Bekanntmachung vom 1. Juli 1899), soweit sie nicht die in den Spalten 2 bis 4 eingetragenen Angaben betrifft.

Jeder Eintragung in Spalte 6 ist derjenige kleine lateinische Buchstabe voranzustellen, mit welchem vorstehend sowie in der Ueberschrift der Spalte der Gegenstand bezeichnet ist, auf den die Aenderung sich bezieht.

7. In Spalte 7 sind einzutragen:
- die Auflösung;
- die Eröffnung, Einstellung und Aufhebung des Konkursverfahrens sowie die Aufhebung des Eröffnungsbeschlusses;
- die Fortsetzung der Genossenschaft;
- die Nichtigkeit der Genossenschaft.

8. Die Spalte 8 ist zur Aufnahme der Verweisung auf die Registerakten, zur Angabe des Tages der Eintragung und für die Unterschrift des Gerichtsschreibers bestimmt (§ 14 der Bekanntmachung vom 1. Juli 1899).

9. Die Spalte 9 dient auch zu etwaigen Verweisungen auf spätere Eintragungen. Den Vermerken in dieser Spalte ist, wenn in keiner anderen Spalte gleichzeitig eine Eintragung erfolgt, das Datum und die Unterschrift des Gerichtsschreibers beizufügen.

10. Soll ein Beschluß der Generalversammlung als nichtig gelöscht werden (§ 23 der Bekanntmachung vom 1. Juli 1899), so erfolgt die Eintragung des den Beschluß als nichtig bezeichnenden Vermerks in derselben Spalte, in welcher der Beschluß eingetragen ist.

Artikel 4. Von der Bestimmung der Blätter für die Bekanntmachungen aus dem Genossenschaftsregister (§ 5 der Bekanntmachung vom 1. Juli 1899) ist der Gerichtsschreiberei des Oberlandesgerichts in der im § 10 der Allgemeinen Verfügung vom 4. Dezember 1899 über die Führung des Handelsregisters bezeichneten Weise Mittheilung zu machen.

Artikel 5. Bei der Fassung der Bekanntmachungen sind die im § 12 Abs. 1 bis 3 der Allgemeinen Verfügung vom 4. Dezember 1899 über die Führung des Handelsregisters gegebenen Anweisungen zu beachten.

Artikel 6. Für die Genossenschaften, welche vor dem 1. Januar 1900 eingetragen sind, werden die bisherigen Register bis auf Weiteres fortgeführt. Neue Eintragungen bei diesen Genossenschaften erhalten, wenn sie in den bisherigen Registern erfolgen, an der nach den bisherigen Vorschriften dafür bestimmten Stelle ihren Platz.

Die Uebertragung der vor dem 1. Januar 1900 eingetragenen Genossenschaften in die neuen Register erfolgt unter entsprechender Anwendung der §§ 36 bis 39 der Allgemeinen Verfügung vom 4. Dezember 1899 über die Führung des Handelsregisters.

Artikel 7. Diese Verfügung tritt am 1. Januar 1900 in Kraft.

Dessau, den 5. Dezember 1900.

Herzoglich Anhaltisches Staatsministerium.
gez. v. Koseritz.

Genossenschaftsregister

des

Herzoglichen Amtsgerichts in ....

Band ....

Nummer der Genossenschaft 4.

1.	2.	3.	4.	5.	6.	7.	8.	9.
Nummer der Eintragung.	Firma und Sitz.	Gegenstand des Unternehmens	Bei Genossensch. mit beschränkter Haftpflicht· Haftsumme; höchste Zahl der Geschäftsantheile.	Vorstand; Liquidatoren.	a) Statut; b) Form der Bekanntmachungen; c) Zeitdauer; d) Geschäftsjahr; e) Form f d Willenserklärungen des Vorst. u d. Liquidatoren; f) Vertretungsbefugniß.	Auflösung; Konkurs; Fortsetzung; Nichtigkeit.	Geschäftsnum.; Tag der Eintragung Unterschrift des Gerichtsschreibers.	Bemerkungen.
1.	Vorschußverein, eingetragene Genossenschaft mit beschränkter Haftpflicht, Hermannsdorf.	Betrieb v. Bankgeschäften zum Zwecke der Beschaffung der im Gewerbe und in der Wirthschaft der Mitglieder nöthigen Geldmittel.	300 Mark 10 Geschäftsantheile.	Karl Schulze, Bauer, Wilhelm Müller, Gastwirth, Friedrich Schmidt, Lehrer, } Hermannsdorf	a) Statut vom 17 Juli 1900. b) Bekanntm. erfolgen unter der Firma im Buchhainer Kreisbl. und der Schlesischen Zeitung. e) Die Willenserkl. des Vorstandes erfolgen durch mindestens zwei Mitgl.; die Zeichnung geschieht, indem zwei Mitglieder d Firma ihre Namensunterschr beifügen.		2 Gn R 4. 1. 20. Juli 1900 N. N.	Das Statut befindet sich Bl. 2 der Registerakten.
2.			Die Haftsumme ist auf 600 Mk. erhöht durch Beschluß der Generalversamml vom 20. Dez. 1900.				2 Gn R 4. 7. 27. Dezemb. 1900. N. N.	Der Generalversammlungsbeschluß befindet sich Bl. 6 der Registerakten.
3.				Friedrich Braun, Bauer, Hermannsfeld	f) Der Bauer Karl Schulze ist aus dem Vorst. ausgetr. u. an seine Stelle d Bauer Friedrich Braun in den Vorstand gewählt.		2 Gn R 4. 8. 5. Januar 1901 N. N.	
4.			Der Generalversf.-Beschl. v 20 Dez. 1900 ist d. rechtskr. Urtheil des Landgerichts in Brieg v. 15. Juli 1901 für nichtig erklärt; die Haftsumme beträgt sonach nur 300 Mk.				2 Gn R 4. 17. 1. August 1901. N. N.	
5.				Die bisherigen Vorstandsmitglieder sind Liquidatoren.		Die Genossensch. ist durch Beschluß der Generalversf. v. 1. September 1901 aufgelöst.	2 Gn R 4. 21. 3. Sept. 1901. N. N.	Der Beschluß befindet sich Bl. 15 der Registerakten.
6.				Friedrich Weiß, Schmiedemeister, Hermannsfeld, ist Liquidator.	f) Der Gastwirth Wilhelm Müller ist durch Verfüg. des Amtsger. in Buchhain v. 10. Dez. 1901 abberufen u. an s. Stelle d. Schmiedemeister Friedrich Weiß zum Liquidator bestellt.		2 Gn R 4. 25. 12. Dezemb. 1901. N. N.	

XVI. Schwarzburg-Rudolstadt.

Nr. XXVIII. Verordnung

über die Führung des Genossenschaftsregisters
vom 17. November 1899.
(Gesetzsammlung für das Fürstenthum Schwarzburg-Rudolstadt. 18. Stück vom Jahre 1899 ff. S. 193 ff.)

In Ergänzung der vom Bundesrathe beschlossenen, vom Reichskanzler durch Bekanntmachung vom 1. Juli 1899 (Reichs-Gesetzbl. S. 347) veröffentlichten Bestimmungen über die Führung des Genossenschaftsregisters verordnen wir, was folgt:

Artikel 1. Die Obliegenheiten des Richters und des Gerichtsschreibers bei der Führung des Genossenschaftsregisters bestimmen sich nach den Vorschriften der §§ 1, 2, des § 3, der §§ 6 bis 8, des § 12 Abs. 4 und des § 13 der Verordnung vom 16. November 1899 über die Führung des Handelsregisters (Ges.-Samml. S. 169).

Diese Vorschriften finden auf die Führung der Liste der Genossen entsprechende Anwendung.

Artikel 2. Das Genossenschaftsregister wird nach dem nachstehend abgedruckten Formulare geführt. Als Blatt (§ 12 Abs. 2 der Bekanntmachung vom 1. Juli 1899) gelten zwei gegenüberstehende Seiten des Registers.

Auf die Führung finden die §§ 17 bis 20, der § 21 Abs. 2 und die §§ 22, 24 und 27 der Verordnung vom 16. November 1899 entsprechende Anwendung.

Zu dem Register ist ein alphabetisches Namensverzeichniß nach dem für das Namensverzeichniß zum Handelsregister vorgeschriebenen Formular und unter entsprechender Anwendung der §§ 28 und 29 der Verordnung vom 16. November 1899 anzulegen

Artikel 3. 1. In Spalte 1 ist die laufende Nummer der die Genossenschaft betreffenden Eintragungen anzugeben.

2. In Spalte 2 sind die Firma (einschließlich der voll auszuschreibenden zusätzlichen Bezeichnung über die Art der Haftung), der Sitz der Genossenschaft und die darauf sich beziehenden Aenderungen einzutragen. Ebendort finden die Vermerke über Zweigniederlassungen sowie Vermerke über das Vorhandensein einer Hauptniederlassung (§ 19 der Bekanntmachung vom 1 Juli 1899) ihren Platz.

3. In Spalte 3 sind der Gegenstand des Unternehmens und die darauf sich beziehenden Aenderungen anzugeben.

4. In Spalte 4, die nur bei Genossenschaften mit beschränkter Haftpflicht zur Ausfüllung kommen kann, sind die Höhe der Haftsumme und im Falle des § 134 des Genossenschaftsgesetzes die höchste Zahl der Geschäftsantheile aufzunehmen, auf welche ein Genosse sich betheiligen kann. Eine Erhöhung oder Herabsetzung der Haftsumme ist gleichfalls hier einzutragen.

5. In Spalte 5 sind die Mitglieder des Vorstandes und deren Stellvertreter unter Angabe des Familiennamens, Vornamens, Berufs und Wohnorts einzutragen. Ebendort und in gleicher Weise sind die Liquidatoren unter der Bezeichnung als solche einzutragen.

6. In Spalte 6 sind einzutragen:

a) das Datum des Statuts;
b) die Form, in welcher die von der Genossenschaft ausgehenden Bekanntmachungen erfolgen, sowie die öffentlichen Blätter, in welche dieselben aufzunehmen sind;
c) die Zeitdauer der Genossenschaft, falls dieselbe auf eine bestimmte Zeit beschränkt ist;
d) das Geschäftsjahr, falls es, abgesehen von dem ersten, auf ein mit dem Kalenderjahre nicht zusammenfallendes Jahr oder auf eine kürzere Dauer als auf ein Jahr, bemessen ist;
e) die etwaige Bestimmung des Statuts über die Form, in welcher der Vorstand seine Willenserklärung kund giebt und für die Genossenschaft zeichnet, sowie die bei der Bestellung von Liquidatoren getroffene Be-

stimmung über die Form der Willenserklärung und die Zeichnung (§ 20 Abs. 3 der Bekanntmachung vom 1. Juli 1899), desgleichen etwaige Aenderungen dieser Bestimmungen;

f) jede Aenderung in den Personen des Vorstandes oder der Liquidatoren sowie die Beendigung der Vertretungsbefugniß des Vorstandes oder der Liquidatoren.

Ferner ist in Spalte 6 einzutragen jede Aenderung des Statuts (§§ 16 und 17 der Bekanntmachung vom 1. Juli 1899), soweit sie nicht die in den Spalten 2 bis 4 eingetragenen Angaben betrifft.

Jeder Eintragung in Spalte 6 ist derjenige kleine lateinische Buchstabe voranzustellen, mit welchem vorstehend sowie in der Ueberschrift der Spalte der Gegenstand bezeichnet ist, auf den die Aenderung sich bezieht.

7. In Spalte 7 sind einzutragen:
die Auflösung;
die Eröffnung, Einstellung und Aufhebung des Konkursverfahrens sowie die Aufhebung des Eröffnungsbeschlusses;
die Fortsetzung der Genossenschaft;
die Nichtigkeit der Genossenschaft.

8. Die Spalte 8 ist zur Aufnahme der Verweisung auf die Registerakten, zur Angabe des Tages der Eintragung und für die Unterschrift des Gerichtsschreibers bestimmt (§ 14 der Bekanntmachung vom 1. Juli 1899).

9. Die Spalte 9 dient auch zu etwaigen Verweisungen auf spätere Eintragungen. Den Vermerken in dieser Spalte ist, wenn in keiner anderen Spalte gleichzeitig eine Eintragung erfolgt, das Datum sowie die Unterschrift des Gerichtsschreibers beizufügen.

10. Soll ein Beschluß der Generalversammlung als nichtig gelöscht werden (§ 23 der Bekanntmachung vom 1. Juli 1899), so erfolgt die Eintragung des den Beschluß als nichtig bezeichnenden Vermerkes in derselben Spalte, in welcher der Beschluß eingetragen ist.

Artikel 4. Von der Bestimmung der Blätter für die Bekanntmachungen aus dem Genossenschaftsregister (§ 5 der Bekanntmachung vom 1. Juli 1899) ist dem Reichs-Justizamt in der im § 10 der Verordnung vom 16. November 1899 bezeichneten Weise Mittheilung zu machen.

Artikel 5. Bei der Fassung der Bekanntmachungen sind die im § 12 Abs. 1 bis 3 der Verordnung vom 16. November 1899 gegebenen Anweisungen zu beachten.

Artikel 6. Gehört ein Ort oder eine Gemeinde (§ 3 Abs 2 des Genossenschaftsgesetzes) zu den Bezirken verschiedener Registergerichte, so hat jedes Registergericht die Firmen der an dem Orte oder in der Gemeinde bestehenden eingetragenen Genossenschaften, soweit dies noch nicht geschehen ist, den anderen betheiligten Registergerichten mitzutheilen und diese von jeder entsprechenden neuen Eintragung sowie von jeder Aenderung und Löschung der Genossenschaften unverzüglich zu benachrichtigen. Dies gilt auch dann, wenn der betreffende Ort zu mehreren Bundesstaaten gehört.

Artikel 7. Für die Genossenschaften, welche vor dem 1. Januar 1900 eingetragen sind, werden die bisherigen Register bis auf Weiteres fortgeführt. Neue Eintragungen bei diesen Genossenschaften erhalten, wenn sie in den bisherigen Registern erfolgen, an der nach den bisherigen Vorschriften dafür bestimmten Stelle ihren Platz.

Die Uebertragung der vor dem 1. Januar 1900 eingetragenen Genossenschaften in die neuen Register erfolgt unter entsprechender Anwendung der §§ 37 bis 40 der Verordnung vom 16. November 1899.

Artikel 8. Diese Verordnung tritt am 1. Januar 1900 in Kraft.

Rudolstadt, den 17. November 1899.

Fürstlich Schwarzburg. Ministerium,
Justiz-Abtheilung.
Hauthal.

Genossenschaftsregister des Fürstl. Amtsgerichts in

Nummer der Genossenschaft 4.

1	2.	3.	4.	5.	6.	7.	8.	9.
Nummer der Eintragung.	Firma und Sitz.	Gegenstand des Unternehmens.	Bei Genossensch. mit beschränkter Haftpflicht: Haftsumme; höchste Zahl der Geschäftsantheile	Vorstand; Liquidatoren.	a) Statut; b) Form der Bekanntmachungen; c) Zeitdauer; d) Geschäftsjahr; e) Form f. d. Willenserklärungen des Vorst. u. d. Liquidatoren; f) Vertretungsbefugniß.	Auflösung; Konkurs; Fortsetzung; Nichtigkeit.	Geschäftsnummer; Tag der Eintragung; Unterschrift des Gerichtsschreibers.	Bemerkungen.
1.	Vorschußverein, eingetragene Genossenschaft mit beschränkter Haftpflicht, Rudolstadt.	Betrieb v. Bankgeschäften zum Zwecke der Beschaffung der im Gewerbe und in der Wirthschaft der Mitglieder nöthigen Geldmittel.	300 Mark 10 Geschäftsantheile.	Karl Schulze, Kaufmann, Wilhelm Müller, Gastwirth, Friedr. Schmidt, Lehrer, } Rudolstadt.	a) Statut vom 17 Juli 1900. b) Bekanntm. erfolgen unter der Firma in der Landeszeitung und in der Rudolstädter Zeitung. e) Die Willenserkl. des Vorstandes erfolgen durch mindestens zwei Mitgl.; die Zeichnung geschieht, indem zwei Mitglieder d. Firma ihre Namensunterschr. beifügen.		*) . . . . . 20. Juli 1900. N. N.	Das Statut befindet sich Bl. 2 der Registerakten.
2.			Die Haftsumme ist auf 600 Mk. erhöht durch Beschluß der Generalversamml. vom 20. Dez. 1900.				*) . . . . . 27. Dezbr. 1900. N. N.	Der Generalversammlungsbeschluß befindet sich Bl 6 der Registerakten.
3.				Friedrich Braun, Kaufmann, Rudolstadt.	f) Der Kaufm. Karl Schulze ist aus dem Vorst ausgetr. u. an seine Stelle d. Kaufm Friedr Braun in den Vorstand gewählt.		*) . . . . . 5. Januar 1901. N. N.	
4.			Der Generalvers.-Beschl. v. 20. Dez. 1900 ist d. rechtskr. Urtheil d. Landger. in Rudolstadt vom 15. Juli 1901 für nichtig erklärt; die Haftsumme beträgt sonach nur 300 Mk.				*) . . . . . 1. August 1901. N. N.	
5.				Die bisherigen Vorstandsmitglieder sind Liquidatoren.		Die Genossensch. ist durch Beschluß der Generalvers. v. 1. September 1901 aufgelöst.	*) . . . . . 3. Septemb. 1901. N. N.	Der Beschluß befindet sich Bl. 15 der Registerakten.
6.				Friedrich Weiß, Schmiedemeister, Rudolstadt, ist Liquidator	f) Der Gastwirth Wilhelm Müller ist durch Verfüg. d. Amtsger. in Rudolstadt vom 10. Dez. 1901 abberufen u. an seine Stelle der Schmiedemeister Friedr. Weiß zum Liquidator bestellt.		*) . . . . . 12. Dezbr. 1901. N. N.	

*) Stelle für die nach der noch zu erlassenden Geschäftsordnung für die Gerichtsschreibereien der Amtsgerichte maßgebende Geschäftsnummer.

XVII. Schwarzburg-Sondershausen.

Nr. 46.

Ministerial-Verordnung,

betreffend die Führung des Genossenschaftsregisters. Vom 27. November 1899.

(Gesetz-Sammlung für das Fürstenthum Schwarzburg-Sondershausen. 37. Stück, vom Jahre 1899.)

Nach Mittheilung der Bekanntmachung betreffend die Führung des Genossenschaftsregisters und die Anmeldung zu diesem Register vom 1. Juli 1899 heißt es:

In Ergänzung der vorstehenden Bestimmungen des Bundesrathes wird Folgendes angeordnet:

Artikel 1. Die Obliegenheiten des Richters und des Gerichtsschreibers bei der Führung des Genossenschaftsregisters bestimmen sich nach den Vorschriften der §§ 1, 2, des § 3 Satz 1, der §§ 6 bis 8, des § 12 Absatz 4, des § 13 der Allgemeinen Verfügung vom 27. November 1899 über die Führung des Handelsregisters.

Diese Vorschriften finden auf die Führung der Liste der Genossen entsprechende Anwendung.

Artikel 2. Das Genossenschaftsregister wird nach dem nachstehend abgedruckten Formulare geführt. Als Blatt (§ 12 Abs. 2 der Bekanntmachung vom 1. Juli 1899) gelten zwei gegenüberstehende Seiten des Registers.

Auf die Führung finden die §§ 18 bis 21, der § 22 Abs. 2 und die §§ 23, 25, 28 der Allgemeinen Verfügung vom 27. November 1899 entsprechende Anwendung.

Artikel 3. 1. In Spalte 1 ist die laufende Nummer der die Genossenschaft betreffenden Eintragungen anzugeben.

2. In Spalte 2 sind die Firma (einschließlich der voll auszuschreibenden zusätzlichen Bezeichnung über die Art der Haftung), der Sitz der Genossenschaft und die darauf sich beziehenden Aenderungen einzutragen. Ebendort finden die Vermerke über Zweigniederlassungen, sowie die Vermerke über das Vorhandensein einer Hauptniederlassung (§ 19 der Bekanntmachung vom 1. Juli 1899) ihren Platz.

3. In Spalte 3 sind der Gegenstand des Unternehmens und die darauf sich beziehenden Aenderungen anzugeben.

4. In Spalte 4, die nur bei Genossenschaften mit beschränkter Haftpflicht zur Ausfüllung kommen kann, sind die Höhe der Haftsumme und im Falle des § 134 des Genossenschaftsgesetzes die höchste Zahl Geschäftsantheile aufzunehmen, auf welche ein Genosse sich betheiligen kann. Eine Erhöhung oder Herabsetzung der Haftsumme ist gleichfalls hier einzutragen.

5. In Spalte 5 sind die Mitglieder des Vorstandes und deren Stellvertreter unter Angabe des Familiennamens, Vornamens, Berufs und Wohnorts einzutragen. Ebendort und in gleicher Weise sind die Liquidatoren unter der Bezeichnung als solche einzutragen.

6. In Spalte 6 sind einzutragen:

a) das Datum des Statuts;

b) die Form, in welcher die von der Genossenschaft ausgehenden Bekanntmachungen erfolgen, sowie die öffentlichen Blätter, in welche dieselben aufzunehmen sind;

c) die Zeitdauer der Genossenschaft, falls dieselbe auf eine bestimmte Zeit beschränkt ist;

d) das Geschäftsjahr, falls es, abgesehen von dem ersten, auf ein mit dem Kalenderjahre nicht zusammenfallendes Jahr oder auf eine kürzere Dauer, als auf ein Jahr, bemessen ist;

e) die etwaige Bestimmung des Statuts über die Form, in welcher der Vorstand seine Willenserklärung kund giebt und für die Genossenschaft zeichnet, sowie die bei der Bestellung von Liquidatoren getroffene Bestimmung über die Form der Willenserklärung und die Zeichnung (§ 20 Abs. 3 der Bekanntmachung vom 1. Juli 1899), desgleichen etwaige Aenderungen dieser Bestimmungen;

f) jede Aenderung in den Personen des Vorstandes oder der Liquidatoren, sowie die Beendigung der Vertretungsbefugniß des Vorstandes oder der Liquidatoren.

Ferner ist in Spalte 6 einzutragen jede Aenderung des Statuts (§§ 16, 17 der Bekanntmachung vom 1 Juli 1899), soweit sie nicht die in den Spalten 2 bis 4 eingetragenen Angaben betrifft.

Jeder Eintragung in Spalte 6 ist derjenige kleine lateinische Buchstabe voranzustellen, mit welchem vorstehend, sowie in der Ueberschrift der Spalte der Gegenstand bezeichnet ist, auf den die Aenderung sich bezieht.

7. In Spalte 7 sind einzutragen:
die Auflösung;
die Eröffnung, Einstellung und Aufhebung des Konkursverfahrens, sowie die Aufhebung des Eröffnungsbeschlusses;
die Fortsetzung der Genossenschaft;
die Nichtigkeit der Genossenschaft.

8. Die Spalte 8 ist zur Aufnahme der Verweisung auf die Registerakten, zur Angabe des Tages der Eintragung und für die Unterschrift des Gerichtsschreibers bestimmt (§ 14 der Bekanntmachung vom 1. Juli 1899).

9. Die Spalte 9 dient auch zu etwaigen Verweisungen auf spätere Eintragungen. Den Vermerken in dieser Spalte ist, wenn in keiner anderen Spalte gleichzeitig eine Eintragung erfolgt, das Datum, sowie die Unterschrift des Gerichtsschreibers beizufügen.

10. Soll ein Beschluß der Generalversammlung als nichtig gelöscht werden (§ 23 der Bekanntmachung vom 1. Juli 1899), so erfolgt die Eintragung des den Beschluß als nichtig bezeichnenden Vermerkes in derselben Spalte, in welcher der Beschluß eingetragen ist.

Artikel 4. Von der Bestimmung der Blätter für die Bekanntmachungen aus dem Genossenschaftsregister (§ 5 der Bekanntmachung vom 1. Juli 1899) ist dem Reichs-Justizamt in der im § 10 der Allgemeinen Verfügung vom 27. November 1899 bezeichneten Weise Mittheilung zu machen.

Artikel 5. Bei der Fassung der Bekanntmachungen sind die im § 12 Abs. 1 bis 3 der Allgemeinen Verfügung vom 27. November 1899 gegebenen Anweisungen zu beachten.

Artikel 6. Gehört ein Ort oder eine Gemeinde (§ 3 Abs. 2 des Genossenschaftsgesetzes) zu den Bezirken verschiedener Registergerichte, so hat jedes Registergericht die Firmen der an dem Orte oder in der Gemeinde bestehenden eingetragenen Genossenschaften, soweit dies noch nicht geschehen ist, den anderen betheiligten Registergerichten mitzutheilen und diese von jeder entsprechenden neuen Eintragung, sowie von jeder Aenderung und Löschung der Genossenschaften unverzüglich zu benachrichtigen. Dies gilt auch dann, wenn der betreffende Ort zu mehreren Bundesstaaten gehört.

Artikel 7. Für die Genossenschaften, welche vor dem 1. Januar 1900 eingetragen sind, werden die bisherigen Register bis auf Weiteres fortgeführt. Neue Eintragungen bei diesen Genossenschaften erhalten, wenn sie in den bisherigen Registern erfolgen, an der nach den bisherigen Vorschriften dafür bestimmten Stelle ihren Platz.

Die Uebertragung der vor dem 1. Januar 1900 eingetragenen Genossenschaften in die neuen Register erfolgt unter entsprechender Anwendung der §§ 37 bis 40 der Allgemeinen Verfügung vom 27. November 1899.

Artikel 8. Diese Verfügung tritt am 1. Januar 1900 in Kraft.

Sondershausen, den 27. November 1899.

Fürstlich Schwarzburgisches Ministerium, Justizabtheilung.

(L. S.) Budde.

Anlage.

Genossenschaftsregister des Fürstlichen Amtsgerichts in ....

Band I.

Nummer der Gesellschaft 4

1.	2.	3.	4.	5.	6.	7.	8.	9.
Nummer der Eintragung.	Firma und Sitz.	Gegenstand des Unternehmens.	Bei Genossensch. mit beschränkter Haftpflicht: Haftsumme; höchste Zahl der Geschäftsantheile.	Vorstand; Liquidatoren.	a) Statut; b) Form der Bekanntmachungen; c) Zeitdauer; d) Geschäftsjahr; e) Form f. d. Willenserklärungen des Vorst. u. d. Liquidatoren; f) Vertretungsbefugniß.	Auflösung; Konkurs; Fortsetzung; Nichtigkeit.	Blatt der Akten; Tag der Eintragung; Unterschrift des Gerichtsschreibers.	Bemerkungen.
1.	Vorschußverein, eingetragene Genossenschaft mit beschränkter Haftpflicht, N.	Betrieb v. Bankgeschäften zum Zwecke der Beschaffung der im Gewerbe und in der Wirthschaft der Mitglieder nöthigen Geldmittel.	300 Mark. 10 Geschäftsantheile.	Karl Schulze, Bauer, Wilhelm Müller, Gastwirth, Friedr. Schmidt, Lehrer, } N. . . .	a) Statut vom 17. Juli 1900. b) Bekanntm. erfolgen unter der Firma in der N. . . . . Zeitung. e) Die Willenserkl. des Vorstandes erfolgen durch mindestens zwei Mitgl.; die Zeichnung geschieht, indem zwei Mitglieder d. Firma ihre Namensunterschr. beifügen.		Bl. . . . . . 20. Juli 1900. N. N.	Das Statut befindet sich Bl. 2 der Registerakten.
2.			Die Haftsumme ist auf 600 Mk. erhöht durch Beschluß der Generalversamml. vom 20. Dez. 1900.				Bl. . . . . . 27. Dezbr. 1900. N. N.	Der Generalversammlungsbeschluß befindet sich Bl. 6 der Registerakten.
3.				Friedrich Braun, Bauer, N.	f) Der Bauer Karl Schulze ist aus dem Vorst. ausgetr. u. an seine Stelle der Bauer Friedr. Braun in den Vorstand gewählt.		Bl. . . . . . 5. Januar 1901. N. N.	
4.			Der Generalvers.-Beschl. v. 20. Dez. 1900 ist d. rechtskr. Urtheil d. Landger. in N . . . . vom 15. Juli 1901 für nichtig erklärt; die Haftsumme beträgt sonach nur 300 Mk.				Bl. . . . . . 1. August 1901. N. N.	
5.				Die bisherigen Vorstandsmitglieder sind Liquidatoren.		Die Genossensch. ist durch Beschluß der Generalvers. v. 1. September 1901 aufgelöst.	Bl. . . . . . 3. Septbr. 1901. N. N.	Der Beschluß befindet sich Bl. 15 der Registerakten.
6.				Friedrich Weiß, Schmiedemeister, N. . . . ., ist Liquidator.	f) Der Gastwirth Wilhelm Müller ist durch Verfüg. des Amtsger. in N. . . . . v. 10. Dez. 1901 abberufen und an seiner Stelle der Schmiedemeister Friedr. Weiß zum Liquidator bestellt.		Bl. . . . . . 12. Dezmbr. 1901. N. N.	

XVIII. Waldeck-Pyrmont.

Nach einer dem Amtsgericht zugegangenen Verfügung des Herrn Oberlandesgerichtspräsidenten zu Cassel vom 7. Juni 1880 haben alle im Preußischen Justizministerialblatt publizirten allgemeinen Verfügungen des Justizministers auch ohne ausdrückliche Anordnung in den Fürstenthümern Waldeck und Pyrmont Geltung, sofern sich nicht aus der Adresse oder dem Inhalt der Verfügung Anderes ergiebt oder die getroffenen Anordnungen sich auf Vorschriften beziehen, die in den Fürstenthümern Waldeck und Pyrmont nicht eingeführt sind.

Da nun sowohl das Reichsgesetz betreffend die Erwerbs- und Wirthschaftsgenossenschaften von 1889 bezw. 1898 als auch die Bundesrathsbekanntmachung über die Führung der Genossenschaftsregister 2c. vom 1. Juli 1899 für Waldeck Geltung haben, ist auch die Ausführungsverfügung des Justizministers vom 8. November 1899 in Waldeck und Pyrmont zu beachten. Eventuell kann auch die gedachte Verordnung durch die im Justizministerialblatt von 1899 S. 889 veröffentlichte Verfügung des Justizministers vom 27. Dezember 1899 als in Waldeck eingeführt, betrachtet werden.

(Aus einem Brief des Fürstlichen Amtsgerichts Arolsen an den Verfasser.)

XIX. Reuß ältere Linie.

28. Regierungs-Verordnung

vom 11. Dezember 1899 betreffend die Führung des Genossenschaftsregisters.

(Gesetzsammlung für das Fürstenthum Reuß ältere Linie Nr. 15, ausgegeben am 23. Dezember 1899, S. 314 ff.)

Mit Serenissimi Höchster Genehmigung wird in Ergänzung der vom Bundesrath beschlossenen, vom Reichskanzler durch Bekanntmachung vom 1. Juli 1899 (Reichsgesetzblatt S. 347) veröffentlichten Bestimmungen über die Führung des Genossenschaftsregisters verordnet, was folgt:

Artikel 1. Die Obliegenheiten des Richters und des Gerichtsschreibers bei der Führung des Genossenschaftsregisters bestimmen sich nach den Vorschriften der §§ 1, 2, 3 Abs. 1, der §§ 6—8, des § 12 Abs. 4, des § 13 der Regierungsverordnung vom 9. Dezember 1899, betreffend die Führung des Handelsregisters.

Diese Vorschriften finden auch auf die Führung der Liste der Genossen entsprechende Anwendung.

Artikel 2. Das Genossenschaftsregister wird nach dem nachstehend abgedruckten Formular geführt.

Als Blatt (§ 12 Abs. 2 der Bekanntmachung vom 1. Juli 1899) gelten zwei gegenüberstehende Seiten des Registers.

Auf die Führung finden die §§ 16—19, 20 Abs. 2 und die §§ 21, 23, 26 der Regierungsverordnung vom 9. Dezember 1899, betreffend die Führung des Handelsregisters entsprechende Anwendung.

Artikel 3. 1. In Spalte 1 ist zunächst die laufende Nummer der Genossenschaft und sodann mit kleineren Ziffern die laufende Nummer der die Genossenschaft betreffenden Eintragungen anzugeben. Bei der Eintragung der Genossenschaft sind die beiden Nummern durch einen wagerechten Strich von einander zu trennen. Reichen die zwei gegenüberstehenden Seiten des Registers für die eine Genossenschaft betreffenden Eintragungen nicht aus, so ist bei jeder ersten Eintragung auf den folgenden Seiten die laufende Nummer der Genossenschaft in derselben Weise wie bei der Eintragung der Genossenschaft anzugeben, jedoch in Klammern einzuschließen.

2. In Spalte 2 sind die Firma (einschließlich der voll auszuschreibenden zusätzlichen Bezeichnung über die Art der Haftung), der Sitz der Genossenschaft

und die darauf sich beziehenden Aenderungen einzutragen. Ebendort finden die Vermerke über die Zweigniederlassungen, sowie die Vermerke über das Vorhandensein einer Hauptniederlassung (§ 19 der Bekanntmachung vom 1. Juli 1899) ihren Platz.

3. In Spalte 3 sind der Gegenstand des Unternehmens und die darauf sich beziehenden Aenderungen anzugeben.

4. In Spalte 4, die nur bei Genossenschaften mit beschränkter Haftpflicht zur Ausfüllung kommen kann, sind die Höhe der Haftsumme und im Falle des § 134 des Genossenschaftsgesetzes die höchste Zahl der Geschäftsantheile aufzunehmen, mit welchen ein Genosse sich betheiligen kann. Eine Erhöhung oder Herabsetzung der Haftsumme ist gleichfalls hier einzutragen

5. In Spalte 5 sind die Mitglieder des Vorstandes und deren Stellvertreter unter Angabe des Familiennamens, Vornamens, Berufs und Wohnorts einzutragen. Ebendort und in gleicher Weise sind die Liquidatoren unter der Bezeichnung als solche einzutragen.

6. In Spalte 6 sind einzutragen:

a) das Datum des Statuts;

b) die Form, in welcher die von der Genossenschaft ausgehenden Bekanntmachungen erfolgen, sowie die öffentlichen Blätter, in welche dieselben aufzunehmen sind;

c) die Zeitdauer der Genossenschaft, falls dieselbe auf eine bestimmte Zeit beschränkt ist;

d) das Geschäftsjahr, falls es, abgesehen von dem ersten, auf ein mit dem Kalenderjahr nicht zusammenfallendes Jahr oder auf eine kürzere Dauer, als auf ein Jahr, bemessen ist;

e) die etwaige Bestimmung des Statuts über die Form, in welcher der Vorstand seine Willenserklärung kund giebt und für die Genossenschaft zeichnet, sowie die bei der Bestellung von Liquidatoren getroffene Bestimmung über die Form der Willenserklärung und die Zeichnung (§ 20 Abs. 3 der Bekanntmachung vom 1 Juli 1899), desgleichen etwaige Aenderungen dieser Bestimmungen;

f) jede Aenderung in den Personen des Vorstandes oder der Liquidatoren, sowie die Beendigung der Vertretungsbefugniß des Vorstandes oder der Liquidatoren.

Ferner ist in Spalte 6 einzutragen jede Aenderung des Statuts (§§ 16, 17 der Bekanntmachung vom 1. Juli 1899), soweit sie nicht die in den Spalten 2 bis 4 eingetragenen Angaben betrifft.

Jeder Eintragung in Spalte 6 ist derjenige kleine lateinische Buchstabe voranzustellen, mit dem vorstehend sowie in der Ueberschrift der Spalte der Gegenstand bezeichnet ist, auf den die Aenderung sich bezieht.

7. In Spalte 7 sind einzutragen:

die Auflösung;

die Eröffnung, Einstellung und Aufhebung des Konkursverfahrens, sowie die Aufhebung des Eröffnungsbeschlusses;

die Fortsetzung der Genossenschaft;

die Nichtigkeit der Genossenschaft.

8. Die Spalte 8 ist zur Aufnahme der Verweisung auf die Registerakten, zur Angabe des Tages der Eintragung und für die Unterschrift des Gerichtsschreibers bestimmt (§ 14 der Bekanntmachung vom 1. Juli 1899).

9. Die Spalte 9 dient auch zu etwaigen Verweisungen auf spätere Eintragungen. Den Vermerken in dieser Spalte ist, wenn in keiner anderen Spalte gleichzeitig eine Eintragung erfolgt, das Datum und die Unterschrift des Gerichtsschreibers beizufügen.

10. Soll ein Beschluß der Generalversammlung als nichtig gelöscht werden (§ 23 der Bekanntmachung vom 1. Juli 1899), so erfolgt die Eintragung des den Beschluß als nichtig bezeichnenden Vermerks in derselben Spalte, in der der Beschluß eingetragen ist.

Artikel 4. Von der Bestimmung der Blätter für die Bekanntmachungen aus dem Genossenschaftsregister (§ 5 der Bekanntmachung vom 1. Juli 1899) ist der Kanzlei Fürstlicher Landesregierung in der im § 10 der Regierungsverordnung vom 9. Dezember 1899 bezeichneten Weise Mittheilung zu machen.

Artikel 5. Bei der Fassung der Bekanntmachung sind die in § 12 Abs. 1 bis 3 der Regierungsverordnung vom 9. Dezember 1899, betreffend die Führung des Handelsregisters, gegebenen Anweisungen zu beachten.

Artikel 6. Gehört ein Ort oder eine Gemeinde zu mehreren Bundesstaaten und danach zu den Bezirken verschiedener Registergerichte (§ 3 Abs. 2 des Genossenschaftsgesetzes), so hat jedes Registergericht die Firmen der an dem Orte oder in der Gemeinde bestehenden eingetragenen Genossenschaften, soweit dies noch nicht geschehen ist, den anderen betheiligten Registergerichten mitzutheilen und diese von jeder entsprechenden neuen Eintragung, sowie von jeder Aenderung und Löschung der Genossenschaften unverzüglich zu benachrichtigen.

Artikel 7. Für die Genossenschaften, welche vor dem 1. Januar 1900 eingetragen sind, werden die bisherigen Register bis auf Weiteres fortgeführt. Neue Eintragungen bei diesen Genossenschaften erhalten, wenn sie in den bisherigen Registern erfolgen, an der nach den bisherigen Vorschriften dafür bestimmten Stelle ihren Platz.

Die Uebertragung der vor dem 1. Januar 1900 eingetragenen Genossenschaften in die neuen Register erfolgt unter entsprechender Anwendung der §§ 35 bis 37 der Regierungsverordnung vom 9. Dezember 1899, betreffend die Führung des Handelsregisters.

Artikel 8. Diese Verordnung tritt am 1. Januar 1900 in Kraft.

Greiz, den 11. Dezember 1899.

Fürstlich Reuß-Plauische Landesregierung.
v. Dietel.

Saupe.

Genossenschaftsregister

des

Fürstlichen Amtsgerichts in . . . .

Band:

1.	2.	3.	4.	5.	6.	7.	8.	9.
Nummer der Eintragung.	Firma und Sitz.	Gegenstand des Unternehmens.	Bei Genossenschaft mit beschränkter Haftpflicht Haftsumme; Höchste Zahl der Geschäftsantheile.	Vorstand, Liquidatoren	a) Statut; b) Form der Bekanntmachungen. c) Zeitdauer; d) Geschäftsjahr; e) Form f. d. Willenserklärungen des Vorst. u. d. Liquidatoren; f) Vertretungsbefugniß.	Auflösung; Konkurs; Fortsetzung; Nichtigkeit.	Geschäftsnum.; Tag der Eintragung; Unterschrift des Gerichtsschreibers.	Bemerkungen.
4 1.	Vorschußverein, eingetragene Genossenschaft mit beschränkter Haftpflicht, Fraureuth.	Betrieb v. Bankgeschäften zum Zwecke der Beschaffung der im Gewerbe und in der Wirthschaft der Mitglieder nöthigen Geldmittel.	300 Mark 10 Geschäftsantheile	Friedrich Gläser, Landwirth Wilhelm Reinhold, Bäcker, Christian Biehler, Gastwirth, sämmtl. in Fraureuth	a) Statut vom 3. Juli 1900 b) Bekanntm erfolgen unter der Firma i. Amts- u Verordnungsblatt in Greiz u. in d . . -Blatt e) Die Willenserkl. des Vorstandes erfolgen durch mindestens zwei Mitgl; die Zeichnung geschieht, indem 2 Miglieder der Firma ihre Namensunterschr. beifügen.		Gn R 4. 1. 20. Juli 1900. Roth.	Das Statut befindet sich Bl. 2 der Registerakten Gn R 4.
2.			Die Haftsumme ist auf 600 Mk. erhöht durch Beschluß der Generalversamml vom 20. Dez. 1900.				Gn R 4. 7. 27. Dez. 1900. Roth.	Der Generalversammlungsbeschluß befindet sich Bl. 6 der Registerakten. Gn R 4.
3.				Landw. Karl Schwarz in Fraureuth.	f) Landw. Friedrich Gläser ist a. dem Vorst. ausgetr. u. an seine Stelle d. Landw. Karl Schwarz in den Vorstand gewählt.		Gn R 4. 8. 5. Januar 1901. Roth.	
4.			Der Generalvers.-Beschl. v. 20. Dez. 1900 ist d. rechtskr. Urtheil des Fürstl. Landger. Greiz v. 2. Juli 1901 für nichtig erklärt; die Haftsumme beträgt sonach nur 300 Mk.				Gn R 4. 17. 1. August 1901. Roth.	
5.				Die bisherigen Vorstandsmitglieder sind Liquidatoren		Die Genossensch. ist durch Beschluß der Generalvers. v. 2. September 1901 aufgelöst.	Gn R 4. 21. 3. Sept. 1901. Roth.	Der Beschluß befindet sich Bl. 15 der Registerakten. Gn R 4.
6.				Schneidermeister Traugott Möbius, Fraureuth, ist Liquidator.	f) Bäcker Wilhelm Reinhold ist durch Verf. d. Fürstl. Amtsger. Greiz vom 11. Dez. 1901 abberufen und an seine Stelle der Schneidermstr. Taugott Möbius zum Liquidator bestellt.		Gn R 4. 25. 12. Dez. 1901. Roth.	

XX. Reuß jüngere Linie.

Ministerial-Verfügung

vom 25. November 1899, die Führung des Genossenschaftsregisters betreffend.

(Gesetzsammlung für das Fürstenthum Reuß jüngerer Linie. Nr. 591.)

Mit Höchster im Namen Seiner Durchlaucht des Fürsten ertheilter Genehmigung Seiner Durchlaucht des Erbprinzen verordnen wir in Ergänzung der vom Bundesrathe beschlossenen, vom Reichskanzler durch Bekanntmachung vom 1. Juli 1899 — Reichs-Gesetzblatt S. 347 — veröffentlichten Bestimmungen über die Führung des Genossenschaftsregisters, was folgt:

§ 1. Die Obliegenheiten des Richters und des Gerichtsschreibers bei der Führung des Genossenschaftsregisters bestimmen sich nach den Vorschriften der §§ 1, 2, des § 3 Satz 1, der §§ 5—7, des § 11 Absatz 3, des § 12 der Ministerialverfügung vom 24. November 1899 über die Führung des Handelsregisters — Gesetzsammlung Bd. XXIII, S. 393. —

Diese Vorschriften finden auf die Führung der Liste der Genossen entsprechende Anwendung.

§ 2. Das Genossenschaftsregister wird nach dem nachstehend abgedruckten Formulare geführt.

Als Blatt — § 12 Abs. 2 der Bekanntmachung des Reichskanzlers vom 1. Juli 1899 — gelten zwei gegenüberstehende Seiten des Registers.

Auf die Führung finden die §§ 17-20, 21 Abs. 2, 22, 24 und 27 der Ministerialverfügung vom 24 November 1899, das Handelsregister betreffend, entsprechende Anwendung.

§ 3. 1. In Spalte 1 ist die laufende Nummer der die Genossenschaft betreffenden Eintragungen anzugeben.

2. In Spalte 2 sind die Firma — einschließlich der voll auszuschreibenden zusätzlichen Bezeichnung über die Art der Haftung —, der Sitz der Genossenschaft und die darauf sich beziehenden Aenderungen einzutragen. Ebendaselbst finden die Vermerke über Zweigniederlassungen sowie die Vermerke über das Vorhandensein einer Hauptniederlassung — § 19 der Bekanntmachung des Reichskanzlers vom 1. Juli 1899 — ihren Platz. Die Firma ist mit lateinischen Buchstaben zu schreiben.

3. In Spalte 3 sind der Gegenstand des Unternehmens und die darauf sich beziehenden Aenderungen anzugeben.

4. In Spalte 4, die nur bei Genossenschaften mit beschränkter Haftpflicht zur Ausfüllung kommen kann, sind die Höhe der Haftsumme und im Falle des § 134 des Genossenschaftsgesetzes die höchste Zahl der Geschäftsantheile aufzunehmen, auf welche ein Genosse sich betheiligen kann. Eine Erhöhung oder Herabsetzung der Haftsumme ist gleichfalls hier einzutragen.

5. In Spalte 5 sind die Mitglieder des Vorstandes und deren Stellvertreter unter Angabe des Familiennamens, Vornamens, Berufs und Wohnorts einzutragen. Ebendaselbst und in gleicher Weise sind die Liquidatoren unter der Bezeichnung als solche einzutragen. Die Namen sind mit lateinischen Buchstaben zu schreiben.

6. In Spalte 6 sind einzutragen:

a) das Datum des Statuts;
b) die Form, in welcher die von der Genossenschaft ausgehenden Bekanntmachungen erfolgen, sowie die öffentlichen Blätter, in welche dieselben aufzunehmen sind;
c) die Zeitdauer der Genossenschaft, falls dieselbe auf eine bestimmte Zeit beschränkt ist;
d) das Geschäftsjahr, falls es, abgesehen von dem ersten, auf ein mit dem Kalenderjahre nicht zusammenfallendes Jahr oder auf kürzere Dauer als ein Jahr bemessen ist;
e) die etwaige Bestimmung des Statuts über die Form, in welcher der Vorstand seine Willenserklärung kund giebt und für die Genossenschaft

zeichnet, sowie die bei der Bestellung von Liquidatoren getroffene Bestimmung über die Willenserklärung und die Zeichnung — § 20 Abs. 3 der Bekanntmachung des Reichskanzlers vom 1. Juli 1899 —, desgleichen etwaige Aenderungen dieser Bestimmungen;

f) jede Aenderung in den Personen des Vorstandes oder der Liquidatoren, sowie die Beendigung der Vertretungsbefugniß des Vorstandes oder der Liquidatoren.

Ferner ist in Spalte 6 einzutragen jede Aenderung des Statuts — §§ 16, 17 der Bekanntmachung des Reichskanzlers vom 1. Juli 1899 —, soweit sie nicht die in den Spalten 2—4 eingetragenen Angaben betrifft.

Jeder Eintragung in Spalte 6 ist derjenige kleine lateinische Buchstabe voranzustellen, mit welchem vorstehend, sowie in der Ueberschrift der Spalte der Gegenstand bezeichnet ist, auf den die Aenderung sich bezieht.

7. In Spalte 7 sind einzutragen:
die Auflösung;
die Eröffnung, Einstellung und Aufhebung des Konkursverfahrens, sowie die Aufhebung des Eröffnungsbeschlusses;
die Fortsetzung der Genossenschaft;
die Nichtigkeit der Genossenschaft.

8. Die Spalte 8 ist zur Aufnahme der Verweisung auf die Registerakten, zur Angabe des Tages der Eintragung und für die Unterschrift des Gerichtsschreibers bestimmt — § 14 der Bekanntmachung des Reichskanzlers vom 1. Juli 1899. —

9. Die Spalte 9 dient zur Aufnahme von Bemerkungen und zu etwaigen Verweisungen auf spätere Eintragungen. Den Vermerken in dieser Spalte ist, wenn in keiner anderen Spalte gleichzeitig eine Eintragung erfolgt, das Datum, sowie die Unterschrift des Gerichtsschreibers beizufügen.

10. Soll ein Beschluß der Generalversammlung als nichtig gelöscht werden — § 23 der Bekanntmachung des Reichskanzlers vom 1. Juli 1899 —, so erfolgt die Eintragung des den Beschluß als nichtig bezeichneten Vermerkes in derselben Spalte, in welcher der Beschluß eingetragen ist.

§ 4. Von der Bestimmung der Blätter für die Bekanntmachungen aus dem Genossenschaftsregister — § 5 der Bekanntmachung des Reichskanzlers vom 1. Juli 1899 — ist dem Reichsjustizamt in der im § 10 der Ministerialverfügung vom 24. November 1899, das Handelsregister betreffend, bezeichneten Weise Mittheilung zu machen.

§ 5. Bei der Fassung der Bekanntmachungen sind die in § 11 Abs. 1—3 der Ministerialverfügung vom 24. November 1899, das Handelsregister betreffend gegebenen Anweisungen zu beachten.

§ 6. Gehört ein Ort oder eine Gemeinde — § 3 Abs. 2 des Genossenschaftsgesetzes — verschiedenen Bundesstaaten zu je einem Theile an und somit zu den Bezirken verschiedener Registergerichte, so hat das Registergericht die Firmen der an dem Orte oder in der Gemeinde bestehenden eingetragenen Genossenschaften, soweit dies noch nicht geschehen ist, dem anderen betheiligten Registergerichte mitzutheilen und dieses von jeder entsprechenden neuen Eintragung, sowie von jeder Aenderung und Löschung der Genossenschaften unverzüglich zu benachrichtigen.

§ 7. Für die Genossenschaften, welche vor dem 1. Januar 1900 eingetragen sind, werden die bisherigen Register bis auf Weiteres fortgeführt. Neue Eintragungen bei diesen Genossenschaften erhalten, wenn sie in den bisherigen Registern erfolgen, an der nach den bisherigen Vorschriften dafür bestimmten Stelle ihren Platz.

Die Uebertragung der vor dem 1. Januar 1900 eingetragenen Genossenschaften in die neuen Register erfolgt unter entsprechender Anwendung des § 36 der Ministerialverfügung vom 24. November 1899, das Handelsregister betreffend.

§ 8. Diese Verfügung tritt am 1. Januar 1900 in Kraft.

Gera, den 25. November 1899.

Fürstlich Reuß-Plauisches Ministerium.
Engelhardt.

Genossenschaftsregister des Fürstlichen Amtsgerichts in . . . . .
Band . . . . Nummer der Genossenschaft . . . .

1.	2.	3.	4.	5.	6.	7.	8.	9.
Nummer der Eintragung	Firma und Sitz	Gegenstand des Unternehmens.	Bei Genossensch. mit beschränkter Haftpflicht: Haftsumme; höchste Zahl der Geschäftsantheile.	Vorstand; Liquidatoren.	a) Statut; b) Form der Bekanntmachungen; c) Zeitdauer; d) Geschäftsjahr; e) Form f. d. Willenserklärungen des Vorst. u. d. Liquidatoren; f) Vertretungsbefugniß.	Auflösung; Konkurs; Fortsetzung; Nichtigkeit.	Geschäftsnum.; Tag der Eintragung; Unterschrift des Gerichtsschreibers.	Bemerkungen.
1.	Vorschußverein, eingetragene Genossenschaft mit beschränkt. Haftpflicht, in Lobenstein.	Betrieb v. Bankgeschäften zum Zwecke der Beschaffung der im Gewerbe und in der Wirthschaft der Mitglieder nöthigen Geldmittel.	300 Mark. 10 Geschäftsantheile.	Karl Schulze, Mühlenbesitzer, Wilhelm Müller, Gastwirth, Friedrich Schmidt, Tischler, } in Lobenstein.	a) Statut vom 17. Juli 1900. b) Bekanntm. erfolgen unter der Firma im Amts- u. Verordn.-Blatt u. in d. Reuß. Landesztg. e) Die Willenserkl. des Vorstandes erfolgt durch mindestens zwei Mitgl.; die Zeichnung geschieht, indem zwei Mitglieder d. Firma ihre Namensunterschr. beifügen.		2 Gn R 4. 1. 20. Juli 1900. N. N.	Das Statut befindet sich Bl. 2 der Registerakten.
2.			Die Haftsumme ist auf 600 Mk. erhöht durch Beschluß der Generalversamml. vom 20. Dez. 1900.				2 Gn R 4. 7. 27. Dezemb. 1900. N. N.	Der Generalversammlungsbeschluß befindet sich Blatt 6 der Registerakten.
3.				Friedrich Braun, Mühlenbesitzer in Lobenstein.	f) Der Mühlenbes. Karl Schulze ist aus d. Vorst. ausgetr. u. an seine Stelle d. Mühlenbes. Friedrich Braun in den Vorstand gewählt.		2 Gn R 4. 8. 5. Januar 1901. N. N.	
4.			Der Generalvers.-Beschl. v. 20. Dez. 1900 ist d. rechtskr. Urtheil d. gemeinschaftl. Landger. in Gera v. 15. Juli 1901 für nichtig erklärt; die Haftsumme beträgt sonach nur 300 Mk				2 Gn R 4. 17. 1. August 1901. N. N.	
5.				Die bisherigen Vorstandsmitglieder sind Liquidatoren.		Die Genossensch. ist durch Beschluß der Generalvers. v. 1. September 1901 aufgelöst.	2 Gn R 4. 21. 3. Septemb. 1901. N. N.	Der Beschluß befindet sich Bl. 15 der Registerakten.
6.				Friedrich Weiß, Schmiedemeister in Lobenstein, ist Liquidator.	f) Der Gastwirth Wilhelm Müller ist durch Verfüg. des Amtsger. in Lobenstein v. 10. Dez. 1901 abberufen u. an seiner Stelle der Schmiedemeister Friedrich Weiß zum Liquidator bestellt.		2 Gn R 4. 25. 12. Dezemb. 1901 N. N.	

XXI. Schaumburg-Lippe.

Allgemeine Verfügung
über die Führung des Genossenschaftsregisters.

Vom 25. November 1899. (Schaumburg-Lippische Landesverordnungen. Jahrgang 1899. Nr. 22.)

In Ergänzung der vom Bundesrathe beschlossenen, vom Reichskanzler durch Bekanntmachung vom 1. Juli 1899 (Reichs-Gesetzblatt S. 347) veröffentlichten Bestimmungen über die Führung des Genossenschaftsregisters wird Folgendes angeordnet:

Artikel 1. Die Obliegenheiten des Richters und des Gerichtsschreibers bei der Führung des Genossenschaftsregisters bestimmen sich nach den Vorschriften der §§ 1, 2, des § 3 Satz 1, der §§ 6 bis 8, des § 12 Abs. 4, des § 13 der Allgemeinen Verfügung vom 23. November 1899 über die Führung des Handelsregisters.

Diese Vorschriften finden auf die Führung der Liste der Genossen entsprechende Anwendung.

Artikel 2. Das Genossenschaftsregister wird nach dem nachstehend abgedruckten Formulare geführt. Als Blatt (§ 12 Abs. 2 der Bekanntmachung vom 1. Juli 1899) gelten zwei gegenüberstehende Seiten des Registers.

Auf die Führung finden die §§ 18 bis 21, der § 22 Abs. 2 und die §§ 23, 25, 28 der Allgemeinen Verfügung vom 23. November 1899 entsprechende Anwendung.

Artikel 3. 1. In Spalte 1 ist die laufende Nummer der die Genossenschaft betreffenden Eintragungen anzugeben.

2. In Spalte 2 sind die Firma (einschließlich der voll auszuschreibenden zusätzlichen Bezeichnung über die Art der Haftung), der Sitz der Genossenschaft und die darauf sich beziehenden Aenderungen einzutragen. Ebendort finden die Vermerke über Zweigniederlassungen sowie die Vermerke über das Vorhandensein einer Hauptniederlassung (§ 19 der Bekanntmachung vom 1. Juli 1899) ihren Platz.

3. In Spalte 3 sind der Gegenstand des Unternehmens und die darauf sich beziehenden Aenderungen anzugeben.

4. In Spalte 4, die nur bei Genossenschaften mit beschränkter Haftpflicht zur Ausfüllung kommen kann, sind die Höhe der Haftsumme und im Falle des § 134 des Genossenschaftsgesetzes die höchste Zahl der Geschäftsantheile aufzunehmen, auf welche ein Genosse sich betheiligen kann. Eine Erhöhung oder Herabsetzung der Haftsumme ist gleichfalls hier einzutragen.

5. In Spalte 5 sind die Mitglieder des Vorstandes und deren Stellvertreter unter Angabe des Familiennamens, Vornamens, Berufs und Wohnorts einzutragen. Ebendort und in gleicher Weise sind die Liquidatoren unter der Bezeichnung als solche einzutragen.

6. In Spalte 6 sind einzutragen:

a) das Datum des Statuts;

b) die Form, in welcher die von der Genossenschaft ausgehenden Bekanntmachungen erfolgen, sowie die öffentlichen Blätter, in welche dieselben aufzunehmen sind;

c) die Zeitdauer der Genossenschaft, falls dieselbe auf eine bestimmte Zeit beschränkt ist;

d) das Geschäftsjahr, falls es, abgesehen von dem ersten, auf ein mit dem Kalenderjahre nicht zusammenfallendes Jahr oder auf eine kürzere Dauer als auf ein Jahr, bemessen ist;

e) die etwaige Bestimmung des Statuts über die Form, in welcher der Vorstand seine Willenserklärung kund giebt und für die Genossenschaft zeichnet, sowie die bei der Bestellung von Liquidatoren getroffene Bestimmung über die Form der Willenserklärung und die Zeichnung (§ 20 Abs. 3 der Bekanntmachung vom 1. Juli 1899), desgleichen etwaige Aenderungen dieser Bestimmungen;

f) jede Aenderung in den Personen des Vorstandes oder der Liquidatoren sowie die Beendigung der Vertretungsbefugniß des Vorstandes oder der Liquidatoren.

Ferner ist in Spalte 6 einzutragen jede Aenderuung des Statts (§§ 16, 17 der Bekanntmachung vom 1. Juli 1899), soweit sie nicht die in den Spalten 2 bis 4 eingetragenen Angaben betrifft.

Jeder Eintragung in Spalte 6 ist derjenige kleine lateinische Buchstabe voranzustellen, mit welchem vorstehend sowie in der Ueberschrift der Spalte der Gegenstand bezeichnet ist, auf den die Aenderung sich bezieht.

7. In Spalte 7 sind einzutragen:
die Auflösung;
die Eröffnung, Einstellung und Aufhebung des Konkursverfahrens sowie die Aufhebung des Eröffnungsbeschlusses;
die Fortsetzung der Genossenschaft;
die Nichtigkeit der Genossenschaft.

8. Die Spalte 8 ist zur Aufnahme der Verweisung auf die Registerakten, zur Angabe des Tages der Eintragung und für die Unterschrift des Gerichtsschreibers bestimmt (§ 14 der Bekanntmachung vom 1. Juli 1899).

9. Die Spalte 9 dient auch zu etwaigen Verweisungen auf spätere Eintragungen. Den Vermerken in dieser Spalte ist, wenn in keiner anderen Spalte gleichzeitig eine Eintragung erfolgt, das Datum sowie die Unterschrift des Gerichtsschreibers beizufügen.

10. Soll ein Beschluß der Generalversammlung als nichtig gelöscht werden (§ 23 der Bekanntmachung vom 1. Juli 1899), so erfolgt die Eintragung des den Beschluß als nichtig bezeichnenden Vermerkes in derselben Spalte, in welcher der Beschluß eingetragen ist.

Artikel 4. Von der Bestimmung der Blätter für die Bekanntmachungen aus dem Genossenschaftsregister (§ 5 der Bekanntmachung vom 1. Juli 1899) ist dem Reichs-Justizamt Mittheilung zu machen.

Artikel 5. Bei der Fassung der Bekanntmachungen sind die im § 12 Abs. 1 bis 3 der Allgemeinen Verfügung vom 23. November 1899 gegebenen Anweisungen zu beachten.

Artikel 6. Gehört ein Ort oder eine Gemeinde (§ 3 Abs. 2 des Genossenschaftsgesetzes) zu den Bezirken verschiedener Registergerichte, so hat jedes Registergericht die Firmen der an dem Orte oder in der Gemeinde bestehenden eingetragenen Genossenschaften, soweit dies noch nicht geschehen ist, den andern betheiligten Registergerichten mitzutheilen und diese von jeder entsprechenden neuen Eintragung sowie von jeder Aenderung und Löschung der Genossenschaften unverzüglich zu benachrichtigen. Dies gilt auch dann, wenn der betreffende Ort zu mehreren Bundesstaaten gehört.

Artikel 7. Für die Genossenschaften, welche vor dem 1. Januar 1900 eingetragen sind, werden die bisherigen Register bis auf Weiteres fortgeführt. Neue Eintragungen bei diesen Genossenschaften erhalten, wenn sie in den bisherigen Registern erfolgen, an der nach den bisherigen Vorschriften dafür bestimmten Stelle ihren Platz.

Die Uebertragung der vor dem 1. Januar 1900 eingetragenen Genossenschaften in die neuen Register erfolgt unter entsprechender Anwendung der §§ 37 bis 40 der Allgemeinen Verfügung vom 23. November 1899.

Artikel 8. Diese Verfügung tritt am 1. Januar 1900 in Kraft.

Bückeburg, 25. November 1899.

Fürstlich Schaumburg-Lippisches Ministerium.
Frhr. von Feilitzsch.

Genossenschaftsregister des Fürstlichen Amtsgerichts in ....

Band I. Nummer der Genossenschaft 4.

1.	2.	3.	4.	5	6.	7.	8.	9.
Nummer der Eintragung.	Firma und Sitz.	Gegenstand des Unternehmens.	Bei Genossensch. mit beschränkter Haftpflicht Haftsumme, höchste Zahl der Geschäftsantheile.	Vorstand; Liquidatoren.	a) Statut; b) Form der Bekanntmachungen; c) Zeitdauer; d) Geschäftsjahr; e) Form f. d. Willenserklärungen des Vorst. u. d. Liquidatoren; f) Vertretungsbefugniß.	Auflösung; Konkurs; Fortsetzung; Nichtigkeit.	Geschäftsnum., Tag der Eintragung: Unterschrift des Gerichtsschreibers.	Bemerkungen.
1.	Vorschußverein, eingetragene Genossenschaft mit beschränkter Haftpflicht, Stadthagen.	Betrieb v. Bankgeschäften zum Zwecke der Beschaffung der im Gewerbe und in der Wirthschaft der Mitglieder nöthigen Geldmittel	300 Mark. 10 Geschäftsantheile	Karl Schulze, Bauer, Wilhelm Müller, Gastwirth, Friedrich Schmidt, Lehrer, } Stadthagen	a) Statut vom 17 Juli 1900. b) Bekanntmachungen erfolgen unter der Firma in d Landeszeitung. e) Die Willenserkl. des Vorstandes erfolgen durch mindestens zwei Mitgl., die Zeichnung geschieht, indem zwei Mitglieder der Firma ihre Namensunterschr. beifügen.		2 Gn R 4 / 1 / 20 Juli 1900. N. N	Das Statut befindet sich Bl. 2 der Registerakten.
2.			Die Haftsumme ist auf 600 Mk. erhöht durch Beschluß der Generalversamml. vom 20. Dez. 1900.				2 Gn R 4. / 7. / 27 Dezemb 1900. N N	Der Generalversammlungsbeschluß befindet sich Blatt 6 der Registerakten.
3.				Friedrich Braun, Bauer in Stadthagen.	f) Der Bauer Karl Schulze ist aus d. Vorstand ausgetr. u. an seine Stelle der Bauer Friedrich Braun in d. Vorstand gewählt.		2 Gn R 4 / 8. / 5. Januar 1901. N. N.	
4.			Der Generalvers.-Beschl. v. 20. Dez. 1900 ist d. rechtskr. Urtheil des Landgerichts in Brieg vom 15. Juli 1901 für nichtig erklärt; die Haftsumme beträgt sonach nur 300 Mk.				2 Gn R 4. / 17. / 1. August 1901. N. N.	
5.				Die bisherigen Vorstandsmitglieder sind Liquidatoren.		Die Genossensch ist durch Beschluß der Generalvers. v. 1. September 1901 aufgelöst.	2 Gn R 4. / 21. / 3. Septemb. 1901. N. N.	Der Beschluß befindet sich Bl. 15 der Registerakten.
6.				Friedrich Weiß, Schmiedemeister in Stadthagen, ist Liquidator.	f) Der Gastwirth Wilhelm Müller ist durch Verfüg. des Amtsger. in Stadthagen v. 10. Dez. 1901 abberufen u. an seiner Stelle der Schmiedemeister Friedrich Weiß zum Liquidator bestellt.		2 Gn R 4. / 25. / 12. Dezemb. 1901. N. N.	

XXII. Lippe.

Allgemeine Verfügung

vom 14. Dezember 1899 über die Führung des Genossenschaftsregisters.

In Ergänzung der vom Bundesrathe beschlossenen, vom Reichskanzler durch Bekanntmachung vom 1. Juli 1899 (Reichs-Gesetzblatt S. 347) veröffentlichten Bestimmungen über die Führung des Genossenschaftsregisters wird Folgendes angeordnet:

Artikel 1. Die Obliegenheiten des Richters und des Gerichtsschreibers bei der Führung des Genossenschaftsregisters bestimmen sich nach den Vorschriften der §§ 1, 2, 5 bis 7, 11 Abs. 4 und 12 der Allgemeinen Verfügung vom 13. Dezember 1899 über die Führung des Handelsregisters.

Diese Vorschriften finden auf die Führung der Liste der Genossen entsprechende Anwendung.

Artikel 2. Das Genossenschaftsregister wird nach dem nachstehend abgedruckten Formulare geführt. Als Blatt gelten zwei gegenüberstehende Seiten des Registers.

Auf die Führung finden die §§ 16 bis 19, 20 Abs. 2 und die §§ 21, 23, 26 der Allgemeinen Verfügung vom 13. Dezember 1899 entsprechende Anwendung.

Artikel 3. 1. In Spalte 1 ist die laufende Nummer der die Genossenschaft betreffenden Eintragungen anzugeben.

2. In Spalte 2 sind die Firma (einschließlich der voll auszuschreibenden zusätzlichen Bezeichnung über die Art der Haftung), der Sitz der Genossenschaft und die darauf sich beziehenden Aenderungen einzutragen. Ebendort finden die Vermerke über Zweigniederlassungen sowie die Vermerke über das Vorhandensein einer Hauptniederlassung ihren Platz.

3. In Spalte 3 sind der Gegenstand des Unternehmens und die darauf sich beziehenden Aenderungen anzugeben.

4. In Spalte 4, die nur bei Genossenschaften mit beschränkter Haftpflicht zur Ausfüllung kommen kann, sind die Höhe der Haftsumme und im Falle des § 134 des Genossenschaftsgesetzes die höchste Zahl der Geschäftsantheile aufzunehmen, auf welche ein Genosse sich betheiligen kann. Eine Erhöhung oder Herabsetzung der Haftsumme ist gleichfalls hier einzutragen.

5. In Spalte 5 sind die Mitglieder des Vorstandes und deren Stellvertreter unter Angabe des Familiennamens, Vornamens, Berufs und Wohnorts einzutragen. Ebendort und in gleicher Weise sind die Liquidatoren unter der Bezeichnung als solche einzutragen.

6. In Spalte 6 sind einzutragen:

a) das Datum des Statuts;
b) die Form, in welcher die von der Genossenschaft ausgehenden Bekanntmachungen erfolgen, sowie die öffentlichen Blätter, in welche dieselben aufzunehmen sind;
c) die Zeitdauer der Genossenschaft, falls dieselbe auf eine bestimmte Zeit beschränkt ist;
d) das Geschäftsjahr, falls es, abgesehen von dem ersten, auf ein mit dem Kalenderjahre nicht zusammenfallendes Jahr oder auf eine kürzere Dauer als auf ein Jahr, bemessen ist;
e) die etwaige Bestimmung des Statuts über die Form, in welcher der Vorstand seine Willenserklärung kund giebt und für die Genossenschaft zeichnet, sowie die bei der Bestellung von Liquidatoren getroffene Bestimmung über die Form der Willenserklärung und die Zeichnung, desgleichen etwaige Aenderungen dieser Bestimmungen;
f) jede Aenderung in den Personen des Vorstandes oder der Liquidatoren sowie die Beendigung der Vertretungsbefugniß des Vorstandes oder der Liquidatoren.

Ferner ist in Spalte 6 einzutragen jede Aenderung des Statuts soweit sie nicht die in den Spalten 2 bis 4 eingetragenen Angaben betrifft.

Jeder Eintragung in Spalte 6 ist derjenige kleine lateinische Buchstabe voranzustellen, mit welchem vorstehend sowie in der Ueberschrift der Spalte der Gegenstand bezeichnet ist, auf den die Aenderung sich bezieht.

7. In Spalte 7 sind einzutragen:
die Auflösung;
die Eröffnung, Einstellung und Aufhebung des Konkursverfahrens sowie die Aufhebung des Eröffnungsbeschlusses;
die Fortsetzung der Genossenschaft;
die Nichtigkeit der Genossenschaft.

8. Die Spalte 8 ist zur Aufnahme der Verweisung auf die Registerakten, zur Angabe des Tages der Eintragung und für die Unterschrift des Gerichtsschreibers bestimmt.

9. Die Spalte 9 dient auch zu etwaigen Verweisungen auf spätere Eintragungen. Den Vermerken in dieser Spalte ist, wenn in keiner anderen Spalte gleichzeitig eine Eintragung erfolgt, das Datum sowie die Unterschrift des Gerichtsschreibers beizufügen.

10. Soll ein Beschluß der Generalversammlung als nichtig gelöscht werden, so erfolgt die Eintragung des den Beschluß als nichtig bezeichnenden Vermerkes in derselben Spalte, in welcher der Beschluß eingetragen ist.

Artikel 4. Von der Bestimmung der Blätter für die Bekanntmachungen aus dem Genossenschaftsregister ist dem Reichs-Justizamt in der im § 9 der Allgemeinen Verfügung vom 13. Dezember 1899 bezeichneten Weise Mittheilung zu machen.

Artikel 5. Bei der Fassung der Bekanntmachungen sind die im § 11 Abs. 1 bis 3 der Allgemeinen Verfügung vom 13. Dezember 1899 gegebenen Anweisungen zu beachten.

Artikel 6. Gehört ein Ort oder eine Gemeinde (§ 3 Abs. 2 des Genossenschaftsgesetzes) zu den Bezirken verschiedener Registergerichte, so hat jedes Registergericht die Firmen der an dem Orte oder in der Gemeinde bestehenden eingetragenen Genossenschaften, soweit dies noch nicht geschehen ist, den anderen betheiligten Registergerichten mitzutheilen und diese von jeder entsprechenden neuen Eintragung sowie von jeder Aenderung und Löschung der Genossenschaften unverzüglich zu benachrichtigen. Dies gilt auch dann, wenn der betreffende Ort zu mehreren Bundesstaaten gehört.

Artikel 7. Für die Genossenschaften, welche vor dem 1. Januar 1900 eingetragen sind, werden die bisherigen Register bis auf Weiteres fortgeführt. Neue Eintragungen bei diesen Genossenschaften erhalten, wenn sie in den bisherigen Registern erfolgen, an der nach den bisherigen Vorschriften dafür bestimmten Stelle ihren Platz.

Die Uebertragung der vor dem 1. Januar 1900 eingetragenen Genossenschaften in die neuen Register erfolgt unter entsprechender Anwendung der §§ 35 bis 38 der Allgemeinen Verfügung vom 13. Dezember 1899.

Artikel 8. Diese Verfügung tritt am 1. Januar 1900 in Kraft.

Detmold, den 14. Dezember 1899.

Fürstliches Staats-Ministerium.
v. Miesitscheck.

Genossenschaftsregister

des

Fürstlichen Amtsgerichts in .... Horn. ....

Band I.

Nummer der Gesellschaft ...4...

1.	2.	3.	4.	5.	6.	7.	8.	9.
Nummer der Eintragung.	Name und Sitz.	Gegenstand des Unternehmens.	Bei Genossensch. mit beschränkter Haftpflicht: Haftsumme; höchste Zahl der Geschäftsantheile.	Vorstand; Liquidatoren.	a) Statut; b) Form der Bekanntmachungen; c) Zeitdauer; d) Geschäftsjahr; e) Form für Willenserklärungen des Vorst. u. d. Liquidatoren; f) Vertretungsbefugniß.	Auflösung; Konkurs; Fortsetzung; Nichtigkeit.	Geschäftsnummer; Tag der Eintragung; Unterschrift des Gerichtsschreibers.	Bemerkungen.
1.	Vorschußverein, eingetragene Genossenschaft mit beschränkter Haftpflicht, Schlangen.	Betrieb d. Bankgeschäften zum Zwecke der Beschaffung der im Gewerbe und in der Wirthschaft der Mitglieder nöthigen Geldmittel.	~~300 Mark~~ 10 Geschäftsantheile.	~~Karl Schulze, Gutsbesitzer,~~ Wilhelm Müller, Gastwirth, Friedr. Schmidt, Lehrer, } Schlangen.	a) Statut vom 17. Juli 1900. b) Bekanntm. erfolgen unter der Firma im Amtsblatt und in der Lippischen Landeszeitung. e) Die Willenserkl. des Vorstandes erfolgen durch mindestens zwei Mitgl.; die Zeichnung geschieht, indem zwei Mitglieder d. Firma ihre Namensunterschr. beifügen.		2 Gn R 4. / 1. / 20. Juli 1900. / N. N.	Das Statut befindet sich Bl. 2 der Registerakten.
2.			~~Die Haftsumme ist auf 600 Mk. erhöht durch Beschluß der Generalversamml. vom 20. Dez. 1900.~~				2 Gn R 4. / 7. / 27. Dezbr. 1900. / N. N.	Der Generalvers.-Beschl. befindet sich Bl. 6 der Registerakten.
3.				Friedrich Braun, Gutsbesitzer, Schlangen.	f) Der Gutsbes. Karl Schulze ist aus d. Vorst. ausgetr. u. an s. Stelle d. Gutsbes. Friedr. Braun in den Vorstand gewählt.		2 Gn R 4. / 8. / 5. Januar 1901. / N. N.	
4.			Der Generalvers.-Beschl. v. 20. Dez. 1900 ist d. rechtskr. Urtheil d. Landger. in Detmold vom 15. Juli 1901 für nichtig erklärt; die Haftsumme beträgt sonach nur 300 Mk.				2 Gn R 4. / 17. / 1. August 1901. / N. N.	
5.				Die bisherigen Vorstandsmitglieder sind Liquidatoren.		Die Genossensch. ist durch Beschluß der Generalvers. v. 1. September 1901 aufgelöst.	2 Gn R 4. / 21. / 3. Septbr. 1901. / N. N.	Der Beschluß befindet sich Bl. 15 der Registerakten.
6.				Friedrich Weiß, Schmiedemeister, Schlangen, ist Liquidator.	f) Der Gastwirth Wilhelm Müller ist durch Verfüg. des Amtsger. in Horn vom 10. Dez. 1901 abberufen u. an s. Stelle d. Schmiedemeister Friedrich Weiß zum Liquidator bestellt.		2 Gn R 4. / 25. / 12. Dezbr. 1901. / N. N.	

XXIII. Lübeck.

Anweisung
über die Führung des Genossenschaftsregisters.

Der Senat hat beschlossen, in Ergänzung der vom Bundesrathe beschlossenen, vom Reichskanzler durch Bekanntmachung vom 1. Juli 1899 (Reichs-Gesetzbl. S. 347) veröffentlichten Bestimmungen über die Führung des Genossenschaftsregisters folgende Anweisung zu erlassen.

§ 1. Die Obliegenheiten des Richters und des Gerichtsschreibers bei der Führung des Genossenschaftsregisters bestimmen sich nach den Vorschriften der §§ 1, 2, des § 3 Satz 1, der §§ 6 bis 8, des § 12 Abs. 4, des § 13 der am heutigen Tage über die Führung des Handelsregisters erlassenen Anweisung.

Diese Vorschriften finden auf die Führung der Liste der Genossen entsprechende Anwendung.

§ 2. Das Genossenschaftsregister wird nach dem nachstehend abgedruckten Formulare geführt. Als Blatt (§ 12 Abs. 2 der Bekanntmachung vom 1. Juli 1899) gelten zwei gegenüberstehende Seiten des Registers.

Auf die Führung finden die §§ 17 bis 20, der § 21 Abs. 2 und die §§ 22, 24, 27 der Anweisung über die Führung des Handelsregisters entsprechende Anwendung.

§ 3. 1. In Spalte 1 ist die laufende Nummer der die Genossenschaft betreffenden Eintragungen anzugeben.

2. In Spalte 2 sind die Firma (einschließlich der voll auszuschreibenden zusätzlichen Bezeichnung über die Art der Haftung), der Sitz der Genossenschaft und die darauf sich beziehenden Aenderungen einzutragen. Ebendort finden die Vermerke über Zweigniederlassungen sowie die Vermerke über das Vorhandensein einer Hauptniederlassung (§ 19 der Bekanntmachung vom 1. Juli 1899) ihren Platz.

3. In Spalte 3 sind der Gegenstand des Unternehmens und die darauf sich beziehenden Aenderungen anzugeben.

4. In Spalte 4, die nur bei Genossenschaften mit beschränkter Haftpflicht zur Ausfüllung kommen kann, sind die Höhe der Haftsumme und im Falle des § 134 des Genossenschaftsgesetzes die höchste Zahl der Geschäftsantheile aufzunehmen, auf welche ein Genosse sich betheiligen kann. Eine Erhöhung oder Herabsetzung der Haftsumme ist gleichfalls hier einzutragen.

5. In Spalte 5 sind die Mitglieder des Vorstandes und deren Stellvertreter unter Angabe des Familiennamens, Vornamens, Berufes und Wohnortes einzutragen. Ebendort und in gleicher Weise sind die Liquidatoren unter der Bezeichnung als solche einzutragen.

6. In Spalte 6 sind einzutragen:

a) das Datum des Statutes;
b) die Form, in welcher die von der Genossenschaft ausgehenden Bekanntmachungen erfolgen, sowie die öffentlichen Blätter, in welche diese aufzunehmen sind;
c) die Zeitdauer der Genossenschaft, falls diese auf eine bestimmte Zeit beschränkt ist;
d) das Geschäftsjahr, falls es, abgesehen von dem ersten, auf ein mit dem Kalenderjahre nicht zusammenfallendes Jahr oder auf eine kürzere Dauer als auf ein Jahr bemessen ist;
e) die etwaige Bestimmung des Statutes über die Form, in welcher der Vorstand seine Willenserklärung kund giebt und für die Genossenschaft zeichnet, sowie die bei der Bestellung von Liquidatoren getroffene Bestimmung über die Form der Willenserklärung und die Zeichnung (§ 20 Abs. 3 der Bekanntmachung vom 1. Juli 1899), desgleichen etwaige Aenderungen dieser Bestimmungen;
f) jede Aenderung in den Personen des Vorstandes oder der Liquidatoren sowie die Beendigung der Vertretungsbefugniß des Vorstandes oder der Liquidatoren.

Ferner ist in Spalte 6 einzutragen jede Aenderung des Statutes (§§ 16, 17 der Bekanntmachung vom 1. Juli 1899), soweit sie nicht die in den Spalten 2 bis 4 eingetragenen Angaben betrifft.

Jeder Eintragung in Spalte 6 ist derjenige kleine lateinische Buchstabe voranzustellen, mit welchem vorstehend sowie in der Ueberschrift der Spalte der Gegenstand bezeichnet ist, auf den die Aenderung sich bezieht.

7. In Spalte 7 sind einzutragen:
a) die Auflösung;
b) die Eröffnung, Einstellung und Aufhebung des Konkursverfahrens sowie die Aufhebung des Eröffnungsbeschlusses;
c) die Fortsetzung der Genossenschaft;
d) die Nichtigkeit der Genossenschaft.

8. Die Spalte 8 ist zur Angabe des Tages der Eintragung und für die Unterschrift des Gerichtsschreibers bestimmt (§ 14 der Bekanntmachung vom 1. Juli 1899).

9. Die Spalte 9 dient auch zu etwaiger Verweisung auf spätere Eintragungen. Den Vermerken in dieser Spalte ist, wenn in keiner anderen Spalte gleichzeitig eine Eintragung erfolgt, das Datum sowie die Unterschrift des Gerichtsschreibers beizufügen.

10. Soll ein Beschluß der Generalversammlung als nichtig gelöscht werden (§ 23 der Bekanntmachung vom 1. Juli 1899), so erfolgt die Eintragung des den Beschluß als nichtig bezeichnenden Vermerkes in derselben Spalte, in welcher der Beschluß eingetragen ist.

§ 4. Der Gerichtsschreiber hat die für die Bekanntmachungen aus dem Genossenschaftsregister bestimmten Blätter (§ 5 der Bekanntmachung vom 5. Juli 1899) der Gerichtsschreiberei des Oberlandesgerichtes in der im § 10 der Anweisung über die Führung des Handelsregisters bestimmten Frist und Art anzuzeigen.

§ 5. Bei der Fassung der Bekanntmachungen sind die im § 12 Abs. 1 bis 3 der Anweisung über die Führung des Handelsregisters gegebenen Anweisungen zu beachten.

§ 6. Der Gerichtsschreiber hat ein Verzeichniß der eingetragenen Genossenschaften zu führen. Nach Löschung einer Genossenschaft im Genossenschaftsregister wird deren Firma im Verzeichniß roth unterstrichen.

§ 7. Auf die Genossenschaften, die vor dem 1. April 1900 eingetragen sind, und auf deren Uebertragung in das neue Register finden die §§ 37 bis 41 der Anweisung über die Führung des Handelsregisters entsprechende Anwendung.

§ 8. Diese Anweisung tritt am 1. April 1900 in Kraft.

Beschlossen Lübeck, in der Versammlung des Senates, am 17. Februar 1900.

Eduard Hach, Dr.,
Secretarius.

Genossenschaftsregister

des

Amtsgerichts in Lübeck.

Nummer der Genossenschaft 4.

1.	2.	3.	4.	5.	6.	7.	8.	9.
Nummer der Eintragung.	Firma und Sitz.	Gegenstand des Unternehmens.	Bei Genossenschaft. mit beschränkter Haftpflicht: Haftsumme; höchste Zahl der Geschäftsantheile.	Vorstand; Liquidatoren.	a) Statut; b) Form der Bekanntmachungen; c) Zeitdauer; d) Geschäftsjahr; e) Form f. d. Willenserklärungen des Vorst. u. d. Liquidatoren; f) Vertretungsbefugniß.	Auflösung; Konkurs; Fortsetzung; Nichtigkeit.	Tag der Eintragung; Unterschrift des Gerichtsschreibers.	Bemerkungen.
1.	Vorschußverein, eingetragene Genossenschaft mit beschränkter Haftpflicht, Schlutup.	Betrieb v. Bankgeschäften zum Zwecke der Beschaffung der im Gewerbe und in der Wirthschaft der Mitglieder nöthigen Geldmittel.	~~300 Mark.~~ 10 Geschäftsantheile.	~~Karl Schulze, Landwirth~~ ~~Wilhelm Müller, Gastwirth,~~ Friedrich Schmidt, Lehrer, } Schlutup.	a) Statut vom 17. Juli 1900. b) Bekanntm. erfolgen unter der Firma in den Lübeckischen Anzeigen. e) Die Willenserkl. des Vorstandes erfolgen durch mindestens zwei Mitgl.; die Zeichnung geschieht, indem zwei Mitglieder d. Firma ihre Namensunterschr. beifügen.		20. Juli 1900. N. N.	Das Statut befindet sich Bl. 2 der Registerakten.
2.			~~Die Haftsumme ist auf 600 Mk. erhöht durch Beschluß der Generalversamml. vom 20. Dez. 1900.~~				27. Dez. 1900. N. N.	Der Generalversammlungsbeschluß befindet sich Bl. 6 der Registerakten.
3.				Friedrich Braun, Landw. Schlutup.	f) Der Landwirth Karl Schulze ist aus dem Vorstande ausgetreten und an seine Stelle der Landwirth Friedrich Braun in den Vorstand gewählt.		5. Januar 1901. N. N.	
4.			Der Generalversf.-Beschl. v. 20. Dez. 1900 ist d. rechtskr. Urtheil d. Landger. in Lübeck vom 15. Juli 1901 für nichtig erklärt; die Haftsumme beträgt sonach nur 300 Mk.				1. August 1901. N. N.	
5.				Die bisherigen Vorstandsmitglieder sind Liquidatoren.		Die Genossensch. ist durch Beschluß der Generalversf. v. 1. September 1901 aufgelöst.	3. Sept. 1901. N. N.	Der Beschluß befindet sich Bl. 15 der Registerakten.
6.				Friedrich Weiß, Räuchereibesitzer, Schlutup, ist Liquidator.	f) Der Gastwirth Wilhelm Müller ist durch Verfüg. des Amtsger. in Lübeck v. 10. Dezember 1901 abberufen u. an seiner Stelle d. Räuchereibes. Friedrich Weiß zum Liquidator bestellt.		12. Dez. 1901. N. N.	

XXIV. Bremen.

Für die Führung des Genossenschaftsregisters sind, abgesehen von den nachstehenden Bestimmungen einer Dienstanweisung vom 10. Januar 1900, lediglich die reichsgesetzlichen Vorschriften maßgebend.

I. Handelsregister.

§ 1. Die Verfügung auf die Anmeldung zur Eintragung in das Handelsregister und auf alle das Register betreffenden Gesuche und Anträge ist von dem Richter zu treffen. Der Richter hat insbesondere die Eintragungen in das Register und die erforderlichen Bekanntmachungen zu verfügen, sowie die im § 9 Abs. 3 des Handelsgesetzbuchs und im § 33 der Grundbuchordnung erwähnten Bescheinigungen und Zeugnisse auszustellen.

Die Eintragung ist von dem Richter auch dann anzuordnen, wenn sie von dem Beschwerdegericht oder gemäß § 143 des Reichsgesetzes über die Angelegenheiten der freiwilligen Gerichtsbarkeit verfügt ist.

§ 3. Die Eintragung in das Register und die verfügte Bekanntmachung wird von dem Gerichtsschreiber bewirkt.

II. Genossenschaftsregister.

§ 6. Für die Führung des Genossenschaftsregisters sind neben den vom Bundesrath beschlossenen Bestimmungen (s. die Bekanntmachung des Reichskanzlers vom 1. Juli 1899 — Reichs-Gesetzblatt S. 347) die Vorschriften der §§ 1 und 3 dieser Anweisung maßgebend.

XXV. Hamburg.

In Hamburg sind besondere Bestimmungen über die Führung des Genossenschaftsregisters nicht erlassen worden, es gelangen lediglich die hierüber vom Bundesrath erlassenen Bestimmungen zur Anwendung.

XXVI. Elsaß-Lothringen.

Verfügung,

betreffend die Einrichtung und die Führung des Handelsregisters und des Genossenschaftsregisters.

(Central- und Bezirks-Amtsblatt für Elsaß-Lothringen. Straßburg, den 13. Januar 1900.)

Auf Grund des § 43 des Gesetzes, betreffend die Ausführung des Reichsgesetzes über die Angelegenheiten der freiwilligen Gerichtsbarkeit, vom 6. November 1899 wird über die Einrichtung und Führung des Handelsregisters und des Genossenschaftsregisters das Folgende bestimmt:

B. Genossenschaftsregister.

§ 46. Das Genossenschaftsregister wird nach dem durch § 20 der Instruktion des Reichskanzlers, betreffend die Führung des Handels- und Genossenschaftsregisters, vom 28. September 1872 vorgeschriebenen Muster geführt.

§ 47. In Ergänzung der vom Bundesrathe beschlossenen, vom Reichskanzler durch Bekanntmachung vom 1. Juli 1899 (Reichs-Gesetzblatt S. 347) veröffentlichten Bestimmungen über die Führung des Genossenschaftsregisters wird Folgendes angeordnet:

1. Hinsichtlich der Obliegenheiten des Richters und des Gerichtsschreibers bei der Führung des Genossenschaftsregisters finden im Allgemeinen die Vorschriften der §§ 4 bis 6 dieser Verfügung entsprechende Anwendung.
2. Auf die öffentliche Bekanntmachung von Eintragungen in das Genossenschaftsregister (§ 4 der Bekanntmachung vom 1. Juli 1899) finden die Bestimmungen des § 13 Abs. 2, 3 dieser Verfügung entsprechende Anwendung.
3. Von der Bestimmung der Blätter für die Bekanntmachungen aus dem Genossenschaftsregister (§ 5 der Bekanntmachung vom 1. Juli 1899) ist dem Reichsjustizamt in der im § 14 dieser Verfügung bezeichneten Weise Mittheilung zu machen.

Straßburg, den 4. Januar 1900.

Ministerium für Elsaß-Lothringen, Abtheilung für Justiz und Kultus.
Der Unterstaatssekretär
Dr. Petri.

Register.

Die Zahlen beziehen sich auf die Seiten.

Lippert & Co. (G. Pätz'sche Buchdr.), Naumburg a. S.

FSC
www.fsc.org
MIX
Papier | Fördert
gute Waldnutzung
FSC® C083411

Kolibri 360 GmbH
Ferdinand-Jühlke-Straße 7
99095 Erfurt, Deutschland
produktsicherheit@kolibri360.de